언덕을 넘으며
시대를 생각한다

언덕을 넘으며 시대를 생각한다

초판 1쇄 발행 2014년 11월 1일
초판 2쇄 발행 2014년 11월 11일

지 은 이   정문수
발 행 인   권선복
편집주간   김정웅
디 자 인   최새롬
마 케 팅   서선교
전 자 책   신미경
발 행 처   도서출판 행복에너지
출판등록   제315-2011-000035호
주   소   (157-010) 서울특별시 강서구 화곡로 232
전   화   0505-613-6133
팩   스   0303-0799-1560
홈페이지   www.happybook.or.kr
이 메 일   ksbdata@daum.net

값 15,000원
ISBN   979-11-5602-074-5   13300

도서출판 행복에너지는 독자 여러분의 아이디어와 원고 투고를 기다립니다. 책으로 만들기를 원하는 콘텐츠가 있으신 분은 이메일이나 홈페이지를 통해 간단한 기획서와 기획의도, 연락처 등을 보내주십시오. 행복에너지의 문은 언제나 활짝 열려 있습니다.

언덕을 넘으며 시대를 생각한다

정문수 지음

2014년 2학기를 마치면 21년 동안의 강단을 떠나 정년을 하게 된다. 100세 시대라는 요즘 65세는 아직 갈 길이 멀다고 할 수도 있겠지만 지금까지의 일하는 삶은 일단 마감을 하고자 한다.

돌이켜보면 40여 년 나름대로 열심히 살아왔다. 등산에 비유하면 그동안 열심히 올라왔다. 정상의 희열을 만끽했다고 말할 정도는 아니지만 이제 언덕을 내려갈 때라고 생각한다. 우리 집 현관에 조그만 시화가 하나 걸려있다. 고은 시인의 짧은 시이다.

> "내려갈 때 보았네
> 올라갈 때 보지 못한
> 그 꽃"

이제 그동안 열심히 오르느라고 돌아보지 못한 나무, 꽃, 돌들과 친구, 친지들을 다시 발견하고 싶다.

그동안 이런저런 기회에 여기저기 썼던 글들의 기록이 내 컴퓨터에 남아 있다. 내 삶의 폭풍과 노도의 시대라고 할 20대, 30대의 기록은 거의 없어져 아쉽지만 그래도 40대 이후의 글들이 많이 남아 있어 그나마 다행이다. 이 글들을 모아 조그만 책으로 묶어 친구와 친지들에게 정년의 선물로 하면 좋겠다는 생각이 들었다.

정년 하는 교수가 책을 낸다면 기념논문집이나 전공서적을 내야지 무슨 산문집인가 하는 생각도 없지 않다. 그러나 철학이나 인문학도 아닌 법과 경제에 관한 한참 지난 논문들을 모아본들 누가 열심히 읽어주겠나. 가장 가까운 집사람부터 고개를 돌리겠지.

그래서 무겁고 긴 전공 관련 글들은 다 빼고 가볍고 짧은 산문 중심으로 엮었다. 지금 다시 읽어보니 "그때 그 글" 정도로 보이는 것도 없지 않지만 어떤 글들은 시간은 지났지만 오늘의 우리 현실에서도 시의성을 갖고 있는 것으로 보인다. 적어도 그때그때의 삶의 현장에서 내가 무슨 생각을 했나 당시의 나를 보여 준다는 의미가 있겠다.

원래 생각은 비매품으로 몇 백 부 정도 찍어 친구, 친지들에게 보낼 생각이었다. 그런데 법대를 같이 나왔지만 평생을 재야 한글학자로 살고 있는 친구에게 이야기했다가 호되게 야단을 맞았다. 비매품은 책이 아니고 일반사람들도 사서 볼 만한 내용을 담아내야 한다는 것이었다. 일리 있는 말이다. 그래서 그냥 보통 책으로 내기로 했다.

시간을 내 읽어주는 친지, 친구 여러분께 감사드린다.

contents

Part 4 더불어 사는 사회

Part 5 민들레와 담쟁이

Part 6 Thinking Out Of The Box

Part 1
마주보는 정치

마주보는 정치에 담은 생각

처음 5개 글은 '국민의 정부' 시절 쓴 글들이다. '국민의 정부'는 사실상 처음으로 여에서 야로 정권교체를 이룬 정부로서 그 역사적 의의가 크다. 하지만 IMF 외환위기 속에서 출범하여 경제위기를 극복하여야 하는 절체절명의 시기이기도 하였다. 금 모으기 등 국민적 참여 속에서 국가적 위기를 어렵게 극복하였지만 정치적 면에서 진정한 의미의 환골탈태는 미흡하였다고 보인다. 그 당시 현안에 대하여 쓴 글들이지만 글의 취지와 제시하고 있는 제안들은 아직도 유의성이 있다고 생각된다.

여섯 번째부터 아홉 번째 글은 청와대 경제보좌관으로 재직하고 있을 때 청와대브리핑에 올린 글이다. 나는 경제보좌관으로 부름을 받기 전 노무현 전 대통령과 특별한 인연이 없었다. 그런데 모시고 일하면서 업무를 떠나 인간적으로 존경하고 좋아하게 되었다. 말씀이 시원시원한 노 대통령은 그만큼 오해와 논쟁의 대상이 되기도 하였다. 내가 가까이서 본 노 대통령의 실상을 국민들과 공유하고 싶어 쓰게 되었다.

　마지막 세 편은 최근 정치를 보면서 떠오른 소회를 적은 것이다. 「고해성사」는 지난 대선 때 큰 논란이 되었던 NLL 논쟁에 관련하여 우리 사회에 만연한 '기억상실증'을 고발하고 있다. 지방자치에 대한 글은 이제 20년이 되어가는 우리 지방자치제도가 갖고 있는 불필요한 이중구조의 문제점을 제시하고 있다.

　마지막 「흐린 날의 단상」은 오늘의 답답한 정치 상황에서 우리 정치를 한 단계 업그레이드할 차세대 지도자를 바라는 마음에서 써 보았다.

　무엇보다도 우리 정치의 고질적 병폐인 권위주의적 일방통행과 진영논리를 극복하고 여야가 서로 마주 앉아 토론하고 타협하는 진정한 상생의 정치가 실현되는 날이 오기를 바라 마지않는다.

만델라

아무리 해도 계산이 맞지 않는다. 총선은 다가오는데, 여당으로서 원내 안정 의석은 확보해야겠는데, 집권 2년 동안 온갖 미소와 정성을 다 들였는데도 영남은 더욱 멀어지기만 하고, 아무리 달래고 을러도 자민련은 딴 살림 차리기를 고집한다. 잘하라고 요직을 맡겼던 측근들은 망발과 자충수를 일삼아 그나마 남았던 민심마저 이반시키기 일쑤고…. "나 보고 어쩌란 말이냐. 정치가 9단이래도 난들 어쩌란 말이냐."라는 대통령의 탄식이 귓가에 들리는 듯하다.

"맞습니다. 김대중 대통령님. 이대로 가면 국민회의가 되었든 신당이 되었든 4월 총선은 물 건너간 것 같습니다. 제2건국운동이 그랬듯이 국민신당도 이런 식으로는 뜨지 않습니다. 영남과 충청도는 어차피 제 갈 길로 가고 서울 사람들도 이제 등을 돌렸습니다. 새 천년이 다가오는 마지막 날까지 옷 사건에, 파업유도 사건에, 언론문건에, 끊임없는 사건과 스캔들에 날을 지새우고 국정조사다, 검찰수사다, 특별검사까지 다 동원했어도 진실은 더욱 오리무중으로 향한

탓에 남은 것은 거짓과 위증, 호도와 혼란뿐입니다. IMF의 고통과 위기도 언제였느냐는 듯 사회 각 계층은 자기의 기득권을 놓치지 않기 위해 수단과 방법을 가리지 않습니다.

도대체 4월 총선의 의미는 무엇입니까. 국회의원들을 새로 뽑는 것인데 그 국회의원들이 지난 4년간 한 일이 과연 무엇입니까. 민의를 수렴하고 국민을 걱정하기는커녕 하루가 멀다 하고 서로 싸우는데 영일이 없어 국민이 오히려 정치인들을 걱정해야 합니다. 일단 선거에 이겨 당선되면 4년 동안 아무 일 안 해도 국민 위에 군림하고 호의호식할 수 있는 특권계급이 아닙니까.

대통령께서 하실 일은 딱 하나 남아 있습니다. 그것은 이제 죽으시는 일입니다. 인간 김대중에게 맡겨진 역사적 과제는 평화적 정권교체였습니다. 여당에서 야당으로의 진정한 정권교체 말입니다. 대통령께서는 천신만고 끝에 이것을 이루어 내셨습니다. 어쩌면 남북분단에 이어 동서분단에까지 치달았을 우리나라의 비극을 대통령께서는 평화적 여야 정권교체를 통하여 막으셨습니다. 그것만으로 대통령께서는 우리 역사에 길이 남으십니다.

남아공화국의 만델라를 보십시오. 100년의 백인정권을 종식시키고 흑백화해를 이룩한 후 "내 할 일은 다 했다." 하고 미련 없이 떠나는 것을. 대통령께서도 그렇게 하시면 됩니다. 그렇다고 지금 당장 하야하시라는 말은 아닙니다. 남은 임기 동안 정파를 초월해서 21세기 나라의 비전을 제시해 주시고 국민화합의 심벌이 되어 주십시오. 국민회의를 떠나십시오. 정파에 초연하시면 대통령의 사심 없는 충정에 국민은 기꺼이 경청하고 따를 것입니다. 이 다음번에 야당이 정권을 잡으면 어떻습니까. 오히려 또 한 번의 평화적 정권교체의 기록을 세우고 이로써 민주주의가 이 나라에 굳게 정착하게 되지 않습니까. 어차피 작금의 정치행태를 보면 국민회의가 여당이 되나 한나라당이 여당이 되나 국민의 입장에서 보면 아무런 차이가 느껴지지 않습니다. 다만 사람이 바뀔 뿐.

지금 우리나라에 시급한 것은 당파적 승패가 아니라 엄청난 속도로 다가오는 새로운 밀레니엄에서, 그리고 전 세계적인 무한경쟁에서 살아남기 위한 지혜와 비전과 지도력입니다. 지금 국민이 간절히 대통령께 바라는 것은 바로 이러한 국가적 비전과 지도력입니다.

선거에 지고 정권을 내주어도 좋다는 것은 현실정치에서는 통할 수 없는 순진한 이야기이겠지요. 가능하면 국민회의가 다음 선거에서 국민의 절대적 지지로 정권을 재창출해야 할 것입니다. 문제는 지금대로 가면 그럴 가능성이 별로 없다는 사실입니다. 대통령께서 당파를 떠나 초연히 국정에 임하시면 오히려 국민들은 기꺼이 따르고 국민들이 기꺼이 따르면 철새 같은 정치인들이 어디를 가겠습니까. 바람개비 같은 언론이 어디를 향하겠습니까. "생즉필사 사즉필생"이라고 하였습니다. 버리십시오. 그러면 얻으실 것입니다. 대통령께서 어찌 이런 생각을 해보시지 않았겠습니까. 거기에는 많은 어려움과 위험이 있겠지요. 그러나 이 길이 대통령께서 그렇게 사랑하시는 이 나라가 살고 그리고 대통령께서도 개인적으로 사시는 길이라고 생각되어 삼가 이 글을 올립니다."

제2건국 선언

김대중 대통령이 건국 50주년이 되는 1998년 8·15경축사에서 '제2의 건국을 위한 국민운동'을 제창하였다.

보도된 바에 의하면 이 '제2의 건국'은 기본국정철학, 3대 실천윤리와 3대 지침, 6대 국정과제로 구성되어있다. 즉 국정철학은 "민주주의와 시장경제의 병행발전"이고, 3대 실천윤리는 "자유" "정의" "효율", 3대 지침은 "실질적인 개혁" "국민이 주체가 되는 개혁" "지도층 솔선수범의 원칙"으로 정했고, 분야별 목표가 되는 6대 국정과제는 정치 분야에서 "권위주의에서 참여민주주의로의 대전환", 경제 분야는 "관치경제에서 민주적 시장경제로의 대전환"과 "물질위주의 공업국가에서 지식과 정보산업국가로의 대전환", 사회 분야에서 "고통과 성과의 공정한 분담", 대외 분야에서 "폐쇄적 민족주의에서 보편적 세계주의로의 가치관 정립" 그리고 남북문제에서 "남북대결주의에서 남북협력주의로의 지향"으로 지정되었다. 이러한 '제2건국'의 핵심은 국가전반에 관한 "총체적 개혁"이며 이를 범국가적으로 실천하기 위해 당, 정, 학계, 경제, 언론, 종교, 시민단체 등으로 구성되는 총괄적 개혁추진기구인 가칭 '제2건국추진위원회'를 구성하고 범시민단체 네트워크를 형성해 범국민적 의식개혁운동으로 추진해 나갈 것이라 한다.

이러한 『제2의 건국』선언은 일단 시의적절하고 현실적 타당성을 갖고 있다고 보인다. 무엇보다도 예고 없이 불어닥친 소위 IMF 경제위기는 30년 동안 이룩해왔던 우리 경제를 그 근저에서부터 흔들어 놓고 있고 전대미문의 대량부도와 대량실업 사태 속에서 우리 국민들이 정신적 공황상태까지 가는 마당에서 국민들이 부여잡을 수 있는 무언가 심리적 지주가 절실한 시점이라는 것이다. 또한 그간 우리는 다분히 과거지향적이고 현실도피적 임기응변에 치중했었던 바, 이제 미래지향적인 국정목표가 제시되어 국민들에게 국정에 대한 비전과 예측가능성을 제시했다는 점에서 고무적이라고 여겨진다. 나아가 여소야대의 현 정치현실하에 김 대통령이 추진하는 개혁정책이 야당에 의해 번번이 무산되는 상황에서 범국민적인 국민의 동의와 압력을 통해 야당의 벽을 뛰어넘어야 한다는 현실적 필요성이 있다는 점이다.

그러나 이러한 당위성에도 불구하고 이번 '제2건국'은 과거 역대 정권하에서 있었던 유사한 선언들이 그러했던 것처럼 졸속과 부실의 위험들이 엿보인다는 점을 지적하지 않을 수 없다.

첫째, 이번 선언의 가장 큰 문제점은 무엇보다도 그 실질이 분명히 부각되지 못했다는 점이다. 기본 국정철학으로 제시된 "민주주의와 시장경제의 병행발전"도 그렇고 3대 실천윤리, 3대 지침, 6대 국정과제 등이 추상적, 철학적인 슬로건에 불과해 일반 국민의 입장에서 보면 그저 다 옳은 논리인 것 같기는 한데 구체적으로 무엇이 어떻게 달라지느냐고 물으면 멍청해지는, 그런 종류인 것이다. "총체적 개혁"은 과연 무엇을 말하는가. "바로 서야 할 국정의 기본"은 과연 무엇이어야 하는가? "민주주의와 시장경제가 병행발전"하면 무엇이 오는가? 일반 국민이 쉽게 이해되고 피부에 닿는 대답을 필요로 한다.

60년대의 새마을운동은 가난을 극복하고 "잘살아 보자"는 것이 그 중심 메시지였다. 21세기를 목전에 둔 지금 이 시점에서 우리 국민이 절실하게 원하는 것은 무엇인가? 어쩌면 그것은 **"부지런하고 정직한 사람이 잘살 수 있는 사회"**가 아닐까.

오늘 날 우리가 겪고 있는 이 IMF 고통의 원인은 다름 아닌 지난 10여 년 동안 누적되어온 우리 경제사회의 "거품"의 대가이다. 비현실적으로 높은 "강세원화"가 가능하게 해준 신기루에 현혹된 과잉투자와 과잉소비가 바로 그것이다. 거품 속에서 기업가는 한없는 투자경쟁, 근로자는 한없는 노동시간 축소와 임금상승, 국민들은 과소비, 정부는 끊임없는 규제와 간섭으로 각자의 몫을 챙기는 데 급급하지 않았는가. 어느 날 갑자기 거품이 벗겨지자 우리는 빚잔치 와중에도 서로 더 먹겠다고 싸우는 우리의 실상을 보게 된 것이다. 일국의 경제발전의 근저는 결국 얼마나 많은 국민이 얼마나 열심히 일하느냐에 달려있다. 정치가의 지도력도 기업가의 자본과 경영도 결국은 보다 많은 사람이 보다 열심히 일하게 해주는 데 있다. 그런데 80년대 후반 이후 우리나라는 열심히 일하지 않게 되었다. 일시적 무역흑자와 원화강세화로 인한 무역흑자국의 환상과 당시 정권들의 의도적 방조 속에서 우리 국민들은 열심히 일하지 않아도 잘살 수 있다는 환상을 갖게 되었다. 거기에 편만한 부정부패와 정경유착과 부동산투기로 대표되는 부의 축적의 부정직성은 국민 대부분에게 돈과 권력을 가진 자에 대한 편향적 시각과 더불어 열심히 일해도 별 볼 일 없다는 부정적 유인을 갖게 되었다. 아무리 열심히 정직하게 일해서 저축하여도 평생 집 한 채 마련하기 어려워서야 어떻게 열심히 일하고 저축할 마음이 생기겠는가. 열심히 일하지도 않고 정직하지도 않은 사람들이 잘 먹고 잘사는 사회에서는 그렇지 않은 사람들은 바보가 되고 모자란 사람이 되는 것이다.

'제2건국'이 우리나라가 21세기에 선진국이 되는 비전이고 전략일진대 모름지기 그것은 우리 국민이 다 같이 열심히 일하고 정직하게 살 게 하는 것이어야 할 것이며, 현재 추진되고 있는 '총체적 개혁'도 궁극적으로 여기에 초점이 맞추어져야 할 것이다. 정직하게 열심히 일하면 잘살 수 있다는 믿음이 있을 때 국민 각자는 열심히 일하게 되고 그 결과로 국가는 부강하게 되는 것이다.

둘째의 문제점은 그 추진방식에 있어 범시민단체를 망라하려는 개혁운동추진의 위험성이다. 소위 시민단체에는 관변단체라고 할 만한 단체들도 많지만 다른 많은 시민 단체들은 정부의 간섭과 영향을 받지 않는 순수한 민간단체라는 점에서 바른 시민단체로서의 존재의의가 있는데 이제 이들을 정부 주도하의 총괄적 개혁추진기구에 다 참여토록 하는 것은 그 의도는 바람직할지라도 그 과정에서 시민단체로서의 자율성과 자립성은 크게 훼손될 것이다. 나아가 전 종교계, 문화계, 언론계 등을 망라하는 범국민적 기구는 또한 반대를 무력화하는 전체주의적 위험이 도사리고 있음을 우리는 간과해서는 안 된다. 정부는 시민단체의 활동이 가져올 수 있는 단기적인 여러 효용에 유혹되어 시민단체들을 정부기구 속으로 끌어들임으로써 궁극적으로 시민단체들을 죽이는 우를 범하지 말아야 할 것이다.

셋째로 지적되어야 할 문제점은 이번 선언이 그 성공을 위해 필수불가결한 중요한 한 가지 사항을 간과하고 있다는 점이다. 정의로운 사회의 대전제는 그 사회의 의사결정이 정의롭게, 정당하게, 공정하게 이루어지는 것이다. 부정부패는 바로 이러한 의사결정 과정을 무력화시킨다는 점에서 정의로운 사회로, 선진사회로 가는 데 암적 존재인 것이다. 암을 가진 사람에게는 암이 퇴치되지 않는 이상 아무 것도 기대할 수 없다. 우리 사회의 암적 존재인 부정부패와 비리구조를 퇴치하지 않는 어떠한 '개혁'도 결국은 실패할 수밖에 없다. 이번 발표된 '제2건국' 실천방안에 이러한 문제인식이 강조되지 않은 것은 큰 실망이 아닐 수 없다. 오랜 역사를 통해 우리 사회에 뿌리박혀 있는 부패구조의 척결은 지금까지와 같은 과거지향적 사정으로는 안 되며 미래지향적, 제도적인 비리척결정책과 이 정책의 예외 없는 지속적인 시행만이 유일한 대안이 되는 것이다.

　김대중 대통령의 ‘제2건국’ 선언이 이 암울한 국가적 위기에서 우
리 국민들을 양지로 이끌어 내고 “부지런하고 정직한 사람이 잘살
수 있는 사회”로 가는 진정한 계기와 복음이 되기를 고대하는 마음
이다.

(1998. 8. 16.)

정부조직의 개편방향

- 예산청-기획위 합치고 경제정책 조정 위해 재경장관을 부총리로 -

들리는 바에 따르면 요즘 예산청을 놓고 재정경제부와 기획예산위원회 간에 막후 줄다리기가 한창이라고 한다. 이미 알려진 바와 같이 현 정부는 작년 2월 정부조직 개편이 미흡하다는 비판에 따라 작년 10월부터 모든 중앙행정기관에 대한 경영 진단을 민간 전문기관에 맡겨 착수한 바 있으며 그 결과를 토대로 현재 2차 정부조직 개편을 진행하고 있는 것으로 알려졌다. 그러나 바람직한 조직 개편에 대한 중립적 대안을 제시해 줄 것으로 기대했던 민간 전문기관의 경영평가 결과도 결국 해당 부처의 입김에서 자유롭지 못해, 분명한 개편안을 제시하지 못하고 공을 다시 넘긴 것으로 알려졌다.

개편 방향에 대한 자세한 정보가 없는 가운데 정부조직 개편에 대해 논의하는 것 자체가 어려운 일이지만 여기서는 그중에서 예산청의 소속과 그에 따른 재경부 위상에 대해서만 의견을 제시하고자 한다.

첫째로 지적할 것은 기획예산위원회와 예산청이 따로 있는 현 상태는 지난 98년 개편 때 국회의원들이 보여준 전형적인 개악Horse Trading의 산물로 하루빨리 청산되어야 한다.

국가예산을 편성하는 데 기본정책이 따로 있고 실제 배분이 따로 있는 것이 아니지 않은가. 또 예산정책은 기획예산위원회가 하는데 그에 대한 국회 답변은 재경부 장관이 한다는 것도 희극일 따름이다. 다시 말하면 예산가능을 재경부에 두기로 하면 기획예산위원회는 해산해야 한다.

둘째, 정부 부처들은 가능하면 힘이 비슷하여 서로 견제와 균형을 유지할 수 있도록 하는 것이 바람직하다. 지난 94년 개혁에서 구 경제기획원과 구 재무부를 합쳐 탄생한 재정경제원이 재정·금융·예산·경제 정책을 모두 가진 무소불위无所不为의 공룡이 되었고 다른 부처는 자기 소관업무에서도 재정경제원의 비위를 거스를까 제대로 가능할 수 없었다는 것이다.

사실 지난 98년 1차 개혁의 핵심은 공룡 부처인 재정경제원을 재경부, 금융감독위원회, 기획예산위원회 세 부처로 나눈 것이다. 다시 예산기능이 재정경제부로 간다면 옛날보다는 덜할지 모르지만 공룡 부처의 위험은 다시 살아나는 것이다.

셋째, 지난 정부 개혁 후 1년여 경험이 준 큰 교훈의 하나는 경제정책 조정을 담당할 수 있는 경제부총리의 아쉬움이다.

예산기능을 가진 기획예산위원회 위원장은 재정정책을, 금융정책은 금융감독위원장이, 산업정책은 산업자원부 장관이, 부동산대책은 건설교통부 장관이, 정보화는 정보통신부 장관이, 관광정책은 문화관광부 장관이 발표하는데 문제는 이들 정책이 서로 다른 부처 업무와 연관해 조정되어야 함에도 힘 있는 실세 장관들은 서로 경쟁적으로 정책을 먼저 발표해 기정사실화해 온 것이다.

대기업 구조조정과 빅딜 같은 종합적인 사안에서 이러한 정책 혼선은 극極에 달했다. 생색나는 부문은 먼저 하고 귀찮은 부문은 다른 부처에 떠넘기는 일이 비일비재했다.

이상의 논의에서 나오는 결론은 상당히 명확한 것 같다. 재경부 장관을 다시 부총리로 해 경제부처의 수장으로서 각 경제부처 정책을 조정하게 할 필요가 있다.

혹자는 효율적으로 정책을 조정하기 위해 예산이라는 무기가 불가결하다고 주장하나 꼭 그런 것은 아니라고 본다. 우리가 예전 재정경제원 시절에 본 바와 같이 조정자가 너무 권한이 많으면 사실상 조정은 이미 실종되고 일방통행의 명령이 그 자리를 차지하게 된다. 오히려 경제부총리가 지휘하는 재정경제부는 원칙적으로 집행 기능은 다 털어내고 자유로운 중립적 관점에서 정책 수립과 조정 구실을 하는 것이 바람직하다.

다른 부처들이 말을 들을 것인지가 걱정이지만 대통령이 부총리에게 무게를 실어주어 모든 경제문제에 관한 한 경제부총리에게 조정 역을 맡기는 것을 분명히 하고 이를 지켜나가기만 하면 큰 문제는 없을 것이다. 그렇게 되면 지금처럼 매사에 청와대가 직접 나서야 하는 불편함도 없어질 것이다.

예산청은 원래 1차 개혁안대로 기획예산위원회와 합쳐 독립시킨다. 다만 예산담당 부처를 장관급으로 할 필요가 있는지는 의문이다. 예산기능은 사실 막강한 힘이다. 굳이 장관으로 하지 않아도 직위가 낮아 일하기 어려운 일은 없을 것이다. 그렇다면 작은 정부의 이상理想에서 보더라도 장관으로 하지 말고 차관으로 할 일이다. 예산청의 소속도 논란이 되었지만 총리실에 두는 것으로 방침이 정리된 것으로 알려졌고 또 그것이 무난하다고 본다.

하루빨리 정부조직 개편이 바람직한 방향으로 마무리되어 정부조직이 안정을 되찾아 국민 에너지를 결집하는 구심체 역할을 잘할 수 있게 되기를 바라는 마음이 간절하다.

(1999. 3. 4. 매일경제)

부정부패 척결을 음주운전 단속처럼

우리 사회의 가장 암적인 존재는 아직도 만연한 부정부패라는 것은 모두 인정하는 바이다. 고질화된 부정부패 관행을 없애는 것은 오랜 세월이 지나야 가능할 것이다.

그러면 우리는 그때까지 참고 기다릴 수밖에 없는가. 여기에 당장 시행할 수 있는 방안 하나를 제시하고자 한다. 이는 지금 시행되고 있는 음주운전 단속과 같은, 예외 없는 엄격한 처벌을 통해 부정부패를 몰아내자는 것이다. 음주운전은 고급공무원에게도 권력자에게도 예외 없이 적용되고, 걸리면 운전면허 취소나 벌금 부과는 물론 신분이 공개되어 망신을 당한다. 이 방법을 부정부패에 적용하자는 것이다.

이를 위해 첫째, 모든 형태의 부정부패가 예외 없이 처벌될 수 있도록 특별법을 제정한다.[1] 현재 형법의 뇌물죄 구성요건은 너무 까다롭고 제한적이다.

둘째, 음주단속을 상시화하는 것처럼 부정부패 단속도 때와 장소를 가리지 않고 부정부패 사례를 찾아내 예외 없이 처벌함으로써 지위고하를 막론하고 국민 모두가 다 떨 정도가 돼야 한다.

셋째, 부정부패자에 대한 형벌이 엄중하여 누구나 한 번 걸리면 패가망신하도록 하여야 한다. 징역형은 물론 뇌물의 3배를 추징, 경제적 유인을 박탈하고 부정부패자의 명단을 언론을 통해 공개한다. 그리고 부정부패자는 일정 기간 공직 취임을 금하고 여권을 회수하며, 공적자금 관련 계약을 불허해야 한다.

넷째, 과거는 묻지 않는다. 특별법을 제정해 과거비리는 과감하게 덮어버리고 1999년 1월 1일 이후 비리부터 적용하기로 하여 누구든 새 출발할 수 있도록 해야 한다.

부정부패는 사회 정의를 무너뜨리는 암세포와 같은 것이다. 국정의 대변혁을 추진하고 있는 '국민의 정부'는 우리 사회의 암적 존재인 부정부패 척결 없이는 백약이 무효임을 깨달아야 할 것이다.

(1998. 5. 17. 국민일보)

---

1 요즘 인구에 회자되고 있는 "김영란 법"이 여기에 해당된다.

법조비리와 사법개혁

: 판사가 변호사 되지 말고 변호사가 판사 되어야

의정부의 이순호 리스트에 이어 대전의 이종기 리스트가 우리법조계의 치부를 들어냈대서 요즘 온통 시끄럽다. 이에 정부는 지위고하를 막론하고 엄중한 처벌을 하여 법조계를 정화하겠다고 다짐하고 있다. 금품을 받은 자를 모두 처벌하고 대대적인 물갈이 인사를 단행한다고 한다. 그러나 과연 그렇게 한다고 앞으로 더 이상의 법조비리가 없어질까? 유감스럽게도 대답은 부정적이다. 몇 사람의 구속과 좌천으로 사건이 종결되면 언론도 정부도 국민도 다 잊을 뿐이다. 그리고 얼마쯤 있다가 어디선가 또 하나의 리스트가 공개되고 우리는 또 한바탕 비슷한 의식을 치를 것이다.

그러면 어떻게 하여야 하는가. 이 물음에 대한 답을 구하기 전에 우선 우리 법조계가 가지고 있는 문제가 무엇인지 좀 더 구체적으로 볼 필요가 있다.

우선, 문제가 된 법조알선리스트는 정도의 차이는 있겠지만 대전에만 있는 것도 아니고 이종기 변호사만 해당되는 것이 아니라는 것은 알 만한 사람은 다 알고 있는 사실이다. 다만 기록되지 않았거나 공개되지 않았을 뿐이다. 다 깨끗한데 이종기만 문제라는 것은 진실을 호도하는 것임을 우리는 인정하여야 한다. 다시 말하면 변호사를 소개하고 돈이나 향응으로 대가를 제공받는 관행은 우리 법조계의 뿌리 깊은 관행으로서 그 해결은 구조 자체의 개혁이 없이는 안 된다는 것을 의미한다.

둘째, 또 하나의 심각한 문제는 현재 법과대학생은 물론 전 서울대학생의 반 이상이 고시공부에 매달리고 있고 신림동 고시촌에는 일만 명이 넘는 고시생이 고시준비를 하고 있다고 한다. 숫자만이 문제가 아니다. 내가 아는 교수의 아들이 서울대학교 공대에서 박사과정에 있는데 하루는 아버지에게 심각한 고민을 털어놓았다고 한다. 박사과정 공부를 포기하고 고시공부를 해볼까 고민 중이라는 것이었다. 이유인즉 다른 학과 박사과정에 있던 절친한 친구가 사법시험에 합격하였다는 것이다. 앞으로 몇 년이 더 걸릴지 모르는 박사를 하여도 당장 명예와 부와 신분상승을 한꺼번에 가져다주는 사법시험만 못한 것이 아니냐는 갈등에 시달려 공부를 제대로 하기가 힘들다는 고백이었다고 한다. 우수한 인재가 법조인이 되어야 하는 것은 바람직하지만 서울대가 고시학원이 되고 공대 박사과정 학생이 고시공부에 매달리는 이 현실이 얼마나 엄청난 국가적 낭비이며 손실이지 않은가.

셋째, 우리나라에서 둘째가라면 서운해 할 일류 재벌계열 건설회사가 작년에 내게 해외건설 공사 계약을 검토해달라고 의뢰해왔다. 깜짝 놀랄 일이었다. 시공사 계약해제조항 등 국제계약상 기본적인 조항들을 찾아볼 수 없는 일방적인 계약이었다. 물어봤더니 지금까지 전문적인 검토 없이 그냥 공사담당직원들이 계약을 해 왔다는 것이었다. 사내변호사는 없고 전문 법률회사는 너무 비싸서 못 하였다는 대답이었다. 굴지의 우리 건설사들이 해외공사에 있어 커다란 스케일의 계약으로 화려한 면모를 뽐내는 듯 보이지만 실상 뒤로는 엄청난 손해 위험을 무릅쓰는 이 현실이 퍽 놀랍지 않은가. 어찌 사기업체 뿐인가. 수십 건 수백 건의 법안을 입안 심사하는 각 정부부처나 법제처 그리고 국회사무처에서도 변호사는 거의 활용되고 있지 않다.

넷째, 판결을 통하여 국민 간의 여러 분쟁을 최종적으로 해결하고 국가 공권력을 집행하는 판사는 법치주의 사회에서 가장 권위와 위엄을 가지는 자리라 하겠다. 마땅히 그에 걸맞은 대우가 따라야 함은 물론이거니와 그러한 중차대한 역할을 제대로 수행할 수 있는 지식, 경험 그리고 인격을 갖춘 사람이어야 할 것이다. 그래서 외국에서는 판사는 오랜 법무경험과 검증된 인격을 가진 변호사 중에서 청문회 등 엄격한 절차를 거쳐 종신직으로 선임하고 그렇게 선임된 판사는 경제적 보장과 명예를 가지고 오르지 업무에 전념하도록 하고 있다. 우리의 경우는 어떤가. 흡사 판·검사는 나중에 변호사로 가는 전 단계인 것처럼 시험만 합격했지 아무런 경험도 없고 인격적 검증도 거치지 않은 새파란 20대를 판사나 검사로 임용하고 그 아래서 아버지뻘의 변호사들이 변론을 하는 희극적 상황이 벌어지는 것이다. 판사하다 경험이 쌓이면 옷 벗고 변호사 개업을 한다. 이런 풍토에서 전관예우는 매우 당연한 귀결이 아닌가.

구조적인 문제는 그 원인이 되는 구조를 개혁하지 않으면 해결되지 않는다.

우선, 사법시험이 판·검사 임용시험이 되어서는 안 된다. 사범시험을 변호사시험으로 바꾸고 판·검사 특히 판사는 시험 합격 후 적어도 10년 정도의 변호사 경력을 가진 자 중에서 선임하도록 하고 이렇게 선임된 판사는 본인의 건강이 허락하는 한 종신까지 일하게 하여야 한다. 10년 동안의 변호사 활동의 기록을 통하여 그 사람의 법률적 지식은 물론 인격과 윤리성까지 검증할 수 있을 것이다. 10년의 변호사 활동은 또한 경제적 안정을 가능하게 하여 경제적 동기로 인한 유혹을 줄여줄 것이다. 전관예우는 당연히 없어질 것이며 소개비와 향응의 유혹도 훨씬 줄어들 것이다. 작년에 벽지 시·군 판사를 자원한 두 사람의 원로 변호사가 준 신선한 충격을 우리는 기억하고 있다.

둘째, 변호사시험 합격자 수를 대폭 늘려야 한다. 현재 법조인들은 재야 재조 구분 없이 합격자 수를 오히려 줄여야 한다고 이구동성이고 정부도 이를 수용하여 작년의 800명에서 금년에는 700명으로 줄이기로 했다고 보도되고 있다. 이해하기 어려운 일이다. 이유인즉 IMF사태로 변호사 공급이 너무 많아지면 과당경쟁을 가져오고 이는 곧 법률서비스의 질적 저하를 가져온다는 것이다. 필리핀에서는 변호사가 택시운전을 하고 미국에서는 변호사가 너무 많다 보니 먹고 살기 위해 자꾸 소송을 부추기는 과잉소송사태를 가져왔다는 것이다.

우선 우리 국민이 현재 법조인 변호사들로부터 받고 있는 법률서비스의 질이 더 떨어질 수 있는 여지가 있는지 자체가 의문이거니와 설혹 변호사 자격이 있는 사람이 택시운전을 한다고 해서 무엇이 그리 문제란 말인가. 영국에서는 국회의원 하던 사람도 택시운전으로 호구하기도 했다고 들었다. 왜 유독 변호사업계만 경쟁을 하지 않아야 하고 모든 변호사들이 다 잘살 수 있어야 하는가. 오히려 더 많은 변호사가 나와야 현재 일반 국민이 감당하기 어려운 고가의 수임료가 낮아지고, 고가의 수임료가 보장되는 소송이 아닌 새로운 법무업무에 눈을 돌리게 되어 오히려 국민의 입장에서 법률서비스의 질이 향상되는 결과를 가져올 것이다. 오늘날 사후적 소송에 못지않게 우리 국민이 필요로 하는 각종 계약검토, 인·허가취득 등 사전적 법률서비스는 거의 부재한 실정이 아닌가. 실무경험을 갖춘 변호사들이 법과대학의 교수가 되어 제대로 된 법학교육을 담당하도록 하여야 한다. 과잉소송의 우려도 미국같이 법이 투명한 나라에서나 이야기되는 것이지 아직도 "재판소는 멀리할수록 좋은" 우리나라에는 적용되지 않는 억지의 논리에 불과한 것이다.

셋째, 사법시험의 거품을 제거하여야 한다. 사법시험만 합격하면 그날로 옛날 과거급제나 한 것처럼 수직적 신분상승을 당연하게 여긴다. 사법연수원 2년을 전액 국비로 치르고 나오면(변호사 연수비용을 왜 국가가 부담하여야 하는가?) 곧장 부이사관급의 판검사가 되는 것이다. 비슷한 친구가 행정고시를 보면 사무관에 불과하고 사기업체에 가면 평사원에 월급 백여만 원인데 사법시험만 합격하면 500만 원 월급도 우습게 보인다. 우리가 지향하는 선진사회는 부지런하고 정직하게 일하는 사람이 자기가 노력한 만큼 대우를 받는 공평한 사회이다. 아무리 똑똑하고 어려운 시험(왜 그렇게 어려워야 하는지 생각해 볼 문제이지만)을 보았다고 같은 학교를 비슷하게 나온 친구보다 몇 배의 대우를 받는 것은 대단히 잘못된 사회이다. 이는 사회적으로 위화감을 가져올 뿐만 아니라 경제적으로 인적자원의 배분에 심각한 왜곡을 초래하는 것이다. 우리 사회를 짊어질 서울대학생들이 전공 구분 없이 사법시험에 매달리면 우리나라가 어떻게 될 것이며 지난 수십 년 동안 고시공부 하느라고 청춘을 다 보내고도 합격하지 못하여 사회에 제대로 적응도 못 한 수십만 명의 우리 고급인력을 생각해 보라. 한두 사람의 영웅을 위해 수천 명이 희생되어도 당연히 여기는 전근대적인 발상은 하루빨리 없어져야 한다. 지금 우리가 살고 있는 세계적 경쟁체제에서 우리 사법부의 경쟁력을 생각해야 할 때이다.

우리 사법부가 바로 서고 국제토픽감이 될 이종기리스트 같은 것이 다시 안 나오기 위해서는 하루빨리 우리 법조계가 개혁하여야 한다는 데 큰 이론이 없다. 그런데 이러한 사법개혁이 왜 잘 안 되는가. 가장 큰 장애는 현재의 법조계 즉 판사·검사·변호사들 아무도 변화하는 것을 원하지 않기 때문이다. 사법시험이라는 제도는 일단 그 관문을 통과한 사람에게는 모든 것이 보장되는 현대판 신데렐라이다. 학교 다닐 때 사법시험이 개혁되어야 한다고 외치던 사람도 일단 합격하면 시각이 달라진다(나도 입장이 바뀌었다면 그들 중 한 사람이 되지 않았으리라 장담할 수 없다). 시험이 어려울수록 합격된 자는 대단한 사람으로 대접받고 누리는 특혜는 당연한 것이 된다. 그러니 내부적으로는 이해관계가 다를 때에도 외부로부터 개혁이 요구되면 모두 하나가 되어 반대논리로 무장한다. 재작년의 사법개혁 경과나 변호사업에 대한 부과세 부과를 여론 돌아보지 않고 여야 구분 없이 끝까지 버티던 국회법사위를 보면 이러한 이익공동체가 얼마나 공고한지 알 수 있다. 또 한 가지, 위에서 제시된 종신판사제도는 지금까지 동열에 있는 검사 지위의 저하를 가져오게 되어 실제 개혁입법의 칼자루를 쥔 법무부와 검사들에게 달가운 뉴스가 아니다. 우리의 역사적 현실을 감안하여 검사도 판사와 같이 일정 기간 변호사로 일한 사람 중에서 선임하는 방안도 고려해볼 일이다.

결국 사법개혁이 제대로 이루어지기 위해서는 무엇보다도 자기 중심적 이해를 뛰어넘는 비전과 소신을 가진 법조인이 나서서 스스로 거듭나는 노력과 아픔이 불가결하다고 보아진다.

본인도 법대를 나온 연유로 법조계에 존경하는 선후배 그리고 가까운 동기들이 많다. 나는 이런 좋은 분들이 이번 기회에 내부로부터의 개혁을 이룩하는 대승적 결단을 해낼 수 있기를 기대하는 마음이다. 아울러 법률서비스의 수요자인 국민도 일관되게 사법개혁의 요구를 늦추지 말아야 할 것이다.

(1999. 1. 21.)

호주 의사당 앞에 전몰추모관이 있는 이유: 먼저 간 자와 남은 자

온 나라가 월드컵의 열기로 들떠 있는 가운데 며칠 전 제51회 현충일이 조용히 지나갔습니다. 언제부터인가 사람들이 현충일을 그저 황금 같은 휴일로만 여길 뿐 순국선열의 넋을 기린다는 본래의 의미는 퇴색되어 버린 것 같습니다. 6·10 민주항쟁도 그랬고 또 곧 다가올 6·25도 월드컵 열기에 묻혀 지나가지 않을까 생각됩니다. 호국보훈의 달이라는 명칭이 무색할 정도로 월드컵에 대한 열기와 현충일, 6·25에 대한 무관심이 대비되는 요즘, 몇 년 전 호주를 방문했을 때의 기억이 새삼 떠오르게 됩니다.

원주민 언어로 '만남의 장소'라는 의미를 지닌 호주의 수도 캔버라 Canberra는 20세기 초 건설된 전형적인 계획도시로서 자연과 인공이 아름답게 조화를 이루고 있었습니다. 캔버라 중앙에 있는 호주 의사당은 건물의 대부분이 지하에 위치하고 일부만이 지상에 보이는 독특한 형태로 20세기 최고의 건축물 중 하나로 평가받고 있습니다.

호주 의사당 앞에 서면 곧게 뻗은 붉은 대로를 따라 1km 정도 너머로 전몰추모관Australian War Memorial이 한눈에 들어옵니다. 이 추모관은 호주가 참전했던 2차대전, 한국전쟁 등에서 산화한 전몰자를 기리기 위해 세워졌으며 우리나라 용산 전쟁기념관의 모델이 된 곳이기도 합니다. 매년 호주의 현충일인 4월 25일 앤작데이Anzac Day에는 전몰추모관을 중심으로 추모식, 퍼레이드 등의 행사가 열립니다. 올해에도 존 하워드 수상을 비롯한 여야 정치인, 각계 지도자 등 수천 명이 추모행사에 참가했다고 합니다.

서로 싸우다가도 선열들 생각해 옷깃 여미어봄직도

호주는 의원내각제 국가입니다. 국가의 대소사가 모두 의회에서 결정됩니다. 그런데 정치와 행정의 중심인 의사당이 전몰추모관을 마주보고 있다는 사실이 매우 인상적이었습니다. 어쩌면 나라를 위해 가장 용감하게 앞장섰던 용사들은 죽어서 추모관에 누워 있고, 그 뒤를 따르다 살아남은 사람들이 지금의 정치지도자들이 아닐까 하는 생각이 듭니다. 제가 학창 시절에 학생데모가 꽤 있었습니다. 맨 앞줄에 서서 선도하던 학우들은 대부분 잡혀 유치장에 갑니다. 잡히지 않은 두 번째 줄에 있던 학우들이 나중에 학생회 지도층이 됩니다.

현충일 하루만 아니라 매일 의사당에 출퇴근할 때마다 정치지도자들이 나라를 위해 먼저 간 순국선열을 생각하고 자기 자신을 겸허히 되돌아보게 하고자 한 것이 전몰추모관을 의사당 지척에 세운 도

시계획자의 의중이 아니었을까요?

　우리는 2012~14년을 목표로 행정복합도시를 건설할 계획입니다. 수도권 과밀해소와 국가균형발전을 위해 건설될 행정복합도시는 친환경적인 생태도시, 정보도시, 환경도시로 21세기 새로운 이정표 Landmark로 건설될 것입니다. 청와대, 국회, 전쟁기념관 등이 이전 대상에 포함되지 않기 때문에 정치·행정의 중심에 전몰추모관을 세운 캔버라의 모델을 그대로 따라할 수는 없겠지만 그 취지는 우리에게 시사하는 바가 크다고 생각합니다.

　아직도 우리 사회는 지역, 이념, 노사, 여야 등의 분열적 구도를 바탕으로 대립각을 세우며 선명성을 경쟁하고 있는 형국입니다. 생각해 보면 진정 선명한 용기와 이상을 향해 맨 앞에 섰던 사람들은 이미 산화하여 추모의 대상이 되었고, 조금은 덜 용기 있는 사람들이 살아서 오늘날의 지도자가 된 것이라고 보면 서로 싸우다가도 한 번쯤은 멈추어 서서 앞서간 선열들을 생각해 옷깃을 여미어봄직도 합니다. 호국보훈의 달인 6월, 한 달만이라도 이 같은 마음가짐을 가질 수 있다면 좋겠습니다.

(2006. 6. 15. 청와대브리핑)

마주보는 정치

오래전에 민주정치의 요람이라고 하는 영국의 국회의사당을 방청하는 기회가 있었다. 깜짝 놀랐다. 마치 중고등학교 교실처럼 한쪽은 여당, 다른 편은 야당의원들이 계단식으로 배치된 긴 나무의자에 앉아 있었다. 가운데 바닥에는 긴 장탁을 사이로 총리를 비롯한 내각과 야당내각Shadow Cabinet이 마주보고 앉았다. 의원들은 명패도 따로 없고 지정좌석도 없다. 발언권은 먼저 일어난 사람에게 주어진다. 아니 국회의원을 학생 취급하다니!

이유인즉 서로 마주보며 육성으로 토론을 가능하게 하기 위해서란다. 이렇게 해서 영국 하원에서는 거의 매일 총리에서부터 초선의원까지 서로 마주보며 질의하고 토론해서 의사를 결정한다고 한다.

여의도 우리 국회의사당을 가보라. 여야의원들마다 큼직한 책상과 푹신한 의자에 앉다 보니 본회의장은 작은 운동장만 하고 의원들은 서로 마주보고 토론하는 것이 아니라 한 사람씩 강단에 올라가 내려다보며 연설을 한다. 토론은 쌍방향이고 서로 주고받는데 연설은 일방통행이다.

　우리나라 헌법 1조 2항은 주권은 국민에 있고 모든 권력은 국민에게서 나온다고 선언하고 있다. 대의민주주의 원칙에 따라 국민은 자기를 대표할 국회의원과 대통령을 뽑는다. 국회의원들은 자기를 뽑아준 유권자를 대표하여 상호 간의 토론과 설득을 통하여 여러 국정 과제를 결정한다. 이런 민주적 의사결정 과정에서 충분한 토론을 통한 타협은 우리 헌법이 천명한 대의민주주의의 근간이다.

　공자의 『논어』에 "爭而不黨 和而不同"이라고 나온다고 한다. "다툴 것은 서로 다투되 네 편 내 편 가르지 말고 서로 타협할 것은 타협하되 부화뇌동해서는 안 된다."는 뜻으로 이해된다.

　사색당쟁의 오랜 역사를 가진 우리 정치문화가 아직도 여의도 국회의사당에서 재현되는 것을 보는 국민의 한 사람으로 씁쓸한 마음을 금할 수 없다. 다들 국가와 민족을 위해 봉사하겠다고 나선 사람들인데 왜 저럴까.

　그래도 한 가지는 해볼 수 있겠다. 국회의원 정수를 현재의 300명에서 100명 수준으로 줄이고 국회의 본회의장을 고등학교 교실만큼 하게 해서 서로 눈을 보며 육성으로 토론하게 하자. 서로 타협을 하든 싸움을 하든 결판을 낼 때까지 문을 잠그면 어떨까.

불감증의 사회

이것은 새로운 이야기가 아닙니다. 또한 특정 개인이나 계층을 비난하기 위한 것도 아닙니다. 그럼에도 다시 한 번 끄집어내는 이유는 고집스러운 한 서생이 우리 사회에 대해 아직도 희망을 버리지 못하고 있기 때문입니다.

최근 우리 사회는 가히 갈등사회라고 할 만큼 보수와 진보, 개발과 환경, 노사관계 등 온갖 갈등으로 사회가 마비될 지경입니다. 그러다 보니 우리의 미래와 직결된 중요한 의제들이 제대로 논의되기도 전에 갈등 속에 파묻혀 버리는 경우가 부지기수입니다. 더욱 심각한 것은 많은 지식인과 정책 관련자들이 문제의 제기 자체를 포기하거나 회피해버리는 경향입니다. 어차피 시끄럽기만 하고 되지도 않을 것인데 하는 자포자기식 심정이 확산되고 있습니다. 고인 물이 썩듯이 이 같은 자세야말로 변화 속에서 우리 사회가 움직이지 못하고 내부로 곪아가는 가장 큰 요인입니다.

IT 업계에는 '무어의 법칙'이라는 것이 있습니다. 인텔의 창업자 고든 무어Gordon Moore의 이름을 딴 이 법칙은 반도체의 집적도가 18개월마다 2배씩 증가한다는 것입니다. 요즘에는 한 술 더 떠 삼성전자 황창규 사장의 이름을 딴 '황의 법칙'이 '무어의 법칙'을 대체하고 있는데 이는 반도체 집적도가 1년에 2배씩 증가한다는 것입니다. 불과 1~2년 전에 산 PC가 구형이 될 만큼 기술진보의 속도는 상상을 초월합니다.

기술진보의 속도가 빠를 뿐만 아니라 첨단기술 간 융합도 활발히 진행되고 있습니다. 며칠 전 미국시장 진출과 관련하여 크게 보도된 바 있는 와이브로WiBro는 방송과 통신기술이 융합된 대표적 예라 할 수 있습니다. 요즘에는 휴대전화도 통화기능에다 음악, 카메라, TV 등의 기능이 함께 있어야 팔리는 세상입니다. 음식도 동서양의 재료와 조리법을 융합한 퓨전요리가 인기를 끌고 음악, 미술 등 문화면에서도 장르 간 경계를 넘나드는 것이 다반사입니다. 이제 컨버전스, 퓨전, 크로스오버 등의 단어가 더 이상 낯설지 않을 만큼 21세기 들어 영역 간 경계가 허물어지고 있습니다.

과학기술 등의 하드웨어가 빠른 속도로 변하고 있는 것과는 달리 우리 사회의 의식·제도 등 소프트웨어는 크게 변하지 못하고 있습니다. 과거 20년 동안 우리 사회에서의 민주화의 급격한 진전에도 불구하고 합리적 토론을 통해 생산적 결론을 도출하는 민주주의의 기본 전제가 아직도 정착되지 못하고 있습니다. 합리적 토론보다 갈등과 대결, 그리고 폭력을 불사하는 힘의 논리가 우리 사회를 지배하고 있습니다. 인터넷 토론에서의 댓글이 익명성을 이유로 합리적 대안보다는 감정에 치우친 비생산적인 논쟁의 연속으로 이어지고 있고, 사회 각계각층의 이해관계를 조정하여야 할 국회가 민주주의적 절차를 통해 사회적 합의를 도출하지 못하고 오히려 사회적 갈등을 증폭시키는 것이 오늘의 현실입니다.

대통령과 국회의원을 선출하는 주기가 일치하지 않다 보니 매 정권마다 여소야대의 구조적 문제가 나타나고 있습니다. 물론 여소야대도 국민의 선택이므로 그 자체가 문제라고 할 수는 없습니다. 다만 대화와 타협을 통해 합의를 이루고 끝내 합의를 이룰 수 없는 경우라도 규칙에 따라 결론을 내고 그 결과에 승복하는 관행이 우리 사회에 뿌리 깊이 정착되지 못한 상황에서, 이러한 제도적 결함이 제반 개혁 및 민생법안 등이 원활하게 입법화되지 못하는 구조적 원인으로 작용하고 있는 것도 부인할 수 없는 사실이라고 할 것입니다.

일제시대부터 이어 내려온 도·시·군·구로 이루어진 행정구역도 좋은 예입니다. 자가용 운전이 일상화되었고 KTX를 타면 전국 어디나 반나절 만에 다녀올 수 있을 만큼 생활권이 확대되었는데도 과거 걸어 다니던 시절의 생활권을 기초로 설계된 행정구역을 그대로 유지하는 것은 불필요하게 막대한 비용만을 초래할 뿐 아니라 지역감정이라는 고질병의 온상을 제공하고 있습니다.

중앙부처의 경우 기능적으로 지나치게 세분화되어 있는 것도 문제입니다. 종합적인 시각에서 접근해야 할 국토관리와 같은 정책이

건교부와 환경부의 힘겨루기 와중에서 실기하는 것이 비일비재합니다. 산업을 담당하는 산자부, 정통부, 과기부 등과 재정금융을 담당하는 재경부, 기획예산처, 금감위 등 간에도 업무영역을 둘러싸고 비슷한 갈등이 벌어집니다. 한때는 전문성과 상호견제를 위해 중앙부처를 세분화하는 것이 바람직하였지만, 급격한 변화 속에서 신속하고 유기적인 의사결정이 요구되는 오늘날에도 타당한지는 의문입니다.

이러한 문제점을 어떻게 해결하여야 하는 것에 대해서는 이미 많은 견해가 제기된 바 있습니다. 행정구역의 경우 도道를 폐지하는 대신 4~5개 시·군을 하나의 자치 단위로 묶어 광역화하고 서울은 5~6개의 자족적 규모로 분리하는 것이 오늘날의 생활권에 걸맞다는 것이 중론입니다. 헌정구조와 관련하여서는 대통령 선거와 국회의원 선거가 같은 해에 실시되는 2012년을 기점으로 그 이후에도 양대 선거가 동시에 이루어질 수 있는 방안을 강구하거나 제도적으로 의회와 행정부가 일체가 되는 의원내각제 도입을 검토하는 것 등을 생각할 수 있을 것입니다. 또한 중앙부처는 10개 이내의 대부처주의로 가되 차관제도를 적극 활용하면 전문성 확보와 부처 내 정책조정의 문제를 해결할 수 있을 것입니다. 이렇게 되면 국가의 주요 대소사를 놓고 국무회의에서 실질적인 토론이 가능하게 되는 부수적인 효과도 기대할 수 있습니다.

이러한 제도개선은 이미 국회 행정개혁특위나 시민단체 논의 등을 통해 잘 알려진 사항입니다. 이는 해결책이 무엇인지 알지를 못해서 우리가 제도개선을 미루고 있는 것은 아님을 시사한다고 할 것입니다. 문제는 제도 변경의 필요성을 절감하는 동시에 구체적 해결방법에 대해 잘 알고 있으면서도 우리 사회가 이러한 변화와 도전을 수용하고 바꾸어 나갈 능력과 의지가 부족하고 이해관계가 엇갈림으로써 서로 눈치를 보며 차일피일 미루고 있다는 사실입니다. 정권 후반기에 이런 큰 변화를 추진하는 데 시기적 어려움도 있습니다. 그러나 이런 개혁과제는 정권의 차원을 넘는 국가적 과제입니다.

무엇보다도 경계하여야 할 것은 우리 자신도 모르게 스며든 냉소주의가 아닌가 생각됩니다. 정치적·사회적 민주화가 빠르게 확산되는 과정에서 사회 각계각층의 이해관계가 다양하게 표출되었지만 우리 사회가 이를 대화와 타협을 통해 합의점을 도출하는 관행을 정착시키지 못함에 따라 갈등의 부정적 측면만이 부각되어 왔습니다. 이에 따라 정책 관련자들이 갈등을 야기할 수 있는 문제제기 자체를 포기하거나 회피해 버리는 경향이 점점 더 커지고 있습니다. 우리의 미래와 직결된 중요한 국가적 과제들이 사회적 관심을 형성하지 못한 채 사장되는 것입니다.

우리 사회의 변화능력 상실이 우리 경제의 성장잠재력 저하를 초래하고 있습니다. 한 나라의 성장잠재력은 양적 생산요소와 질적 생산성에 의해 결정됩니다. 생산성의 핵심은 부단한 혁신이고 혁신의 필요조건은 변화능력입니다. 우리나라는 지난 40년 동안 남보다 빠른 변화를 통하여 오늘의 발전을 이룩하였습니다. 그러나 최근 급속히 그 능력을 상실하면서 늙어가고 있습니다. 민간기업은 빠르게 변화하고 있는 반면 공공부문은 정체하고 있고 그 이면에는 각종 개혁법안과 민생법안을 표류하게 만드는 우리의 정치구조가 있습니다. 그리고 그러한 정치계의 태업에 무감각해진 우리 자신이 있습니다.

이제 고양이 목에 방울을 달아야 할 때입니다. 변화의 21세기에 유연하게 대처하지 못하는 나라는 성장동력이 저하되고 경쟁에서 도태되기 때문입니다. 국가의 정책은 입법을 통하여 실현되는데 국회가 당리당략에 매여 입법을 도외시하고 국민들도 이런 현상에 무감각해지면서 국가적 의사결정이 좌초되고 있는 작금의 현상은 한마디로 국정의 마비상태라고 할 것입니다. 우리 경제의 성장잠재력을 제고하기 위해서라도 정부구조를 탄력적·합리적·효율적으로 개편하여 양질의 정책을 펼칠 수 있도록 하여야 할 것입니다.

변화와 융합의 시대인 21세기에 살아남기 위해서는 빠른 시일 내에 행정구역 개편, 헌법개정, 대부처주의 등을 통해 능동적으로 대처해 나가야 하겠습니다.

(2006. 8. 18. 청와대브리핑)

대통령에 대한 5가지 오해와
대통령의 5가지 오해

사람이 살아가다 보면 종종 남을 오해하기도 하고 남으로부터 오해를 받기도 합니다. 그런데 이 오해라는 것이 당해본 사람은 실감하겠지만 매우 고약한 것입니다. 자기가 한 일이나 말로 비판을 당하거나 미움을 받으면 해명할 길이라도 있지만 오해는 그 실체가 모호한 채 유언비어처럼 퍼지는 속성이 있습니다. 그것이 '주는 것 없이 밉다'는 수준에 이르면 당하는 사람 입장에서는 어떻게 해 볼 도리가 없습니다. "'자기 나름의 이해'란 곧 오해의 발판이다."라는 법정스님의 말씀대로 오해는 잘못된 선입견 또는 이해 부족에 기인하는 경우가 많은 것 같습니다.

청와대에 근무하면서 느끼는 점 가운데 하나가 대통령을 둘러싼 오해가 참으로 많다는 것입니다. 이러한 오해 가운데 어떤 것은 정치적 입장이나 시각의 차에서 비롯된 것으로 보이지만 어떤 부분은 단순한 정보 부족 또는 커뮤니케이션상의 문제에서 발생하지 않았나 하는 생각도 듭니다. 오늘은 대통령을 보좌하는 저의 입장에서 바라본 대통령과 관련된 '오해'에 관해 이야기하고자 합니다.

우선 대통령에 대한 외부의 오해 중 자주 언급되는 다섯 가지를 들어보겠습니다.

첫째, 대통령이 경제에 관심이 없다. 야당과 언론에서 대통령에 관해 가장 자주 비판하는 대목입니다. 경제문제와 비경제문제를 그렇게 확연히 구분할 수 있는 것인지 의문입니다만[2] 어쨌든 대통령의 경제참모로서 이는 전혀 사실과 다르다고 단언할 수 있습니다. 얼마 전 대통령께서 언론사와의 간담회에서 "경제는 정권을 책임진 사람에게 당연히 제1순위이다."라고 말씀하셨듯이 실제로 대통령께서 가장 고심하는 분야가 경제입니다. 이는 대통령의 일정 중에 가장 많은 부분을 차지하는 것이 경제관련 회의라는 데서도 알 수 있습니다. 대통령께서는 이러한 회의를 통해 보고만 받는 것이 아니라 중요한 경제정책을 결정하거나 시행된 정책을 직접 점검하십니다. 다만, 이러한 회의가 대부분 비공개로 진행되어 외부에 알려지지 않았을 뿐입니다. 제가 올리는 보고만 해도 일주일에 평균 3건 이상인데 대통령께서는 꼭 읽고 일일이 의견을 말씀해 주십니다.

둘째, 좌파적 반시장적이다. 역시 자주 언급되는 비판 중 하나

---

2 북핵문제만 보아도 알 수 있지 않을까요? 우리의 최대 외교안보 과제로서 참여정부 출범 때부터 안고 온 문제인데 북핵문제의 평화적 해결이 우리 경제에 미치는 영향은 어떤 경제문제보다 크다고 보아야지요.

입니다. 대통령과 주위의 소위 386 참모들이 사실은 좌파 사회주의자들이어서 돈 있는 사람들이 투자를 하지 않는다고도 합니다. 그러나 한번 냉정히 따져볼 문제입니다. 참여정부의 경제정책 중 진짜 좌파적이거나 시장원리에 역행한다고 할 만한 것이 있습니까? 오히려 참여정부는 투명하고 공정한 시장질서를 구축하기 위해 노력하고 있습니다. 과거 성장 일변도에서 성장과 함께 분배를 고려하는 균형발전을 중시하다 보니 상대적으로 진보적으로 보일 뿐 실제로는 중도적인 실용주의로 보는 것이 타당할 것입니다. 대통령 자신도 그렇습니다. 노무현 고백 에세이『여보, 나 좀 도와줘』224쪽을 보면 대통령이 부산에서 인권변호를 할 때에 대하여 다음과 같이 쓰여 있습니다.

당시 내게 사회주의에 매력을 느끼게 한 책들이 있었다. 이영희 교수의 '베트남 전쟁'이 그것이다. 사회주의가 주제는 아니었지만 감동적인 내용이었다. 에드가 스노우의 '중국의 붉은 별'도 심취해서 읽었던 책이다. 전쟁의 와중에도 주덕 사령관이 연안의 방직공장 여공들과 함께 배구를 하는 장면은 지금까지 기억에 남는다. 그럼에도 내가 사회주의에 결국 승복을 못한 건 아마 법률을 공부했기 때문일 것이다. 내가 배운 법률 체계가 헌법에서부터 일반법까지 모두 상대주의 철학에 기초를 두고 있기 때문이다. 그래서 사회주의에 마음이 좀 끌리다가도 권력구조에 부닥치면 그만 '이건 아니다'로 돌아서곤 했다.

참여정부 출범 초기라면 몰라도 지금까지 대통령이나 참모들이

좌파라고 생각하고 있다면 정말 소통의 갭이 크다고 할 수밖에 없다
는 생각이 듭니다.

셋째, 과거지향적이다. 「친일진상규명법」과 「과거사정리기본
법」이 제정되고 국방부, 국가정보원, 경찰청에 각각 과거사진상규
명위원회가 설립되어 활동하고 있습니다. 한편에서는 오랜 세월이
흐른 지금 왜 새삼 과거사를 꺼내 실익도 없는데 시끄럽게 하고 갈
등만 키우느냐, 대통령이 무슨 한이 있는 것이 아니냐고 비판한다
고 합니다. 이 문제는 사실 저의 업무와 관련이 없어 제가 이야기할
부분이 아닙니다.[3] 다만, 제가 분명히 말씀드릴 수 있는 것은 대통
령 본인에 관한 한 과거에 대한 관심 못지않게 미래에 대한 관심도
많다는 것입니다. 대통령께서는 요즘 10년 후의 우리나라와 우리
경제가 처할 시스템적 위기에 대하여 자주 화두를 던집니다. 세계
화가 가져온 피할 수 없는 변화와 불확실의 파고는 우리나라와 같은
중소규모 경제를 언제라도 좌초시킬 수 있습니다. 이것이 바로 우리

---

3 저의 업무와 직접 관련은 없지만 지금도 이완용 등 친일파의 후손들이 소송을 통해 조상의 땅을
되찾고 있다는 기사를 보면 뭔가 편치 않습니다. 해방 후 친일문제를 확실히 정리하지 못하다 보
니 우리의 정체성이 확립되지 못하고 한일관계도 제대로 안 풀리는 것이 아닌가 하는 생각도 듭
니다. 그러나 또 한편 다음과 같은 주장도 가슴에 와 닿습니다.

어린 자식 먹이고 키워 어렵사리 공부라도 시켜볼라치면, 숟가락 젓가락조차 일제(日帝)
의 무기공장 용광로에 바쳐야 했던 시절… 글을 짓고 그림 그리고 노래라도 부를 생각이
라면, 배알이 뒤틀려도 저들의 선전포스터 한두 장, 행진곡 두어 가락쯤 지어 바쳐야 했
던 굴욕의 세월… 그때 모두가 열사들이요 너도나도 다 순국만 했더라면 정신은 살아남
아도 그 정신을 이어갈 몸뚱이는 흔적조차 없어졌을 터이고, 모두가 줏대 없고 너나없이
다 비굴했더라면 욕된 육신은 살아있을망정 얼빠지고 정신없는 시체나 다름없었을 터.
(이우근의 칼럼 「광야의 묵상」 중 "태양은 도덕적이지 않다"(2005. 9. 13)에서)

이완용처럼 적극적인 일제의 앞잡이로 부귀공명을 취한 자는 지금이라도 시비를 분명히 하되 살
아남기 위해 어쩔 수 없이 일제에 일시 동조했던 많은 사람들의 과거는 조용히 덮어두는 것이 지
혜가 아닌가 하는 생각도 듭니다.

가 걱정하고 대비하여야 할 과제라고 말씀하시고 고심하십니다. 대통령의 이러한 미래지향적 면모는 국민에게 잘 알려지지 않고 있는 것 같습니다.

넷째, 말이 너무 앞서고 투쟁적이다. 대통령이 다변이고 달변이라는 것은 이미 잘 알려진 사실입니다. 대통령께서 비록 다변이지만 중요한 사안에 대해 즉흥적으로 말씀하시는 경우는 없습니다. 대통령의 말은 그 무게와 중요성에 있어 다른 사람들의 말과는 비교될 수 없으며 대통령께서도 이러한 점을 잘 알고 계십니다. 항상 회의와 토론을 통하여 국내외에 어떠한 메시지를 전달할지를 심사숙고한 후 이를 대통령 특유의 어법으로 말씀하시는 것입니다. 또 한편에서는 대통령이 나서서 쓸데없이 분쟁을 일으킨다는 비판도 있습니다. 세상에 싸움을 좋아하는 사람이 어디 있겠습니까? 대통령을 보좌하면서 느낀 것은 대통령께서 원칙을 매우 중시한다는 것입니다. 매사에 원칙대로, 정공법으로 접근하다 보니 시시비비를 명확히 가리게 되고 이것이 공격적, 투쟁적 모습으로 비치는 것이 아닐까요?

다섯째, 실천이 없고 구호만 많다NATO: No Actions, Talks Only. 참여정부는 구호만 무성하고 실제 성과는 부실하다는 것입니다. 인수위와 참여정부 초기 12개 국정과제위원회를 구성하여 우리 사회가 해결하여야 할 중장기적 국정과제를 정하고 이를 해결하기 위한 장단기 정책대안을 논의하다 보니 토론이 활발했던 것은 사실입니다. 과거에는 정부가 일방적으로 결정하여 발표하던 것을 참여정부는 정부 밖의 학계와 전문가, 시민대표 등의 적극적 참여와 토론을 거쳐 정하려다 보니 시끄러운 면도 좀 있었습니다. 그러나 지금은 다릅니다. 그동안의 토의를 거쳐 균형발전, 고령화 등 과제가 정해 졌고 이제 실행단계에 들어가고 있습니다. 대통령께서는 실행 없이 거창한 계획만 나열하는 것을 가장 싫어하십니다. 중소기업 대책, 신불자 대책, 식품안전 대책 등 제대로 실행되지 않고 비슷한 보고 가 다시 올라온다고 질책 받은 장관, 청장들이 수두룩합니다. 그럼 에도 불구하고 가시적인 개혁성과가 부족하게 보이는 것은 참여정 부의 개혁이 중장기적 성격이기 때문인 것 같습니다. 단기적 성과나 경기 대응에 급급하지 않고 국민이 알아주든 않든 당장 인기가 없더 라도 해야 할 일을 하며 목표를 향해 한 발 한 발 뚜벅뚜벅 걸어가야 한다는 것이 대통령의 진심입니다. 당장 눈에 보이는 성과는 없을지 모르지만 장기적으로는 정부정책의 큰 흐름을 바꾸어 나가고 있다 고 자부합니다.

대통령에 대한 오해만 무성한 것이 아닙니다. 이번에는 대통령이 가지고 있는 오해에 대해서 이야기해 보겠습니다.[4]

첫째, 본인은 경제에 대해 잘 모른다. 물론 대통령이 경제전 문가는 아닙니다. 그러나 평소 대통령께서 관심을 기울이고 가장 열

---

4 대통령에 대한 오해와 균형을 맞추기 위해 역시 다섯 가지를 들어 보겠습니다. 원래는 대통령이 가지고 있는 오해 다섯 가지를 들려고 했는데 이 중 한 가지는 말 그대로 '오해'를 불러일으킬 소 지가 있어 여기서는 언급하지 않고 다음 기회에 이야기하도록 하겠습니다. 이 글을 읽는 독자께서 나름대로 상상해 보셔도 재미있을 것 같습니다.

심히 공부하는 분야가 경제입니다. 경제참모들이 작성한 보고서를 자정을 넘겨서 읽기가 일쑤이고 주말에도 수십, 수백 쪽에 달하는 보고서를 꼼꼼히 읽고 일일이 의견을 개진할 만큼 경제에 대해 각별한 관심과 열정을 기울이고 계십니다. 그 결과 대통령께서 경제이론에 정통하지 않을지는 모르지만 실제 경제가 돌아가는 상황에 대해서는 그 누구보다 정확히 잘 파악하고 있습니다.

둘째, 우리 국민은 논리적이고 이성적이다. 대통령께서는 가끔 논리적으로 타당하면 국민이 언제든지 납득할 것이라 생각하시는 것 같습니다. 그러나 우리 국민은 이성적 면보다 감성적이고 정서적인 면이 더 강한 것 같습니다. 대통령은 우리나라와 우리 경제의 근본적 과제에 대하여 국민에게 화두를 던집니다. 그런데 언론과 국민은 별로 알려고 하지 않고 답답해합니다. 어쩌면 대통령의 논리적, 이성적인 접근방식과 국민의 감성적, 정서적 접근방식 간의 차이에서 여러 가지 오해가 발생하는 것은 아닐까요? 대통령께서 원하는 논리와 토론을 통한 참여의 리더십에 아직 많은 국민이 익숙지 않은 것 같습니다.

셋째, 욕심이 없다. 참여정부가 들어서면서 선거법을 개정하고 정경유착 구조를 극복하여 지금은 사정이 많이 달라졌지만[5] '빨리 망하려면 정치를 하고 천천히 망하려면 아이들 예능 교육을 시키라'는 말이 있었습니다. 과거 낙선하기를 밥 먹듯이 하던 노무현

---

[5] 아직 실감을 못해서 그렇지 이것은 50년간 지속된 우리의 뿌리 깊은 유착구조를 해결한 혁명적 변화가 아닐까요?

대통령이 그리 부자일 리가 없지요. 그렇기도 하지만, 대통령께서는 실제 재물 욕심, 권력 욕심이 그리 없는 것 같습니다. 가진 권력을 야당에 주겠다고 하였다가 손해를 많이 보기도 하였지요. 어떤 사람들은 자기 가진 것을 모두 던지겠다는 대통령의 말을 그대로 받아들이지 않는 것 같습니다만 제가 보기에는 대통령이 실제로 보통 사람들이 갖는 가진 것에 대한 집착과 욕심이 좀 적은 성격인 것 같습니다. 그런데 일에 있어서는 욕심이 넘치는 것 같습니다. 특히 혁신, 시스템 개선 등 국가를 Upgrade하는 일이라면 과욕에 가까운 의욕과 투지를 보이는 일이 많습니다. 가끔 대통령을 보좌하는 입장에서는 좀 편하게 일하고 생색나는 단기적인 성과도 챙기면 좋을 텐데 사서 고생하는 것 같아 안타까운 마음이 들기도 합니다.

넷째, 멋과 여유가 있다. 저를 포함한 모든 사람이 멋과 여유를 지니고 싶어 합니다. 대통령은 어떨까요? 한 달 전쯤인가 몇몇 수석비서관, 보좌관과 함께 일요일에 출근한 적이 있습니다. 대통령을 모시고 회의할 일이 있었기 때문입니다. 마침 제가 관저에 도착했을 때 대통령께서는 손녀를 유모차에 태우고 산책 중이었습니다. 관저 앞의 조그마한 연못에 금붕어 먹이를 자기가 직접 주겠다는 손녀의 성화에 전전긍긍하는 대통령을 보고 혼자 빙그레 웃었습니다. 그날 관저 뒤 북악산을 2시간 남짓 등산하였는데 코스모스가 만발한 쉼터에 둘러앉아 퇴임하면 고향에 돌아가 산에 나무도 심고 정자도 하나 지어 살고 싶다는 이야기를 들은 것 같습니다. 산에서 내려와 맛 좋은 막걸리 한 잔도 있었는데 도농 상생체험차 방문했던 마을에서 보내온 것이라 하였습니다. 참고로 대통령의 주량은 소주 반 병 정도랍니다. 대통령께서 노래를 잘 부르시는지, 즐겨 부르시는지 아직 경험할 기회가 없었습니다.[6] 특별히 즐기는 취미도 무엇인지 잘 모르겠습니다만 인터넷을 애용하고 컴퓨터는 프로 수준의 경지라는 것은 확실합니다. 청와대 문서관리 프로그램인 이지원을 대통령께서 직접 고안하신 것은 잘 알려진 사실입니다. 제가 골프를 치다 보니 주변 사람들이 가끔 "대통령도 골프를 즐기시느냐?" 또는 "같이 쳐 봤느냐?"라고 물어보기도 하는데 유감스럽게도 아직 직접 모시고 칠 기회가 없었습니다. 골프에 대해서 논란이 없는 것은 아니지만 대통령께서 좀 더 자주 골프를 치도록 권하고 싶습니다. 청와대 경내가 참 아름답고 요즘 단풍도 제철이지만 기분전환도 필요하고 운동도 필요합니다. 그런데 언젠가 대통령께서 지나가는 말씀으로 자신이 한 번 밖으로 나가려면 80명이 함께 움직여야 한다고 하신 것이 기억납니다. 일 때문이 아니라면 아마도 이러한 이유 때문에 청와대 밖으로 자주 나가지 못하시는 것이 아닌가 생각됩니다. 아무튼 대통령께서는 왕년에 연애소설도 습작할 만큼[7] 감상적인 면도 있는데 그러한 점을 발휘할 기회가 없는 것 같아 아쉬운 생각이 듭니다. 대통령께서는 유머와 농담도 잘하시는 편입니다. 회의나 모임에서 참석자들이 편하도록 농담으로 시작하는 때가 많습니다. 그런데 마음을 좀 놓을라치면 곧 "합시다."가 따르는데 그러면 1시간이고 2시간이고 업무가 지속됩니다.

독일의 문호 괴테는 "오해란 양말을 뜨개질할 때 한 코를 빠뜨린

---

6 언제 한 번 노래방 기계를 준비하여 대통령을 모시자고 제안한 적이 있는데 아직 성사되지 못하였습니다.

7 『여보, 나 좀 도와줘』 185~186쪽

것과 같아서 처음 잘못했을 때 고치면 단지 한 바늘로 해결된다."고
하였습니다. 남을 완전히 이해하기는 불가능하지만 서로를 이해하
려는 노력을 소홀히 하면 오해의 골은 더욱 깊어질 것입니다. 어떠
한 오해도 세 번 생각하면 이해하게 된다는 '5-3=2의 법칙'(?)을 생
각하면서 사고의 간극을 좁혀나가야 하지 않을까요?

(2005. 11. 3.)

고해성사

2014년 5월 8일에 윤상현 새누리당 원내수석부대표가 "고별기자회견"을 하면서 "지금 와서 보면 정말 노무현 대통령이 NLL을 포기했냐 안 했냐 (그걸 두고) 여야가 치열한 공방전을 벌인 것을 기억한다. 노무현 대통령이 NLL 포기란 말 한 번도 쓴 적 없다."라고 말했다고 보도되고 있다.

윤 의원은 2013년 6월 30일 기자간담회에서 "NLL을 사실상 무력화하고 북한 핵을 용인하고 돌아와서는 국민에게 거짓 보고를 한 게 회의록의 본질이다. 민주당의 주장대로 NLL 포기라는 말 자체가 없었던 것도 사실이지만 포기의사를 가진 것은 확실하다."라고 주장한 바 있다. 이는 당시 윤 의원뿐만 아니라 새누리당 당직자들이 이구동성으로 주장해온 것이다. 심지어 "국익을 위해 정상회담 대화록은 물론 녹취록과 음성파일 원본까지 공개하자."라며 공세를 폈고 여기에 장단을 맞춰 국정원장은 "노 전 대통령이 김정일 앞에서 NLL을 포기했기 때문에 그 반역을 알리려고 공개한다."며 국정원이

보관 중인 정상회담 대화록을 공개하였다.[8]

우리가 기억하고 있는 바와 같이 이 NLL 문제는 2012년 대선정국에서 다른 정책이슈들을 매몰시켜 버린 블랙홀 논쟁이었다.

이제 와서 윤상현 의원이 왜 이런 '고해성사'를 하기로 한 것인지 알려지지 않고 있다. 어쨌든 뒤늦게라도 고해성사가 이루어진 것은 다행한 일이며 용기 있는 행동이었다는 점에서 윤 의원의 새누리당 동료인 하태경 의원에 동감한다.

하태경 의원은 한발 더 나아가 "윤상현 선배가 던진 이야기는 사실 엄청난 파장을 불러올 만한 것이며 윤 선배의 입장이 바뀌었다면 여기서 그칠 일이 아니다. 정상회담 문서를 공개해야 한다는 새누리당 지도부의 입장과 당시 정상회담 문서를 공개한 국정원장의 행위가 정당한 것인지에 대한 입장도 변했는지 밝혀야 한다."고 주장하였다.

놀랍게도 이 고해성사는 도하 언론에 3단기사로 짧게 한번 나더니 조용해져 버렸다. 인터넷검색을 해보니 국민일보가 사설에서 "당시 이 NLL논란으로 치른 엄청난 사회적 비용을 고려할 때 새누리당 지도부가 이른 시일 내에 NLL논란을 말끔하게 정리할 것을 기대한다."라고 점잖게 훈계한 정도였다. 야당 성향인 오마이뉴스는 "지

---

8 새누리당 하태경 의원이 2014. 5. 8.에 자신의 페이스북에 올린 글에서 인용.

난 2013. 6. 30 기자간담회에서 '민주당은 굴욕적 남북관계 오류를
두 번 다시 되풀이하지 않겠다는 반성문을 써야 한다'라고 말한 윤
의원이 먼저 반성문을 써야한다."고 가볍게 넘어가고 있다. 새정치
연합은 새누리당의 사과와 국정원장의 사퇴를 요구하였는데 이것
도 언론에서 눈에 잘 띄지 않는다.

**1년 전 대선 전후에 뜨거웠던 NLL논쟁과 최근의 윤상현 의
원의 고백을 들으며 몇 가지 놀라움을 금할 수 없다.**

첫째, 윤 의원의 고백처럼 노 전 대통령의 NLL 포기 발언이 없었
는 줄 알면서도 정략적 입장에서 "사실상 포기했다"라고 했다면 이
는 국민일보 사설이 말한 "엄청난 사회적 비용"을 뛰어 넘어 우리 형
법이 정하고 있는 범죄행위에 해당되지 않는가. 형법 307/308조에
보면 "공연히 허위사실을 적시하여 다른 사람의 명예를 훼손하는 행
위는 명예훼손죄에 해당하며 이는 죽은 사람에 대한 것도 포함된
다."라고 씌여있다. NLL 포기는 곧 "나라를 팔아먹는 행위"로 받아
들여지는 국민정서에 비추어 볼 때 윤 의원을 포함한 새누리당 지도
부의 당시 주장은 바로 명예훼손죄에 해당된다고 보인다.

둘째, 국정원에 보관중인 정상회담기록물을 공개한 국정원장의
행위는 어떻게 보아야 하나. 죽어도 입을 열지 말아야 한다는 정보
기관의 수칙은 고사하더라고 우선 위의 명예훼손죄에 가담하고 공
무상의 비밀누설을 금지한 형법 127조를 위반하였다고 보아야 하지
않나.

셋째, 윤 의원의 고백은 개인적 반성 수준으로 넘어가도 좋을 사안인가. 윤 의원의 고백에 의해 밝혀진 사실은 윤 의원을 포함한 새누리당 지도부가 사실이 아닌 줄 알면서도 "노무현 전 대통령이 NLL을 포기했다."라고 주장하는 집단적 허위사실 유포행위를 했다는 것이다. 일반 시민도 해서는 안 될 일을 국가의 공인이자 지도자라는 집권당 지도부가 했는데도 그냥 지나쳐야 하는 것인가.

넷째, 이런 중대한 문제에 왜 우리 언론들은 꿀 먹은 벙어리처럼 조용한가. 일 년 전에는 그렇게 오래 대문짝만 하게 보도되던 논쟁이 허위로 밝혀졌는데도 이제는 지나간 옛날이야기처럼 제대로 보도도 안 되는 것을 어떻게 보아야 하나. 무슨 일이 터졌다 하면 끓는 솥단지처럼 시끄럽다가도 조금만 시간이 지나면 언제 그랬냐는 듯이 잊어버리는 우리 국민정서를 언론은 부추기는가 아니면 편승하고 있는 것인가.

우리나라가 경제적으로는 선진국에 가까워졌다고들 하는데 선진국은 돈만 많다고 되는 것이 아니다. 국가를 이끌어 가야 할 지도자들이 정략적 목적으로 허위사실을 유포하고 흑색선전을 마다않는 현재의 정치문화를 바꾸고 나아가 서로가 신뢰할 수 있는 사회적 규범Social Governance을 마련하지 못한다면 선진국의 꿈은 요원한 것이라는 생각이 든다.

(2014. 5. 10.)

지방자치가 제대로 되려면

6·4 지방선거를 앞두고 여야 간에 기초자치단체 후보 공천을 두고 시끄럽다. 발단은 지난 대선 때 여야 모두가 무공천공약을 했지만 막상 지키기 어렵자 대통령과 여당은 슬그머니 발을 뺐는데 순진한 안철수 야당대표는 "약속의 정치"를 외치며 끝까지 밀고 나가다가 현실의 벽에 부딪혀 막판에 물러선 것이었다. 결국 욕은 혼자 독차지했다.

정당정치는 우리 헌법이 보장하고 있는 대의민주주의의 실현장치이다. 중앙정부든 지방정부든 국민이 선거를 통해 대표자를 뽑는데 정당이 정강정책을 공약하고 그 공약을 이행할 후보자를 공천하는 것은 당연하다. 그런데 왜 공천폐지의 공약이 나왔을까.

우리나라 지방자치제는 광역자치단체와 기초자치단체의 이중구조로 되어 있고 기초자치단체는 시군구가 해당된다. 도시지역인 구의 경우 인구가 이삼십만, 시골 군의 경우 5, 6만 정도가 된다. 이 정도 소규모 단위에서 단체장은 물론이고 수십 명의 기초의원을 뽑다 보니 국민들은 누가 누구인지 알기도 어렵고 관심도 없다. 더구나 유력 정당의 공천을 받은 후보자들이 쉽게 당선이 되자 너도 나도 공천을 받기 위해 지역 국회의원과 당에 줄 대기 하는 부패구조가 생기지 않을 수 없다. 그래서 기초자치단체의 경우는 공천을 아예 없애 정치로부터 자유로운 말 그대로의 주민자치를 하자는 주장이 나옴직도 하다.

그러나 이런 주장은 두 가지 면에서 문제가 있다. 첫째, 위에서 본 것처럼 정당정치는 우리 헌법이 보장하는 대의민주주의의 근간인데 아무리 기초자치단체라도 정당을 배제하는 것은 헌법정신에 어긋난다. 둘째, 현실적으로 정당공천이 없어지면 국민의 입장에서 누구를 찍어야 할지 더 알기 어려워진다.

우리나라 지방자치제도의 보다 근본적 문제는 우리 헌법이 정하고 있는 지방자치제도의 이중구조에 있다. 교통과 통신의 발전으로 전국이 일일생활권이 된 오늘날 굳이 광역과 기초의 이중자치가 과연 맞는 것인가 생각해 볼 일이다. 이중의 자치는 두말할 것도 없이 2중의 비용이 든다. 그뿐이 아니다. 광역과 기초가 여야로 나뉘어 따로 가는 경우 오히려 행정의 마비와 혼란이 올 수 있다. 기초단체를 굳이 따로 한 이유를 짐작해보면 보다 적은 지역 단위에서 주민들이 자치적으로 해나간다는 이상일 것이다. 그러나 현실은 어떤가. 주민자치의 주요 관심사인 교통, 환경, 복지 등 대부분의 문제가 현재의 시군구의 좁은 단위에서 독자적으로 처리될 수 있는 것들이

거의 없다. 예를 들어 도로건설이나 쓰레기처리업무를 들어보자. 도시에서 구 단위에서 해결할 수 있는가.

한편 광역단체는 너무 커서 주민들은 자치의 실감을 느끼기 어렵고 광역단체장들은 대권을 향한 전초전쯤으로 행보한다. 한마디로 주민자치의 이상에는 너무 크다.

바람직한 해법은 현재의 이중적인 지방자치구조를 일원화하는 것이다. 광역과 기초를 합쳐 중간 단위의 일원적 자치체제로 바꾸는 것이다. 예컨대 서울의 경우 5~6개 정도의 자치체로 나누고 지방은 3~4개 시·군을 묶어 하나의 자치 단위로 하는 것이다. 이렇게 하면 한편으로 지방자치행정의 적정성과 효율성을 가져올 수 있고 다른 한편으로는 현재의 이중적 낭비를 피할 수 있다. 그리고 뜨거운 감자인 "기초자치단체 무공천"의 이슈도 자연히 해소된다.

(2014. 4. 어느 날)

흐린 날의 단상

아침부터 하늘이 흐리더니 겨울비가 종일 내리고 있다. 며칠 전 중국발 미세먼지부터 시작해서 며칠째 햇볕 보기가 힘들고 온 세상이 온통 흐리멍덩하다. 날씨가 이렇다 보니 아침부터 정신이 안 들고 어쩐지 우울해진다. 스웨덴이라든가, 모처럼 햇빛이 좋으면 일하던 사람들도 다 밖으로 나와 햇볕을 쬔다고 들었던 것 같다.

그런데 날씨만이 아닌 것 같다. 요즘 세상 돌아가는 것이 꼭 날씨와 비슷하지 않은가. 무엇하나 제대로 보이는 것도 없고 제대로 되어가는 것도 없는 것 같다. NLL이 어떻고, 국정원정치개입이 어떻고, 국정원개혁이 어떻고, 경제민주화가 어떻고, 4대강이 어떻고, 경제활성화가 어떻고, 창조경제가 어떻고, 인사 물갈이가 어떻고, 낙하산이 어떻고, 채동욱이 어떻고…. 여기저기서 시끄럽게 말들은 많은데 무엇이 진실인지 정리는 되지 않다 보니 세상이 갈수록 흐리멍덩하다.

말을 하는 정치인들은 각자 정략적 고려에 따라 정치적(?) 발언을 일삼고 이를 보도하는 언론 또한 각자의 이해관계에 자유롭지 못해 진영논리로 보도하다 보니 국민은 무엇이 무엇인지 혼란스럽기만 하다. 아닌 게 아니라 현하의 우리나라는 가히 찌라시공화국이라 할 만하다.

소통이 불통이 되고 하루가 다르게 권위주의의 향수에 맛들여가는 꼴통 여당에서는 아무도 제대로 말을 못하는 것 같고 제대로 된 대안도 없이 민주주의에 대한 국민정서에만 의존해 모든 문제를 정쟁화하는 한심한 야당에 국민은 이제 식상하고 신물 나서 아예 정치에 무감각해져 버렸다. 행여나 하는 기대에 안철수를 바라보지만 1년 이상 계속되는 안개화법에 국민은 또 한 번 지치기만 한다.

(2014. 5. 어느 날)

흐린 구름 뒤에서 홀연히 한줄기 햇빛이 비친다. 6·4 지방선거에서 경기도지사에 당선된 남경필 새누리당 후보가 당선 일성으로 사회통합부지사 직을 새로 만들어 야당의 추천을 받아 임명하고 모든 도정을 여야 대화를 통해 합의해 나가겠다고 한다. 그 첫걸음으로 야당과 정책협의체를 구성하였다고 한다. 신선한 충격이다.

상대방은 다 틀렸고 나(우리)는 다 옳다는 진영논리, 냉전논리는 이제 졸업할 때가 되었다. 서로 마주 앉아 대화하고 토론하여 타협

하는 것이 민주주의의 근본 아닌가. 남경필 지사의 새로운 실험이
성공하여 좋은 선례가 되면 좋겠다.

(2014. 6. 어느 날)

부지런하고
정직한 사람이
잘사는 경제

부지런하고 정직한 사람이 잘사는 경제는 가능한가

이 장에서는 별도로 묶은 부동산 정책을 제외한 일반 경제에 관련한 글들을 모았다.

첫 번째 글은 우리 경제가 파산 직전까지 간 IMF 경제위기에 대한 것이다. 이 주제에 대해서는 많은 글들이 있지만 당시에 내가 가졌던 내 나름대로의 진단과 처방이다. 재벌제도 개혁, 금융제도 개혁, 재정 개혁, 교육제도 개혁 등 제시된 처방은 아직도 시의성을 가지고 있다. 어디에 발표했는지는 잘 기억이 안 나지만 지금 쓰라면 못 썼을 것이다.

어떻게 하면 우리 경제가 지금까지 이룬 고속성장의 역동성을 잃지 않으면서도 국민들이 안심하고 살 수 있는 선진경제로 갈 수 있는가. 사회정의가 작동하는 선진경제는 시장의 효율성을 제고하면서도 부지런히 일하고 정직하게 사는 모든 국민에게 삶의 안정과 희망을 주어야 한다고 믿는다. 시장의 거품을 경계하며 부정부패 등

시장경쟁을 무력화하는 고질적 병폐를 없애 사회구성원들 각자가 "열심히 일하고 정직하게 살면 잘살 수 있다."라는 믿음을 가질 때 우리 경제는 선진경제가 될 것이다.

　두 번째 글부터 그때그때 현안이 된 문제들에 대한 나의 생각들을 적었다. 상당수는 경제보좌관 시절 청와대 브리핑에 올려졌던 것이다. 「호칭의 경제학」은 주제가 경제에 관한 것이라고 보기 어렵지만 그냥 같이 묶었다.

　마지막 글은 작금의 출산율의 저하, 인구고령화로 대표되는 우리 인구구조의 구조적 변화에 대응하기 위한 시급한 고용구조의 변화 필요성에 대해 최근에 적어 본 것이다. 노동이슈의 민감성 때문에 정책이 실기失機하는 사례가 많았던 과거를 되풀이해서는 안 된다.

1997년 경제위기 어떻게 볼 것인가

: 그 해결을 위한 제3의 시각

위기의 실상

지난 30여 년 동안 축적해온 민족자본이 일거에 없어져버릴 위기에 처해 있다. 800원대의 환율이 두 배 가까이 뛰면서 현재 2,000억 불을 상회하는 우리나라 외채에 대한 환차손만 하여도 물경 150여 조에 달하는데 이는 현재 우리나라 일 년 예산 70조의 두 배이고 주식시장 시가총액인 80조의 두 배에 이르고 있다. 다시 말하면 현재 우리가 지고 있는 외채를 현재의 환율로 다 갚기 위해서는 우리 국민이 그동안 30여 년에 걸쳐 형성한 자본축적, 즉 저축을 다 써도 모자라다는 것을 의미한다.

그뿐인가. 천문학적 규모인 이들 외채의 대부분이 대기업과 금융기관들에 의해 누적되었는데 이들 기업과 금융기관들이 상기 환차손을 국제적인 기준이 요구하는 대로 전액 재무제표에 반영하는 경

우, 대부분의 기업과 금융기관이 자본잠식 상태에 빠지지 않을 수
없는 것이 현재의 실정인 것이다. 10억 달러의 외채에 대한 환차손
만 1조 원이 되는데 우리나라 금융기관이나 기업 중 자본금이 1조
원이 되는 회사가 몇이나 되는가.

개별기업의 부도 사태보다도 더 심각한 사태는 경제의 혈액순환
을 담당하는 금융기능의 마비이다. 종금사들 중 영업정지를 안 당
한 회사들일지라도 불안을 느낀 고객들이 하루에도 몇 천억씩 인출
하는 일이 늘어나니 금융기관으로서의 기능은 이미 끝이 났다고 보
인다. 대부분의 은행들도 BIS자본/위험자산 비율이 급락하여 현재
은행 평균 약 2조 원씩의 위험자산 초과 상태가 되었다. 이후 각 은
행들이 8퍼센트의 BIS기준에 묶여 신규대출은커녕 기존대출 회수
에 주력하다 보니 연일 기업 부도사태가 꼬리를 물고 있는 실정이
다. 더욱 심각한 것은 은행에 돈이 들어와도 BIS기준에 묶여 Local
L/C 개설마저도 거절하는 지경에 이른 것이다. 외채를 상환할 수 있
는 궁극적인 길이 수출에 의한 외화 획득밖에 없는데 이처럼 현 위
기 속에서 할 수 있는 수출마저도 못 하게 되는 것은 가장 우려되는
사태라고 아니할 수 없다.

위기의 원인

현 외환위기의 원인은 어디에 있는가. 우리의 현 외채 총액은 최
근 밝혀진 것처럼 약 2,400억 불에 이른다. 정부는 최근에 우리나라
의 총 외채를 1,500억 원대로 발표하였다. 하지만 이는 대기업이 해

외에서 국내의 지급보증 없이 빌린 800~900억 불에 달하는 현지금융을 제외한 것으로 과연 이러한 현지금융을 제외하는 것이 적절한지에 대해 논란의 여지가 있다. 공식적으로 국내 금융기관이나 본사의 지급보증이 없었다 하더라도 실제는 여러 가지 방법으로 국내 모회사가 부인할 수 없는 채무가 대부분인 것으로 알려져 있다.

2,400억 불에 달하는 이 외채 규모는 그간 국민에 알려졌던 1,000억여 불 외채 규모의 두 배가 넘는 숫자이나 이 규모 자체가 우리 경제 규모와 비교하여 그렇게 과중하다고만 볼 수는 없다. 우리보다 경제 규모나 수출액수에서 뒤떨어지는 태국과 멕시코의 각각 3,500억 불과 4,800억 불의 외채 규모와 비교해 보아도 그렇다고 할 수 있다. 문제는 이 2,400억 불 외채의 대부분이 상환기간 1년 미만의 단기외채였다는 데 있다.

단기성 외채가 왜 문제인가. 단기외채는 3개월, 6개월 또는 1년의 단기차입으로 만기가 되면 상환하여야 한다. 물론 차입갱신을 통하여 연장될 수도 있으나 이것은 어디까지나 외국 금융기관의 마음이다. 97년 4월 한보 부도로 불거지기 시작한 연쇄부도 사태는 국제금융계에 한국의 재벌들도 부도날 수 있다는 경각심을 불러일으켰고 한국 금융기관들의 부실자산에 대한 우려를 가져왔다. 점차 우려가 확산되면서 당연한 것으로 여겼던 차입갱신이 거부되기 시작하였고 외환위기로 이어진 것이다.

왜 이처럼 단기외채가 눈덩이처럼 늘어났나. 그 이유는 찾아내기 어렵지 않으며 그것은 내외금리의 차이에 있다. 현재 국제금융시장의 금리는 달러 기준 연리 5% 수준인데 국내금리는 15% 수준인 것이다. 다시 말하면 국제금융시장에서 빌리기만 하면 앉아서 10%의 금리차를 이득 볼 수 있다. 항시 자금 초과수요 상태에 있는 우리나라에서 이는 다시 말하면 누구나 국제시장에서 빌릴 수 있으면 횡재하게 되어 있었다는 것이다. 그러나 누구나 국제금융시장에서 돈을 빌릴 수 있는 것은 아니다. 국제금융시장이 믿고 빌려준 것은 국내 금융기관들과 몇 개 재벌회사에 한정된 것이었다. 국내 4대 재벌회사는 그 덩치와 명성으로 직접 차입하였고 그렇지 못한 여타 재벌들은 종금사를 앞세워 싼 해외차입에 앞다투었던 것이다.

여기서 눈여겨보아야 할 것은 거대한 우리의 재벌들은 이제 국내금융만 싹쓸이했던 것이 아니라 한국 몫의 국제금융도 싹쓸이할 수 있었다는 사실이다. 연리 5%의 싼 금리를 들여온 재벌들은 15%의 국내금융도 제대로 차지가 안 오는 국내 여타 회사들과는 처음부터 경쟁이 되지 않았다. 이들은 이 싼 돈을 자동차다, 철강이다, PCS다 하는 방대한 신규투자는 물론 골프장이다, 부동산이다, 업무용 빌딩이다, 민자 유치사업이다 마구 덤빌 수 있었던 것이다. 정확한 자료가 없어 확인할 수 없으나 현재 5대 재벌이 차입한 외채총액이 1,000억불에 이르는 것으로 알려졌다. 물론 이중 상당 부분은 해외 현지법인 명의로 현지투자를 위한 것으로, 엄격히 말하면 이는 모회사의 부채가 아니라고 할 수 있으나 지급보증 등으로 결국 모회사가 떠안게 되는 부분이 많은 것으로 알고 있다. 환율이 변하지 않는 한 10%의 내외 금리차는 엄청난 것이다. 우리나라 제조업 평균수익률이 2~3%인 마당에 외국에서 5%에 빌려 국내 은행에 가만히 예치하고 금리차만 받아도 5%를 넘게 되니 이 얼마나 엄청난 횡재인가. 그러나 이것도 환 risk가 없을 때의 이야기이다. 졸지에 원화가 800원에서 1,600원으로 급락하자 5%의 이익은 100%의 손해로 둔갑하게 된 것이다.

재벌들 특히 4대 재벌은 이처럼 싼 외자를 독식하고 상호지급보증을 통한 국내 은행여신의 싹쓸이를 통하여 무차별하고 경쟁적인 투자가 가능하였던 것이다. 이러한 재벌의 막강한 시장 지배력은 비단 금융에서뿐만 아니라 경쟁적인 인력 스카웃을 통한 임금 상승을 선도하였고 부동산의 선점을 통하여 전반적인 생산요소 가격의 인상을 초래하였다. 이러한 재벌의 공룡적 힘 앞에서 중소기업은 물론 여타 재벌도 살아남기 위해서는 따라서 무리한 투자를 하든지 아니면 도태되든지 할 수밖에 없는 것이다.

은행도 차지가 오지 않는 여타 기업들은 20%대의 종금사 어음할인을 통하여 장기 투자를 하는 무리를 하게 된 것이다. 한보 부도로 시작한 종금업계의 총체적 부실은 이러한 배경을 가지고 있다.

재경원의 책임

작금의 우리 외환사태는 이미 위에서 본 것처럼 과도한 단기외채 의존에서 촉발된 것이나 이 사태를 결정적으로 악화시킨 것은 재정경제원의 무책임한 늑장 대처, IMF와 국제금융계에 한 거짓말에 따른 신뢰성의 위기인 것으로 알려지고 있다. 우선 우리나라의 총외채규모 자체에 관해서 재경원은 IMF와 협상 당시 이를 600억 불 수준으로 이야기했다가 나중에는 1,000억 불대로, 최근에는 2,000억 불대로 거듭 번복해온 것이다. 외환보유고도 마찬가지로 처음에는 300억 불이라고 하다가 갑자기 이삼 일 사이에 70억 불로 낮추어졌다.

현 외환 사태에 대한 재경원의 무책임한 대처와 책임에 대해서는 그간 충분히 논의되었으므로 여기서는 다만 과연 재경원이 일부러 거짓말을 했는가, 아니면 재경원 자체도 진실을 몰랐을 수 있는가에 대해서만 살펴보기로 한다. 사안의 성격상 객관적 증거는 없지만 믿을 만한 정보에 의하면 외환보유고와 외채 규모에 대해 재경원이 처음에는 제대로 파악하지 못했던 것이 사실인 것으로 알려지고 있다. 외채 규모가 나중에 급증한 것도 사실은 이를 재벌들의 현지차입이 뒤늦게야 밝혀졌기 때문이다. 이들 상환하기 위하여 국내에서 원화를 빌려서 국내 외환시장에서 달러를 사대기 시작하였으며 이것이 97년 9월 이후 서서히 시작된 외환위기의 시발이었던 것으로 드러나고 있다.

그러면 재경원은 과연 재벌들에게 휘둘렸는가. 그렇다고 볼 수만은 없을 것이다. 재벌들이 외국에 세운 현지법인 명의로 현지에서 차입하는 외자는 해당 재벌의 입장에서는 그러한 현지금융에 지급 보증을 하였던지 그렇지 않다 하더라도 여러 가지 이유로 책임을 지지 않을 수 없었을 것이나(예컨대 일부는 대출 자체에 대한 보증은 투자국 현

지정부가 한 경우라도 해당 재벌은 동 정부에 보증을 하였을 것이다) 우리나라 외환관리법의 규제를 받을 필요가 없는 현지금융에 불과하다. 따라서 재경원이나 한국은행의 사전 허가가 필요 없고 사후 신고만 하면 되도록 되어 있었는데 재벌들이 신고를 제대로 하지 않은 것으로 알려지고 있다. 그러나 재경원의 이러한 무지가 면죄부가 되는 것은 아니다. 왜냐하면 그러한 개연성은 충분히 예상할 수 있었기 때문이다. 1992년 이후만 하여도 우리나라는 매년 국제수지의 적자를 시현하여 누계로 600여억 불에 이르는데 이러한 국제수지 적자는 결국 해외차입이나 외자유입으로 메꾸어져야 된다는 것은 삼척동자도 다 아는 것이다. 국내 순유입외자액을 알 수 있으면 나머지는 해외차입일 수밖에 없는 것이다. 재벌들이 앞다투어 경쟁적으로 행한 현지차입에 의한 현지투자의 경우도 대부분 수억 불씩의 손실을 기록하는 부실자산 투성이라는 것은 이미 잘 알려진 사실이다. 한 걸음 더 나아가 재경원이 1년 이상 장기기채는 재경원의 통제를 받도록 한 반면, 단기기채는 자유로이 열어놓아 우리의 외채구조를 단기 위주로 가도록 조장한 면도 부인할 수 없다.

위기의 근본적 원인

위에서 본 것처럼 현 외환위기의 근인은 단기 위주의 외채구조와 대기업부도에 따른 대외신인도 하락에서 구할 수 있으나 보다 근본적으로 거슬러 올라가면 그 근본에는 과잉투자와 국내저축률의 저하에 있다고 볼 수 있다. 여기서 과잉투자와 국내저축률의 저하는 동전의 양면과 같다. 간단히 말하면 국민경제에 있어 일어나는 국내총투자를 국내총저축이 하회하면 결국 해외저축 즉 해외차입에 의존하게 된다. 다시 말하면 국내저축이 충분하면 외채가 필요 없다는 이야기이다. 우리나라 민간부문 총 투자율은 1987년 26.3%에서 1995년 32.1%로 증가한 반면, 민간저축률은 1987년 30.8%에서 1995년 26.0%로 같은 기간에 총저축률은 37.3%에서 26.2%로 상당한 감소를 시현하고 있다. 개별 투자주체의 재무구조면에서 볼 때 과도한 차입에 의존하는 투자가 과잉투자인 것은 명백하나 국민경제적 거시적 관점에서의 과잉투자 여부는 국민총저축과의 상관관계에서 보아야 하는데 문제는 우리의 저축률이 그동안 급격히 낮아졌다는 데 있다.

국민저축률이 낮아졌다는 것은 소비가 그만큼 늘었다는 것이다. 이는 노태우 정권 이래의 소비조장적 정책과 금융실명제의 영향이 크다고 보인다. 아울러 고평가된 원화환율도 일반 국민에게 섣부른 선진국의 환상과 우리 경제의 거품화를 거들었다고 볼 수 있다.

위기해결을 위한 대책

① 재벌현상의 해소

위에서 본 것처럼 현 위기의 핵심에는 재벌이 있다. 그들의 무한정한 단기외자 차입에 의한 확장이 그 원인이 된 것이다.

한보 사태가 날 때까지 우리나라에는 알 만한 사람은 다 아는 불문율이 하나 있었다. 그것은 재벌은 절대 안 망한다는 것이었다. 조그만 회사는 흑자가 나도 담보 여력이 없으면 부도가 날 수 있지만 일단 덩치가 커져 재벌의 반열에 오르면 사정은 달라진다. 주력기업의 채무보증 하나로 수백억, 수천억의 은행돈을 가져갈 수 있다. 은행의 입장에서도 "절대로 망하지 않을" 재벌은 가장 확실한 고객이다. 증권시장에서도 절대로 망하지 않은 재벌회사는 유상증자를 독점하여 공짜 돈을 끌어들인다. 배당이라야 쥐꼬리만큼 하면 되니까 비용이 없는 돈이나 마찬가지이다. 정치인이나 공무원에게도 절대로 망하지 않는 재벌은 가장 안심하고 받아도 된다. 절대로 망하지 않는 재벌은 대학생의 입사희망 순위 1번이고 재벌은 높은 급여 수준으로 가장 우수한 인재(고시하는 서울대생을 제외하고)를 끌어간다. 이런 엄청난 힘을 가진 재벌이 어떤 제품시장에 들어가기로 맘을 먹으면 그 경쟁상대는 일찌감치 물러나는 것이 현명하다. 이렇게 해서 우리 경제는 재벌에 의해 과점되었고 나중에는 같은 재벌 속에서도 더 큰 4대 재벌이 여타 재벌을 잡아먹는 시대가 되었다. 그리하여 삼성, 현대, 엘지, 대우의 4대 재벌은 96년 말, 각각 금융시장에서 13조에서 21조씩의 자금을 거두어들이고 증권시장 총 시가액의 56%를 차지해 이들 4대 재벌의 매출액이 국민소득의 60%를 상회하는 오늘에 이른 것이다.

무한정의 식욕을 가진 재벌들이 밖으로 눈을 돌린 것은 국내시장의 포화가 진전되고 국내 임금과 지가의 상승 등으로 국내 여건이 나빠지는 한편 김영삼 정부의 세계화 정책에 따라 해외투자와 해외차입이 자유화되면서부터이다. 재벌들은 다투어 해외투자에 나섰고 투자 열기가 고조된 1995년 재벌들은 각각 수십억, 수백억 달러에 달하는 해외투자계획을 발표하기에 이르렀다. 이렇게 하여 이들 재벌의 해외차입은 급격히 증가하였는데 문제는 국내 금융기관들은 재벌에게 No할 수 없었지만 해외 금융기관들이 이들 재벌의 불패신화를 믿지 않았던 것이다.

한국 재벌의 문제는 다음과 같이 정리될 수 있다. 첫째, 한국 경제에서 차지하는 재벌의 비중은 이미 엄청나 재벌이 망하면 한국 경제가 망한다는 등식이 성립한다. 한보나 진로 같은 새끼 재벌의 부도 후유증이 이 정도인데 막상 4대 재벌의 하나가 망한다면 한국 경제 자체가 내려앉는다는 것이다. 둘째, 이들 재벌들이 과도한 차입과 무리한 확장으로 부도 직전까지 왔다는 것이다. 셋째, 이들 재벌들이 한두 명의 총수들에 의해 자의적으로 부도덕적으로 경영되고 있다는 것이다. 다시 말하면 우리나라의 거의 대부분의 부(국민저축)가 이들 몇 사람의 손 안에 들어가 있다. 이것이 우리 경제의 가장 심각한 구조적 불안요인이다. 거기다가 그들이 누구인가. 우리 경제의 운명을 결정하는 그렇게 중요한 자리라면 우리나라에서 가장 유능한 인재가 맡아야 하지 않는가. 아무리 유능한 인재라도 수십 개, 수백 개의 회사들을 제대로 다 경영하고 수십조의 자산을 잘 관리한다는 것은 불가능하다. 항차 이들 총수들은 경영 능력을 검증받지도 않았고 다만 우연히 재벌 2세로 태어나 당연히 그 자리를 차지하고 국민저축을 독점하여 자기 사유재산처럼 차지하고 제왕처럼 군림하고 있는 것이다. 국가의 정치적 지도자로 우리는 대통령과 국회의원을 주기적으로 선거한다. 그러나 우리 경제에 관한 한 대통령보다 이들 재벌총수들이 우리 국민의 운명을 좌우하고 있는데 대통령은

5년이면 바뀌지만 이들 총수들은 죽을 때까지 국민저축으로 라스베이거스에서 도박을 하든 자기가 좋아하는 자동차를 만들기 위해 수십조를 꼴아박든 자기 맘대로인 것이다. 이번 외환위기에 정부가 모든 금융기관의 대외부채를 국가가 보증한다고 선언하였는데 이것이 바로 재벌이 흥청망청 써버린 돈을 국민 세금으로 갚아준다는 약속인 것이다.

재벌제도의 개혁이 시급하다. 그 개혁의 방향은 이미 IMF가 제시한 대로 채무보증제도의 철폐를 통하여 금융자금 독식의 제도적 고리를 없애야 한다. 이는 낙후된 우리 은행 업무의 선진화를 위해서도 시급한 과제이다. 결합재무제표의 작성을 의무화하여 재무제표의 진실성과 투명성을 실현하고 계열사 간 내부거래의 허구를 없애야 한다. 서류상만으로 끝나는 이사회 제도를 정상화하고 외부감사가 제대로 이루어지도록 하는 방책이 강구되어야 한다. 주주나 채권자가 재벌총수와 임원들의 책임을 묻기 쉽도록 상법과 증권거래법상 이사의 경영책임 규정을 강화하고 그 실효성을 담보할 수 있도록 소액주주 소송제도의 강화가 필요하다. 탈법적인 그룹 회장실 제도와 그룹 기획조정실 제도도 폐지되어야 한다.

재벌문제의 핵심은 그러나 무엇을 하여야 하느냐보다도 어떻게 하느냐가 더 중요하다. 국민경제가 볼모가 되어 있는 현실에서 너무 과격하게 한 번에 다 할 수는 없고 일정 기간을 두고 단계적으로 행해질 수밖에 없는데 그러다 보면 재벌은 막강한 자본과 로비를 동원하여 정계는 물론 학계, 언론계를 동원하여 막강한 반대논리를 펴

유야무야시키는 것이다. 지도자와 국민의 확고한 동의와 의지가 불가결하다.

상호지급보증의 금지와 결합재무제표의 작성이 제도로 시행되면 재벌들은 자본/부채비율의 개선을 위해 어쩔 수 없이 현재 계열회사 간에 보유하고 있는 상호주를 외부에 처분하지 않을 수 없을 것으로 예상되어 재벌 해체과정이 진행될 것이다. 그러나 여기서 간과할 수 없는 중요한 문제는 천문학적인 재벌들의 대외채무를 국가가 지급보증을 함으로써 떠안게 되었다는 것이다. 따라서 현재 금융기관들에 요구되는 정도의 강도 높은 구조조정과 자구노력이 시급하며 이것이야말로 우리 경제가 앞으로 다시 일어설 수 있느냐 마느냐 하는 관건이 될 것이다. 재벌은 이제 과감하게 계열기업을 처분하고 한두 개 주력 업종을 전문화하여 국제경쟁력을 향상하는 길만이 살 수 있는 길이다. 이러한 구조조정과 전문화를 재벌들 스스로 하는 것이 바람직하다. 그러나 이미 우리나라 재벌의 문제는 재벌만의 문제가 아니고 또 재벌들이 스스로 해결할 수 있는 한계를 넘었다고 보아진다. 따라서 각계가 참여하는 대기업 구조조정위원회를 조속히 구성하고 해당 재벌기업들로 하여금 구조조정 계획을 일정 시한부로 제출토록 하여 작업을 앞당길 필요가 있다.

② 금융구조 개편

금융구조의 개편방향은 무엇보다도 은행 기능의 확충과 정상화에 두어야 한다.

은행 기능의 정상화를 위해서는 은행이 대출을 함에 있어 담보나 지급보증에만 의존하여 차입자의 신용과 대출금이 사용될 사업에 대한 타당성 검토도 없이 돈을 빌려주고 빌려준 후에는 다시 담보만 믿고 사후관리를 게을리하는 현재의 잘못된 금융관행을 고쳐야 한다. 특히 신규 투자자금은 당해 사업의 자본 회수기간에 상응하는 장기로 빌려주되 현재와 같이 만기에 일시에 상환하는 것이 아니라 사업건설기간 동안의 유예 후 매년 균분하여 갚아 일시적 자금부담 없이 회수가 되도록 하여야 한다. 외국에서는 당연한 이러한 금융관행이 우리나라에서는 장기투자자금도 단기로 대출해주고 매년 연장하는 구태의연한 자금분배 방식으로 오늘까지 해오고 있는 것이다.

자금을 이렇게 나누어 먹기 식으로 대출해주다 보니 정치인과 권력자를 통한 청탁이 사업성보다 더 앞서온 것이 부인할 수 없는 사실이다. 그러나 이러한 정경유착이 있다고 해서 오늘날 우리 금융문제를 모두 정경유착에 몰아붙이는 것은 잘못된 진단이다. 정경유착이전에 이미 지급보증과 담보 위주의 우리 금융구조하에서는 금융기관의 돈이 대기업, 보다 정확하게는 재벌들에게 가도록 되어 있다는 것이다. 지급보증은 재벌총수의 입장에서는 비용이 하나도 들지 않는 도깨비 방망이와 같은 것이다. 그것만 있으면 은행돈을 맘대로 갖다 쓸 수 있고 은행의 입장에서도 재벌에게 빌려주는 것은 가장 안전한 대출이라고 생각할 수 있었기 때문이다. 지급보증을 할 처지가 못 되는 중소기업이 은행돈을 빌리자니 정치인에게 부탁하고 뇌물을 갖다 주고 하는 것이다.

무엇보다도 시급한 것은 은행 부문의 확충이다. 지난 10여 년 동안 경제규모는 급격히 팽창하였는데 은행의 능력은 제자리걸음이었다. 이는 상대적으로도 재정 부문이 매년 20퍼센트가 넘는 팽창을 하는 마당에 인플레 방지를 위해 총통화를 일정 선에서 유지시키자니 민간금융 부문이 위축될 수밖에 없었다는 것을 의미한다. 광의의 금융섹터 속에서도 장기금융 위주의 은행보다도 단기금융 위주의 종합금융(단자회사)이 전체 금융의 과반을 차지하는 이상구조를 방치하였던 것 또한 오늘의 금융위기의 구조적 원인의 하나라고 하겠다.

이처럼 태부족한 은행돈마저 생산적인 기업의 투자수요보다도 비생산적인 소비수요로 흘러가 버렸다는 것이 또한 문제이다. 그동안 우후죽순처럼 정부의 비호 속에 생겨난 신용카드 금융과 할부 금융에 은행들이 경쟁적으로 돈을 쏟아부었고 당연히 국민들은 당장 아프지 않은 카드부채와 할부부채로 과소비를 하게 되었고 특히 소비의 선도그룹으로 부상한 젊은 대졸 신세대들은 덕택에 1인당 평균 천만 원이 넘는 부채를 지고 있는 것이다.

또한 그간 우리 은행들의 무절제는 각 은행들마다 행원에게 3,000만 원 이상의 돈을 공짜에 가까운 연리 1%에 빌려주고 있다는 사실이다. 한 은행에 평균 10,000명의 행원만 있다고 해도 이런 융자로 빠져나가는 돈이 은행당 3,000억 원이 되고 우리 시중은행이 10개라고 하면 3조 원이 되고 그에 대한 이자 손실은 연 3,000억 원 이상이 된다.

은행은 한마디로 우리 경제의 심장이라고 할 수 있다. 우리 몸이 건강하게 활동하는 데 심장이 피를 원활하게 공급하는 것이 필수적인 것처럼 우리 경제가 원활히 돌아가기 위해서는 은행이 중심이 되어 돈이 쉴 새 없이 돌아야 하는 것이다. 그런데 현재의 우리의 실정은 몸은 재정팽창, 과소비와 과투자로 비대해져만 가는데 심장은 옛날 그대로의 모습으로 남아 혈액이 제대로 공급되지 못하고 있는 것이다. 따라서 우리 경제가 원활하게 다시 돌아가게 하기 위해서는 은행 기능의 확충이 시급하다. 이를 위해서는 은행 섹터를 과감히 국내외의 투자자들에게 개방하여 신규은행의 설립이나 기존은행의 인수를 허용하여야 하고 작금 위기의 주범인 종금사들은 부실채권의 정리 후 합병 등을 통하여 은행화하는 것이 바람직하다.

③ 대외개방

앞으로의 대외 경제정책의 기조는 어디에 두어야 할 것인가. 외환관리법을 철폐하고 우리의 문호의 완전개방에 두어야 한다. 이제 실물 부문에서 주식시장은 물론 장단기 채권시장 등 금융시장이 완전히 개방되었고 환율이 자유화되었으며 외국인이 기업 인수합병을 통하여 우리나라 산업의 어느 분야도 진출할 수 있게 된 이 마당에 외환 부문에서 외환의 자유로운 이동을 제한할 아무런 실익도 없다. 실물사이드의 자유화가 이미 허용되었는데 외환 부문을 제한하는 것은 아무런 의미가 없다.

외환자유화가 국제적 투기자금 Hot Money에 의한 경제혼란을 초

래하지 않을까 하는 우려가 있으나 이 점은 그렇게 걱정할 필요는
없다고 본다. 지금까지 문제가 되었던 것은 기업들이 단기외채를 가
지고 장기성 투자를 한 데 있었으나 완전개방이 되면 이러한 비정상
적인 현상은 자연히 없어지게 되므로 오히려 기업 재무구조의 정상
화를 가져오게 되리라고 본다. 물론 투기자금의 출입에 의해 증권
과 환율이 불안하게 될 수 있는 가능성은 배제할 수 없으나 이것은
오히려 우리 경제운용에 대한 시그널 효과로 보면 된다. 이미 우리
국민경제나 개별기업의 입장에서나 이제 국내시장만으로는 의미가
없어졌고 성패는 얼마나 국제경쟁력을 가지고 국제시장에서 잘할
수 있느냐에 달려 있는 것이다 그렇다면 우리가 가야 할 길은 하루
빨리 우리의 모든 경제주체가 국제적인 기준에 적합하게 되어야 하
는 길밖에 없다. 따라서 우리가 지향할 목표는 싱가포르나 네덜란드
처럼 개방화된 세계의 일원이 되어 거기서 살아남고 그 속에서 잘하
는 길밖에 없다.[1]

오늘날과 같이 교통과 통신의 혁명적 변화와 비즈니스의 전산화
로 전 세계 어디에서도 즉시적으로 실물계약이든 자금이체든 가능
해진 현실에서 부분적인 개방을 고집함은 오히려 불필요한 개방압
력과 경제흐름 간의 왜곡만 초래할 뿐 소기의 안전판의 역할을 할

---

1 소위 Hot Money와 Hedge Funds 등 단기간에 국경을 넘나들며 고수익을 추구하는 투기성 자금
의 유출입에 의한 국제금융시장의 혼란가능성은 무시할 수 없다. 특히 우리나라같이 대외개방도
가 높은 반면 경제규모가 크지 않은 국가에게는 매우 치명적일 수 있다. 이에 대한 제도적 방안으
로 경제학자 Tobin은 단기성 자금이동에 대한 세금부과를 주장하고 있다. 매우 타당하고 시급한
제도인데 Wall Street을 위시한 국제금융자본의 반대로 실현되지 못하고 있는 실정이다. 국제적 통
화, 금융질서를 담당하고 있는 IMF가 주축이 되어 국제적 합의를 이끌어 내야 할 중요한 과제이다.

수 없다는 것은 최근의 우리 사태가 증명하고 있는 것이다.

④ 재정축소

1987년 이래 정부재정 부문은 연평균 20퍼센트 내외의 높은 증가율을 보여 왔다. GNP에서 차지하는 비율도 1986년의 24.9%에서 1995년의 31.2%로 껑충 뛰었다. 국민소득의 3분의 1을 정부가 쓰고 있다는 말이다. 이 수치가 절대치에 있어서 선진 OECD 회원국가들과 비교하여 높은 것은 아니다. 그러나 선진국의 경우 재정의 큰 부분을 차지하는 사회보장적 지출을 제외하면 우리나라의 재정규모는 경제규모에 대하여 매우 높다. 문제의 심각성은 더 나아가 이러한 막대한 예산의 대부분이 인건비와 과시적 정책사업 등에 낭비되어 국민경제에 재생산효과를 가져오지 못하고 있다는 것이다. 급격한 재정팽창과 방만한 재정운영은 민간부문의 과잉투자를 선도하여 왔다. 재정부문의 획기적인 축소가 요청되고 있다. 여기에 몇 가지 방안을 제시한다.

- 공무원 감축

공무원 수의 획기적 감축이 이루어져야 한다. 우리나라의 공무원은 지난 10년 동안 2배나 증가하였다. 국민 1인당 일반공무원 비율은 일본의 6배나 된다. 교통수단의 발달과 업무의 전산화는 옛날에 열 사람이 하던 일을 혼자서 할 수 있게 하였다. 공무원 수가 줄지 않고 느는 것은 전혀 비용개념이 없는 각 부처가 자리 만들기에 여념이 없고 공무원 자리란 만들어 놓으면 없던 일도 만들어 낼 수 있기 때문이다. 오늘의 우리 공무원들은 신분보장의 울타리 안에서 아무 일하지 않고 자라처럼 엎드려만 있어도 정년까지 걱정 없이 잘살 수 있게 되어 있다.

공무원 감축은 일면 행정구조 개혁을 통하여 행정구조의 단순화 경량화를 기하고 또 한편으로는 단위업무에 대한 공무원 숫자를 대폭 줄여서 할 수 있다. 중앙에서는 각 부처의 통폐합을 통하여 정부부처를 지금의 반 정도로 줄이고 지방은 현재의 시, 도, 시, 군, 구, 읍, 면, 동의 3단계를 2단계로 축소하여 현 인원의 반 정도로 감축할 수 있을 것이다. 물론 이러한 개혁은 일시에 단행한다는 것은 비현실적이고 부작용이 크므로 단계적으로 시행되어야 할 것이나 사전에 분명한 계획과 의지가 없으면 용두사미가 되어버린다는 것을 우리는 알고 있다.

우리나라 공무원 제도만큼 폐쇄적이고 경직된 예는 세계에서 그 유례를 찾을 수 없다. 한번 들어만 가면 일을 잘하든 못하든 정년까지 보장되고 각 기관마다 상호폐쇄되어 다른 기관에 대하여는 배타적 권한다툼에 영일이 없는 오늘의 공무원 제도가 바뀌지 않으면 우리가 지향하여야 할 행정의 봉사화와 전문화는 기대할 수 없는 것이다. 공무원의 채용과 승진이 전문분야별로 전문지식과 경력에 기하는 전문직 제도로 바꾸고 신분보장제도도 완화하여 공무원들도 무사안일하면 쫓겨날 수도 있다는 경각심이 필요하다. 전문직화되어 각자 맡은 분야에 대해서는 전문가가 되어 일을 처리하면 오늘날과 같이 일 년이 멀다 하고 새 업무를 익히는 낭비를 피하게 되고 민간 부문의 전문가들과도 교류할 수 있는 길이 열린다. 전문직화되면 각자가 자기의 전문분야에서 일하므로 오늘날처럼 승진을 위한 경쟁도 덜해지고 그렇게 되면 행정비대화의 큰 요인인 사람을 위한 자리 만들기도 줄어들 것이다.

- 예산개혁

예산시스템이 바뀌어야 한다. 현재의 우리 예산제도는 예산을 아끼는 사람에게 불이익을 주고 예산을 낭비하는 사람을 우대하고 있다. 요즘처럼 연말이 되면 여기저기 길거리에 보도블록을 교체하는 공사들이 한창이기 마련이다. 시민들은 누구나 일 년밖에 안된 보도블록을 왜 갈아야 하는지 알고 있다. 연말이면 기관마다 출장이 즐비하다. 예산이 남으면 다음 해 예산이 깎이니 어떤 방법으로라도 다 써야 그 다음 해에 더 많은 예산을 확보하고 그렇게 확보한 예산은 또 그해 말까지 어떤 수를 써서라도 다 쓰고 이렇게 예산이 집행되고 있는 것이 오늘의 현실인 것이다. 예산을 절약하는 공무원과 부처가 혜택을 받고 당년에 안 써도 되는 예산은 다음 해로 이월해서 쓸 수 있도록 하여야 한다. 현재의 경직된 예산시스템은 이론상 예산에 대한 엄격한 통제를 통하여 예산의 절감을 가져오도록 되어 있으나 현실은 정반대인 것이다. 각 기관장에 예산에 대한 권한을 주되 책임을 묻는, 선진국에서 시행하고 있는 예산제도를 시급히 도입하여야 한다.

- 입찰제도 개선

　재정집행상의 파행적 제도를 시정하고 투명성을 제고하여야 한다. 인건비를 제외한 사업예산의 집행은 민간업체에 계약을 주어 시행되는데 이 계약이 이런저런 명목하에 많은 경우 수의계약으로 이루어지고 있다. 경쟁입찰의 경우도 제도 자체가 왜곡되어 있다. 일례로 현재 58억 원 이하의 공사입찰(이전에는 대형공사도 마찬가지였으나 WTO 조달협정의 발효로 58억 이상의 공사는 최저낙찰제로 변경되었다)은 소위 최저적격낙찰제에 의하고 있다. 이는 한마디로 입찰은 하되 가장 싸게 하겠다는 업체가 아니라 공사예정가의 85%에 가장 근접하게 써넣은 업체가 낙찰되는 제도이다. 이 제도의 취지는 가장 싼 가격으로 하겠다는 업자에게 공사를 주는 최저낙찰제가 가져올 수 있는 부실공사를 방지하고 대형건설업체로부터 중소건설업체를 보호하는 데 있다고 한다. 가만히 한번 생각해 보자. 그렇다면 최저낙찰제를 하고 있는 미국 등 다른 나라들은 모두 부실공사 천지고 중소 건설업체들은 모두 사라졌다는 말인가. 기실 이 제도의 실상은 공무원과 정치인 그리고 건설업자의 나눠먹기 먹이사슬의 합법화에 불과한 것이다. 당연히 85% 낙찰제는 최저낙찰제에 의할 때보다 공사가격이 높아진다. 모르는 사람은 공사예가의 85%라면 충분히 낮은 가격이 아닌가 생각하겠지만 이 예가라는 것이 또한 문제다. 담당공무원이 정하기 나름인 것이다. 실제로 예가는 하나가 아니고 무려 10개를 만들어 그중 3개를 무작위로 추첨하여 그 평균을 입찰예가로 하고 있다. 입찰예가가 다 새나가 예가의 85%를 1원 하나 틀리지 않고 맞추는 업자들이 속출하자(어떤 입찰에서는 다섯 명의 응찰자가 똑같이 맞

추어 그 다섯 사람이 다시 추첨을 했다는 웃지 못할 희극이 벌어졌다고 한다) 이를
방지하기 위한 고육책으로 나온 것이라지만 이것은 공사예가가 이
미 실제의 공사예정가로서의 의미를 갖지 못하고 공사입찰이 흡사
경마장에서 경마맞추기와 같이 된 것을 의미한다. 그런데 이렇게 하
여 낙찰이 되면 공사계약 시 30%는 나누어 먹는 소위 떡값용이라고
한다.

　부실공사의 예방은 전문적인 감리를 통하여야만 가능하다. 최저
낙찰제로 예산을 절약하되 엄격한 감리를 하면 부실을 예방할 수 있
다. 중소 건설업체 보호는 일정 규모 이하 공사의 경우 대형 건설업
체의 참가를 제한하면 된다. 지금처럼 관계 행정공무원이 하는 감리
는 감리가 아니라 먹이사슬일 뿐이다.

　건설업계의 구조적 비리의 또 하나는 잦은 설계변경과 공기지연
에 있다. 처음 입찰할 때는 비현실적인 저가 입찰로 공사를 따고 나
서는 공사 중 담당공무원의 묵인 하에 거듭 설계를 변경하여 공사금
액을 처음의 두 배, 세 배로 늘리고 공기도 고무줄처럼 늘리는 것이
다. 경부고속철을 보라. 여기에는 몇 가지의 원인이 있다. 우선 입찰
을 하기 전에 공사에 대한 충분한 타당성 검토와 설계가 선행되어야
하는데 많은 경우 서둘러 입찰착공한 후에 공사를 하면서 따져가는
조급함이다. 이렇게 되니 공사예가가 정확히 나올리 없고 공사 중에
설계를 변경하고, 그도 문제면 공사를 중단하고 뜯어고치고 야단법
석이다. 이러한 과정은 그러나 시공업체도 좋고(수의계약에 의한 공사비
증액) 담당공무원에게도 좋은(설계변경을 해주느냐 얼마나 해주느냐는 그들

에게 달려있다) 것이다. 다만 국민의 세금만 몇 배로 낭비되는 것이다.
또 하나의 구조적 문제점은 아직까지도 우리나라에서는 건설감리
가 사실상 없거나 있으나마나 하다는 것이다. 위에서 말한 대로 공
무원에 의한 감리는 먹이사슬에 불과하고 민간 감리업체도 아직 문
제점이 많다. 성수대교 붕괴 후 감리제도가 강화되었으나 아직도 대
부분 감리회사가 기실 기존의 설계사무소거나 아니면 건설업체들
이 새끼 쳐 급조한 것들이다. 시간이 지나면 이들 감리회사들도 조
금씩 나아지겠지만 문제는 이들 감리회사가 우리 건설업계에 판치
는 재벌급 건설회사의 눈치를 보지 않을 수 없다는 것이다. 이는 회
사를 감사하는 공인회계사가 재벌회사의 눈치를 살펴 분식회계를
눈감아 주고 부동산 가격을 객관적으로 평가할 감정평가사가 시, 구
청 담당공무원의 말 한마디면 평가금액이 왔다 갔다 하는 것과 다를
바 없는 우리의 구조적 문제인 바 결국 이들 문제는 감리회사에 강
력한 권한을 주되 나중에 그 결과에 대하여 책임을 지게 하는 데 있
다. 부실공사에 대하여는 몇 년이 지나더라도 시공회사가 되었거나
감리회사가 되었거나 엄격한 책임을 지우고 또한 그런 부실시공회
사와 감리회사 및 책임이 있는 임원들은 이후 더 이상 영업을 할 수
없도록 하여야 무책임한 현재의 행태가 없어질 것이다.

- **교육제도 개혁**

김영삼 정부가 교육개혁과 교육재정 확충의 공약 아래 국민소득
6%를 교육 부문에 투자한다는 정책을 추진한 바 있다. 그러나 교육
비의 확대만이 오늘의 우리 교육문제의 해답인가. 오늘날 교육 부문

은 국방 부문과 함께 우리 재정부담의 2대 원인이다. 과연 국민소득의 6%에 이르는 막대한 자금이 교육에 투입되어야 하는가.

현재의 우리 교육제도는 초등학교 6년, 중고등학교 6년, 대학교 4년의 16년이 걸린다. 여기다가 오늘날 80~90%의 취학 전 아동들이 유치원에 1년 경우에 따라서는 2~3년씩이나 다닌다는 현실을 감안하면 그 기간은 17~18년이 되고 여기에 남자의 경우 군대 2년까지를 합하면 20년에 이른다. 과연 이렇게 오랜 기간의 교육이 필요한가. 오늘날 교통과 통신의 혁명적 발달과 특히 컴퓨터에 따른 정보혁명은 안방에 앉아서도 전 세계의 정보에 접할 수가 있게 되었으며 정보의 속도도 혁명적으로 빨라져 지난 10년 동안의 과학, 기술적 진보는 지난 100년간의 진보보다도 더 크다고 볼 수 있다. 이러한 시대에 우리의 청소년들을 17~18년씩이나 학교에 묶어 놓아야할 이유가 있는가. 특히 오늘날과 같은 정보화 시대에 필요 이상으로 학교라는 틀 속에 청소년들을 묶어 두는 것은 삼중의 낭비이다.

고등학교 졸업생의 80~90%가 모두 대학에 진학하는 과잉 교육열은 오래전부터 지적되어 온 우리나라의 문제점이다. 우리 사회체제가 수직적 조직구조로 되다 보니 개개인의 입장에서는 대학을 가지 않으면 사회진출 시 상위계층에 진입하는 것이 불가능하다고 보고 너나없이 대학까지 가고 있다. 그에 따른 각 가정과 국가차원의 교육비 부담도 문제지만 불필요하게 오래 학교교육에 매달리느라 사장되는 당사자들의 자원낭비가 더 큰 문제이다. 에너지가 가장 충만한 20대 초반을 학교에 묶어놓고 있는 것이다. 우리도 독일이나 스위스처럼 전문화된 고등학교만 나오면 제대로 취업하여 사회에 일찍 진출하게 하는 제도의 확충이 절실하다. 문제는 대학을 나오지 않으면 이류처럼 취급하는 우리 사회의 잘못된 사회적 편견을 어떻게 바로잡느냐에 있다. 쉽지 않은 문제이지만 스티브 잡스의 일화가 말해주는 것처럼 오늘의 인터넷 시대는 이미 고착된 학력에 대한 고정관념을 무의미하게 만들고 있다.

유치원 교육의 일반화를 감안하여 초등학교는 5년, 중고등학교도 5년 정도로 줄이고 대학은 학점졸업제를 통하여 3년만에도 졸업할 수 있도록 하여야 한다. 이렇게 함으로써 첫째, 학교의 전산화 등 교육시설의 확충을 기하면서도 교육예산의 증대를 피할 수 있고 둘째, 군대복무 등으로 늦어지는 우리 청소년들의 사회진입을 앞당기고 셋째, 그렇게 함으로써 소비계층이 될 수밖에 없는 그들을 생산계층화 할 수 있다. 압구정동 거리에 넘치는 수많은 젊은이들은 잘못된 우리의 교육제도가 그 원인인 것이다. 오늘날의 정보화시대는 오랫동안 숙달된 인력보다 젊고 창의력 있는 젊은 인력을 요구하고 있다. 시대에 뒤떨어진 현재의 긴 교육기간은 우리의 귀한 인적자원의 낭비이다. 청소년이 성인이 되는 성인 연령도 18세로 나추어져 청소년들도 18세만 되면 독립하여 벤처기업 등을 영위할 수 있어야 한다.

현 우리 교육의 가장 암적 존재인 사교육비(과외비)문제는 작년부터 가능해진 교육방송(위성방송)을 통하여 해결할 수 있다. 위성방송이 각 과목에 대해 과외를 하고 수능시험과 대학별 입학시험 문제를 교과서와 위성방송 과목 안에서만 출제하는 것이다. 그렇게 되면 누가 비싼 개인과외를 하겠는가. 현재의 위성방송은 이러한 역할을 제대로 못하고 있는데 문제가 있다. 필요하다면 채널을 늘려서라도 각 과목에 학생들의 수준을 고려 상, 중, 하, 지진아반 등 다양한 코스를 제공하고 학생들이 시간이 겹쳐 다 못 듣는 경우도 있을 것이므로 이들 내용을 영상으로 실비제공하여 자기 시간에 맞추어 집에서 공부할 수 있도록 해 주어야 한다. 시험문제도 위성방송에서 주기적으로 제공하여 이들만 공부하면 대학입시에 대비할 수 있도록 하고 각 고등학교에서의 시험도 이들 위성방송 시험문제를 활용하도록 할 필요가 있다. 이 경우 그 중요성이 한층 높아질 위성 교육방송이 중립적이고 전문적이어야 함은 말할 필요도 없거나와 이를 제도적으로 보장하기 위해 각계 전문가로 구성된 위성 교육방송위원회를 구성하여 운영토록 하여야 될 것이다.

- 국방비

가장 바람직한 것은 북한과의 긴장완화에 의한 군비축소에 있고 이것이 우리의 정책기조가 되어야 할 것이다.

현재 우리 국방예산의 가장 큰 문제점은 국방예산이 비전문가인 군인에 의해서 편성되고 집행된다는 것이다. 국방예산에는 물론 군인의 참여가 필요하지만 예산의 수립과 집행은 예산전문가에게 맡겨져야 한다. 현재는 비국방예산도 전문가에 의한 합리적 운용이 이루어지지 못하고 있지만 국방예산의 경우가 가장 심각한 실정이라

하겠다.

두 번째 문제는 과도한 비밀주의이다. 국방업무의 성격상 일정부분의 기밀성은 불가피하다고 하겠지만 과도한 비밀주의와 그 속에서 이루어지는 수의계약들은 예산의 낭비만이 아니라 우리 국방력의 약화를 초래한다는 것을 우리는 깨달아야 한다.

또 한 가지는 우리 군의 지휘조직이 너무 비대하다는 것이다. 그동안 군 조직은 군을 권력의 기반으로 하는 5, 6공 기간의 군 달래기 정책과 안보의 방패 속에서 장성급·영관급 자리만들기가 계속되어 온 것으로 알려지고 있다. 최근의 신문보도에 의하면 육군사관학교에 중장급의 자문관이 3명이나 있다고 한다. 군 인력 특히 고급장교 직급의 적정화가 시급하다.

⑤ 국민저축률의 제고

위에서 언급된 바와 같이 현 위기의 근본적 원인은 국민저축률의 저하에 있다. 따라서 그 근본적 해결 또한 국민저축의 획기적 제고에서 찾지 않으면 안 된다. 국민저축은 크게 정부부문과 민간부문으로 이루어지는데 정부부문에 대해서는 이미 위에서 제시하였으므로 여기서는 민간부문에 대해서 검토한다.

민간부문의 과소비를 줄이고 저축률을 올리기 위한 세제상, 금융상, 제도상 모든 방법들이 다 강구되어야 한다. 이러한 구체적 저축

유인 수단들은 이미 잘 알려져 있어 여기서 재론을 하지 않겠으나 하루빨리 도입되어야 한다.

그러나 오늘날 우리나라의 민간저축률을 떨어뜨리는 근본요인들이 있는 바 이러한 근본요인의 해결이 없는 한 구체적 개별적 수단만으로는 한계가 있기 마련이다. 우선 우리 사회에 팽배한 불로소득과 이들 불로소득자들의 소비선도이다. 우스갯소리로 30여 년 전 대학을 가는 대신 그 등록금으로 강남에 땅을 사 두었더라면 지금 매일 놀고먹어도 일생 동안 다 못 쓴다는 자조적인 이야기들이 샐러리맨들 사이에 오가거니와 이것이 엄연한 사실이다. 부동산 가격의 폭등으로, 공직자들의 뇌물로, 정치인은 떡값으로, 오늘날 정부 내에서는 물론이고 민간부문에서도 권한의 사유화와 그에 기한 대가의 수수가 옛날보다 더하다고 한다. 정직하게 벌어 세금내고 저축해서는 일생 동안 제대로 된 집 한 채 마련하지 못하게 되어 있는 마당에 누가 저축할 마음이 생기겠는가.

어떻게 하면 우리 사회에서 부정부패를 근절할 수 있을까. 이 문제의 근원적 해결점은 부정부패가 일어날 수 있는 사회구조 자체의 개혁과 공적인 권한의 사유화로 나타나는 우리 국민의 의식구조의 개혁밖에 없다. 이것은 오랜 세월을 통하여야만 가능하다. 그러나 단기간 내에 성과가 없을지라도 우리는 부패구조의 개혁을 지금부터 시작하여야 한다. 다만 그 시급성을 고려하여 단기적인 처방도 겸하는 것이 필요하다. 우리 사회에서 이 문제를 단기적으로 고려할 수 있는 것은 부정부패 행위에 대한 엄격한 처벌을 통하여 그러한 행위가 결국 본인에게 손해가 된다는 것을 개개인이 인식하도록 하는 방법이다. 실효성 있는 부패방지를 달성하기 위해서는 다음의 선행조치가 필요하다. 첫째, 뇌물에 대한 현재의 좁은 정의 대신에 보다 폭넓은 새 정의가 필요하다. 소위 떡값의 예외는 없어져야 한다. 최근 문정수 부산시장의 케이스에서 문제된 사전수뢰죄도 넓게 인정되어야 한다. 둘째, 현재의 규제 위주, 재량 위주의 각종 법령을 봉사위주로 개혁하고 모든 민원의무처리 시한을 명시하여 그 시한 내에 처리하도록 강제되어야 한다. 지금까지처럼 공무원에게 스스로 규제개혁을 하도록 하는 것은 중에게 제 머리 깎도록 하는 것처럼 겉돌 수밖에 없다. 규제혁파는 비공무원에 의해 주도되어야 비로소 가능하며 부분적 완화보다 기존의 규제를 완전히 없애고 꼭 필요한 한도 내에서 새로 입법하는 방식을 통하는 것이 바람직하다. 셋째 대통령을 비롯한 지도층의 솔선수범이 앞서야 국민이 따른다. 현 지도층의 누구도 과거의 부정부패로 부터 자유롭지 못하다. 지나갔다고 해서 모든 부정부패가 다 용서될 수는 없지만 과거지향적인 비리수사는 얻는 것보다 잃는 것이 더 많다. 앞으로가 더 중요하다. 대통령의 천명을 통하여 과거의 비리는 더 이상 묻지 않되 앞으로의 비리는 예외 없이 지속적으로 엄중히 처벌하고 그렇게 처벌받은 사람은 영원히 사회에 다시 발을 못 붙이게 하는 분명한 사회적 합의가 있어야 한다.

두 번째로 우리나라 중산층의 저축여력을 다 빼앗아 가는 것은 과도한 교육비 지출이다. 살던 집을 팔아 전세 들고 과외시키는 부모, 은행에서 대출받아 과외비를 대는 부모가 우리의 자화상이다. 합리적 경제적 계산이 통하지 않는 절대적 지출로 마이너스의 저축도 마다않는 이런 판국에 저축이 설 자리가 어디에 있는가. 문제는 여기서 끝나지 않는다. 그렇게 과외 속에서만 20여 년을 성장한 우리의 청소년들이 과연 얼마나 합리적인 경제관념을 가질 수 있겠는가. 공부 잘해 좋은 대학에 들어가는 데만 모든 것을 걸도록 길들여졌던 이들이 대학에 들어가고 또 졸업 후 사회에 진출했을 때 과연 어떤 가치관과 생활태도를 갖겠는가. 비용관념이 없이 자라온 이들이 오늘날 우리 사회의 과소비의 선도계층이 되었다는 것은 하등 놀라운 일이 아니다.

셋째로 정부의 소비조장적 정책이다. 노태우 정권 이래 정부는 계속하여 "우리는 이제 선진국이 되었다. 소비는 미덕이다."를 외쳐 왔다. 김영삼 정권은 여기에 더하여 세계화의 구호 아래 국민의 해외소비를 부추겼다. 지난 몇 년간 세계 방방곡곡이 한국 관광객들로 문전성시를 이루었다. 앞으로는 원화가치의 하락과 불가피한 재정긴축으로 달라지겠지만 그렇게 간단한 것은 아니다. 정부부문 긴축을 강요하고 있는 IMF나 미국을 위시한 다른 나라들도 오히려 민간소비에 대해서는 조장하고 있다는 것을 우리는 알아야 한다.

맺으며

오늘 우리가 겪고 있는 위기는 위에서 본 것처럼 일과적 경기변동적인 것이 아니라 우리 경제가 가지고 있는 구조적 취약점으로 기인한 불가피한 귀결이었고 이를 극복하지 못하면 우리 경제가 주저앉을 수밖에 없는 중대한 기로라는 것을 보았다. 그 직접적 원인은 무분별한 재벌그룹들과 아둔한 관료들에 있다는 것도 지적되었다. 그러나 문제의 심각성은 이들 원인제공자들의 노력과 반성만으로는 충분하지 않다는 데 있다. 그들이 초래한 대외부채가 국민부담이 된 것처럼 위기의 극복도 결국은 국민 전체의 각오와 노력이 없으면 불가능하다.

개혁은 말하기는 쉬워도 해내기는 어렵다. 위기가 오면 어떻게 극복할 것인가 어떻게 해야 다시 위기를 겪지 않을 수 있나 백가쟁명이지만 위기가 지나면 다시 잊어버리고 각자의 이해관계와 일상으로 돌아가 버린다. 우리 국민성은 이성적이라기보다 감성적이다. IMF 위기를 극복하기 위해 전 국민이 '금 모으기'를 할 정도로 애국적이다. 그러나 감정은 오래 못 간다. 세월이 조금 지나면 다 잠잠해지고 잊어버린다. 이래서는 안 된다. 무엇이 잘못되었는지 무엇을 바꾸어야 하는지 시간을 두고 냉정하게 해나가야 한다. 일차적 책임은 국민의 지도자로 나선 정치인의 몫이나 그들만으로 안 된다. 정책을 담당하는 정부부처의 관료는 말할 것도 없고, 학계는 학계대로, 언론과 시민단체들은 그들대로 계속 문제를 제기하고 시행을 감시해야 한다.

경제는 活力이다!

이른 아침 산책길에 아스팔트 틈새를 비집고 나온 이름 모를 풀잎이 눈에 들어왔습니다. 척박한 환경에 굴하지 않고 꿋꿋이 밀고 올라오는 잡초의 질긴 생명력에 새삼 감탄하게 됩니다.

제가 어렸을 때였던 1960년대를 돌아보면 많은 국민이 굶기를 밥 먹듯 하면서 그야말로 잡초처럼 살 수밖에 없었습니다. 험난한 보릿고개를 넘기가 정말 어려웠던 때였습니다. 70년대, 80년대를 지나면서 절대빈곤에서 벗어나고 이제는 웰빙, 환경 등 생활의 질에 신경 쓸 정도로 많은 국민이 풍요한 삶을 누리게 되었습니다.

이처럼 우리 경제가 선진국의 문턱에 들어서게 되었지만 바로 이 시점에서 경제의 활력이 떨어지고 있어 큰 걱정입니다. 경제는 달리는 자전거와 같아서 앞으로 나가는 힘, 즉 활력이 떨어지면 문제가 발생합니다. 이제 우리가 살아온 기본, 즉 잡초와 같은 질긴 생명력을 다시금 상기해야 할 때라고 생각합니다.

어떻게 하면 경제의 활력을 되찾을 수 있을까요? 우선 마음과 마음이 서로 통해야 한다고 생각합니다. 지금 당장 어렵더라도 서로 위하는 따뜻한 마음이 있을 때 생명력이 배가될 수 있겠지요. 생명력을 죽이는 것이 갈등입니다. 마음이 통하여 갈등이 없어지면 다소 힘들더라도 신명 나게 일할 수 있습니다. 우리 경제의 활력을 앗아가는 요인 중 하나인 양극화 문제도 이 같은 마음가짐이 있다면 어렵지 않게 극복할 수 있으리라 믿습니다.

또한, 미래에 대한 비전이 있어야 합니다. 아무리 오늘이 힘들더라도 내일의 희망이 있으면 결코 활력이 떨어지지 않는 법입니다. 그렇다면 우리가 함께 바라볼 수 있는 비전은 무엇일까요? 우선 잘 살아야 하겠지요. 좋은 옷, 맛있는 음식, 넓은 집 등은 우리 국민 모두가 바라는 바일 것입니다. 이미 잘 살고 있는 사람도 많습니다. 그러나 고용 없는 성장에 따른 일자리 부족, 사회보장 미비로 인한 노후불안 등이 해결되고 있지 않은 지금 경제적으로 보다 편하고 윤택한 삶은 여전히 절실한 목표입니다.

장기적으로는 남북통일과 남북의 균형발전도 우리가 기대하는 미래입니다. 글로벌 시대를 살아가는 오늘날 대외여건의 변화에 우리의 운명이 좌우되지 않기 위해서는 정치, 경제, 외교 등 모든 면에서 더욱 강해져야 합니다. 이를 위해 우리는 통일한국을 꿈꾸는 것입니다.

저는 오랜만에 '웰컴 투 동막골'이라는 영화를 보면서 우리 국민이 가지고 있는 저력의 일단을 볼 수 있었습니다. 6·25라는 민족의 비극을 우화적 판타지로 승화시켜 치유하는 창의력, 특히 30대의 젊은 감독이 이 같은 작품을 만들어냈다는 점에서 미래의 희망을 봅니다. 한 사람, 한 사람이 창의력을 개발하여 자기 분야에서 최대한의 역량을 발휘하면서 과거 어려웠던 시절 우리를 지탱해준 강인한 생명력을 잊지 않는다면 활기찬 내일을 기대할 수 있을 것입니다.

* 경제의 기초체력을 나타내는 잠재GDP는 자본, 노동 등 생산요소의 양과 생산성에 의해 결정되는데 최근 한국은행의 분석에 의하면 이 잠재 GDP의 성장률, 즉 잠재성장률이 외환위기 이전 7%에서 2000년 이후에는 5%를 밑돌게 되어 우리 경제의 성장 잠재력이 크게 떨어진 것으로 나타났다.

(2005. 10. 2.)

개방경제하의 산업경쟁력

개방은 경제뿐만 아니라 사회 전 분야에 걸쳐 이루어지고 있는데, 그와 관련된 경쟁력 역시 사회 전 분야의 경쟁력과 직결된다고 본다. 95년 1월 WTO체제의 출범으로 무역과 투자가 국제화되고, 96년 1월 OECD 가입과 97년 12월 IMF 위기로 우리 경제의 개방화는 한층 더 가속되었다. 또한 수입자유화율이 99.9%를 기록하고, 99년 6월부터는 수입선 다변화제도도 철폐되고, 4월 1일부터는 제2차 외환자유화가 시행되는 시점에 와 있다. 이렇게 전 세계의 경제가 하나가 되는 글로벌 마케팅 시대에 우리의 위치가 어디며, 어떻게 좌표를 정하느냐가 우리에게 남은 과제라고 본다.

'제프리 삭스' 교수는 "Globlization이란 실물거래의 세계화Trade, 투자의 세계화Investment, 금융의 세계화Financing, 조직·제도의 세계화Institution"라고 말한 바 있다.

글로벌 시장경제가 우리에게 주는 과제 중 첫 번째는 전통적인 비교우위의 무역분업 원리가 회복된다는 것이다. 무역의 고전적 이론에 의하면 각국은 무역을 통해 비교우위에 있는 산업에서 더 큰 이익을 보려 하는데, 오늘날에는 최종제품뿐만 아니라 생산요소인 자본과 기술까지도 국제적으로 이동하는 개방경제가 되고 있어 이제는 전통적인 비교우위 중 국제적으로 이동할 수 없는 노동력과 Social Infra(각국의 정치, 경제제도, 교육, 문화, SOC, 정보, 지식인프라 등)만이 남았다. 그러므로 우리의 경쟁력은 노동력과 Social Infra에 있다고 볼 수 있다. 노동력은 국제적인 의미에서 우리의 노동임금 수준과 노동생산성이 얼마나 비교우위나 경쟁력을 갖고 있는가가 글로벌마켓에서 우리의 좌표가 결정되리라 본다. 이와 관련해서 독일기자가 쓴 『세계화의 덫』이란 책에서는 세계화가 결국엔 세계 임금의 하향평준화를 가져와 근로자 계층의 삶의 질을 낮춘다는 문제도 제기되고 있다. 그러나 노동력보다는 우리나라의 Social Infra가 국제적 기준에서 어떠한 비교우위를 갖느냐가 우리에게 더 중요하다고 생각한다. 특히 문화면에서 무엇이 우리 고유의 것이고, 어떤 문화가 우리의 Social Infra가 되는가 생각해 보아야 할 것이다. 이는 개방경제하에서의 경쟁력을 이야기할 때 '우리가 얼마나 우리의 정체성Identity을 가지고 차별화된 생활을 할 수 있느냐'와도 직결되기 때문이다.

두 번째 과제는 이제까지의 시장이 생산자를 위한 것이었다면 글로벌 마켓은 수요자가 지배하는 시장이라는 점이다. 무엇을 생산하느냐보다는 어떻게 파느냐가 시장의 메커니즘이 되고 누가 얼마나 빨리 수요자가 원하는 것을 전달해 주느냐가 시장의 가장 큰 요소가 되었다. 이런 수요자 중심의 시장구조에 적응하려면 서비스와 수요자를 위한 시스템 개발이 경쟁에 초점이 되리라 본다. 그러므로 우리는 뒤떨어진 마케팅이나 유통의 시급한 개선이 필요하다.

세 번째는 전문화와 개성화가 되어야 한다는 점이다. 다양화되는 요즈음에 국가나 기업 또는 개인에게 개성이 없다면 자신을 내세울 만한 자리가 없어질 것이다. 우리의 기업들도 규모보다는 어떤 한 분야에서 세계 정상이 되도록 하는 전문화가 결정적인 요소가 되리라 본다. 특히 대외경쟁에 관계된 분야에서는 더욱 그러하며, 정부조직도 또한 전문화되어야 경쟁력을 가질 수 있다고 본다.

네 번째 시사점은 국제경제의 금융화이다. IMF경제위기는 국제금융체제의 구조적인 불안과 산업자본의 금융자본으로의 완전대체를 보여주는 것이다. 국제수지인 실물거래에 비해 금융거래가 매우 커지고 있다. 즉 실물거래보다도 금융거래에 의해 각국의 환율과 모든 경제패러다임이 빠르게 결정되고 있다. 그러나 아직까지 금융시장이 합리적으로 작동되지 못하고, 정보가 공유되지 않고, 리얼타임으로 거래되기 때문에 모든 자료들을 객관적으로 검증할 만한 시간들이 없다. 몇몇의 펀드매니저로부터 나온 정보로 수많은 거래가 이루어지고 있는 현 국제금융시장의 실상은 매우 취약하다고 볼 수 있다. 또 다른 구조적 불안요소는 모든 교환의 기준인 환율이 변동환율제도로 바뀌면서 예측할 수 없는 환율로 우리기업들이 20~30%의 환차손을 보고 있다는 점이다. Globalization과 사회주의 몰락, 개방정책으로의 전환, 정보통신의 혁명으로 단일시장으로서의 진행은 불가피한 과정이지만 불행하게도 이에 비견할 만한 기관이나 규범이 없기 때문에 우리가 처해있는 시장은 상당히 혼란스럽다. 그러므로 여기서 우리가 가진 경쟁력과 글로벌 마켓이 시사하는 점이 무엇인지를 알고, 그에 대해 얼마나 효과적으로 대응하느냐에 따라 앞으로의 위치가 결정되리라 본다.

(1999. 3. 11. 제121차 週會 週報)

신뢰의 경제학

밭농사를 주업으로 하는 가난한 산골마을이 있었다. 좁고 척박한 농토, 불리한 기후환경 등으로 농사로부터의 소득이 변변치 못하자 한 집 두 집 농사 대신 젖소를 기르기 시작하였다. 때마침 불어 닥친 웰빙 열풍으로 신선한 유기농 우유에 대한 수요가 급증하면서 마을 사람들은 상당한 수입을 올리기 시작하였다. 마을에서 기르는 소는 기하급수적으로 불어났고 소들이 뜯어 먹을 수 있는 목초지는 턱 없이 부족해져 갔다. 급기야 마을 사람들은 각자 소유한 농토를 마을 공동의 목초지로 만들고 돈을 모아 땅을 더 구입하기에 이르렀다. 풀이 잘 자랄 수 있도록 해가 떠서 질 때까지만 방목하고 번갈아서 목초지를 가꾸기로 하였다. 처음에는 모든 것이 잘되어 갔다. 울타리가 없어진 넓은 목초지에서 소들은 빨리 성장하였으며 더 많은 젖을 생산하게 되었다. 그러나 얼마 가지 않아 규칙을 어겨 밤이면 남몰래 자기 소만을 공동 목초지에 풀어 놓아 풀을 뜯게 하는 사람들이 나타났다. 번갈아서 가꾸는 노력도 점점 시들해졌다. 공동 목초지는 아무도 아껴서 쓰려고 노력하지 않아 얼마 안 가서 황폐화되었다. 소와 공동 목초지를 사기 위해 많은 빚을 냈던 마을 사람들은 다시 궁핍해지게 되었다.

공유의 비극과 사유의 비극

이것이 바로 유명한 "공유의 비극The Tragedy of the Commons" 현상이다. 함께 잘 살아보자는 '공유의 이상'이 상호신뢰의 뒷받침이 없는 경우 '공유의 비극'만 초래할 수 있음을 보여 주고 있다. 이는 비단 산골마을에서뿐만 아니라 공동소유제에 기초한 사회주의경제의 몰락, 소련의 붕괴를 통해서도 입증된 바 있다.

대안으로서의 시장경제체제에서는 공유 대신 '사유재산권'이 보장되고, 각자 자기가 생산한 재화와 서비스를 '자유로운 계약'을 통해 교환한다. 그러면 '보이지 않는 손'이 최대 다수의 최대 만족을 가져다준다는 것이다. 이 과정에서 열심히 일하려는 동기가 자극되고 경쟁이 촉진됨으로써 효율적인 자원배분이 이루어진다. 상호신뢰에 대한 기대 대신에 각자의 이기적 동기를 인정하고 최대한 활용한다.

그러나 최근 프랑스 빈민지역 소요사태에서 보듯이 시장경제체제는 실업, 빈곤 등 "분배적 정의Distributive Justice" 문제에 대한 명쾌한 답을 제시하지 못하고 있다. 어쩌면 부익부 빈익빈의 양극화는 시장경제의 당연한 귀결이라고 할 수 있다. 또한 사유재산권 부여가 어려운 물, 공기 등 지구환경의 오염문제 역시 시장 스스로 해결하기 어려운 과제를 던져주고 있다. 결국 시장경제체제는 최고, 최선의 경제시스템이라기보다는 사회적 자원을 효율적으로 활용하여 보다 많은 성과를 낼 수 있는 상대적으로 나은 "필요악Lesser Evil"이라 할 수 있다. 즉 모든 경제활동을 시장경제에 맡겨둘 경우 빈곤, 환경문제 등 심각한 부작용이 발생하여 언제든지 "사유의 비극The Tragedy of Private Ownership"이 초래될 우려가 있는 것이다. 그 정도와 방식은 차이가 있지만 모든 시장경제국가에서 정부가 복지, 환경정책 등을 통해 시장에 개입하고 있는 소이가 여기에 있다.

시장경제의 효율성과 한계

시장경제는 효율성이 최대 장점이지만 그 효율성이 당연한 것은 아니다. 시장경제가 효율적으로 작동하기 위해서는 몇 가지 전제조건들이 충족되어야 한다. 시장이 경쟁적이어야 하고 외부성이 없어야, 즉 모든 경제행위에 따른 의도적 또는 비의도적 편익과 비용에 대해 시장가격이 설정되어야 한다. 이러한 문제에 대해서는 경쟁정책, 공공재의 공급 등을 통해 정부가 상당 부분 보완역할을 수행하고 있다. 그러나 단순한 정부의 개입만으로 해결될 수 없는 복잡한 문제도 있는데 불확실성과 정보의 불완전성이 바로 그것이다. 시장경제의 효율성은 각 경제주체가 미래에 대한 정확한 예측과 완전한 정보에 입각해서 의사결정을 할 때 달성될 수 있는 것이나 현실은 그렇지 못하다.

자발적 교환에 소요되는 거래비용 역시 시장경제의 효율성을 떨어뜨릴 수 있다. 믿을 만한 거래 상대방을 찾기 위한 탐색비용Search Cost, 계약을 맺는 데 드는 교섭비용Bargaining Cost, 계약의 이행을 보장하기 위한 집행비용Enforcement Cost 등이 그것이다. 이러한 거래비용의 많은 부분은 거래 당사자들이 서로를 믿지 못하는 불신Mistrust에서 비롯되는 것으로 바람직한 거래와 시장의 형성을 저해한다.

신뢰가 담보되지 않는 사회에서는 불신을 전제로 모든 사회제도가 설계되지 않을 수 없다. 열 길 물속은 알아도 한 길 사람 속은 모른다는 말이 있다. 그만큼 사람은 제대로 알기 어렵고 평가하기도 어렵다. 그래도 그나마 가장 잘 평가할 수 있는 것은 그 사람에 대한 각종 자료를 검토하고 직접 만나 면접하는 것이다. 삼성의 이병철 씨가 아무리 바빠도 신입사원은 본인이 직접 면접해 결정했다는 것은 유명한 이야기이다. 그런데 왜 요즘도 우리는 수능시험과 입사시험에 의존하여야 하는가. 내신점수와 면접점수의 진정성과 객관성에 대한 신뢰가 없기 때문이다. 신뢰가 없기 때문에 우리는 별도의 시험을 치르는 비용을 지불한다. 그뿐만 아니라 정작 필요로 하는 창의성, 문제해결능력, 전문성 등 정성적 요소 대신 다분히 지식의 양을 측정하는 정량적 평가로 귀착하고 만다. 평가를 하는 사람과 절차에 대한 신뢰가 뒷받침되지 않기 때문이다.

거래비용과 불신비용

현대경제학의 아버지로 알려져 있는 아덤 스미스Adam Smith는 1776년 『국부론』을 쓰기 전인 1759년에 쓴 『도덕적 감정론』에서 신뢰, 도덕, 정의, 양심을 강조한 바 있다. 각자의 이기적 욕망 추구가 보이지 않는 손에 의해서 사회적으로 바람직한 결과로 귀결된다는 그의 명제에는 '정당한 방법에 의한 욕망 추구' 즉 '상대방의 정당한 신뢰를 깨지 않는 욕망 추구'라는 보이지 않는 단서가 붙어 있다. 그러나 현실에서 '악화는 양화를 구축'하듯이 신뢰는 불신과 거짓에 쫓긴다. 저신뢰 사회에서는 상대방을 신뢰하였다가 배반당하는 위험비용이 애초에 불신하는 비용보다 클 것이므로 불신하는 것이 합리적인 선택이 될 가능성이 높다. 이는 두 명의 범죄 용의자가 서로 격리된 상황에서 심문을 받는 소위 "죄수의 딜레마Prisoner's Dilemma" 상황으로도 설명될 수 있다. 즉 각각 혐의를 부인할 경우 최선의 결과 즉 둘 다 가벼운 형벌만 받을 수 있으나, 자신만 부인하고 상대방은 인정할 경우에 받게 되는 최악의 결과 즉 '상대방은 방면되고 나는 법정 최고형을 받는 상황'을 회피하기 위해서 둘 다 혐의를 인정하게 된다는 것이다.

특히 현대의 지식정보사회에서는 기존의 물질적, 유형적 자원 보다는 지식, 신뢰, 네트워크 같은 무형적 자원 즉 사회적 자본Social Capital의 중요성이 더욱 부각되고 있다. 코즈Coase 등 신제도학파 경제학자들은 신뢰가 불확실성과 거래비용을 줄이는 경제적 효과가 있다고 하면서 신뢰 수준을 높일 수 있도록 법과 제도를 설계해야 한다고 주장했다. 후쿠야마Fukuyama는 그의 저서 『신뢰Trust』에서 시장경제가 제대로 기능하기 위해서는 법률, 계약 및 경제적 합리성이 필요하지만 그것들만으로는 충분치 않고 신뢰가 뒷받침되어야 한다고 주장한다. 더 나아가서 국가의 번영과 경제력을 좌우하는 결정적인 요소로써 신뢰를 꼽고 있다. 여기서 신뢰는 사회적 자본으로 서 '집단이나 조직의 공통된 목적들을 위해서 구성원들이 함께 일할 수 있는 안정적인 네트워크'로 정의될 수 있겠다.

우리 사회의 신뢰수준, 위기와 기회

우리 사회에서 신뢰도는 어디쯤 와 있을까? '눈 뜨고 코 베가는' 시 대는 지났어도 아직도 갈 길이 멀다고 하겠다. 역사적으로 보면 유 교적 가족주의 전통에서 형성된 강한 사적 신뢰가 오히려 사회적 신 뢰형성을 저해하였고, 과거 권위주의 정부들은 엄격한 규율로 시민 들을 억압하고 상호불신을 조장함으로써 타인에 대한 신뢰를 어렵 게 만들었다. 오늘 우리가 갖고 있는 고질적인 지역주의도 여기에서 유래하였다. 그간 고속성장 과정에서 '빨리빨리' 모든 것을 하다 보 니 신뢰와 같은 도덕적 가치는 무시되어 온 것도 사실이다. 사흘 굶 으면 공자도 도둑질한다고 한다. 오랜 절대적 빈곤은 신뢰의 형성을 어렵게 했다. 절대적 빈곤에서 벗어난 지금은 외환위기 이후 심화된 경제양극화와 소득불균형이 사회적 신뢰형성을 더디게 하고 있다. 친일파 및 과거사 진상규명 문제에서 보듯이 우리 사회의 오래가지 못하는 기억력은 부정과 거짓을 효과적으로 억제하지 못하고 있다. 줄을 서지 않고 새치기한 사람과 부정한 방법으로 축재 출세한 사람 에 대하여 우리는 곧 잊어버린다.

그러나 어두운 측면만 있는 것은 아니다. 그중 하나는 바로 인터 넷의 힘이다. 우리는 세계에서 제일 빠르게 인터넷을 쓰고 있는데 이 인터넷이 우리 사회를 엄청나게 투명하게 해 주고 있다. 이제 거짓말을 하면 감추기가 어렵게 되어 버렸다. 누가, 어디서, 어떻게 인터넷에 폭로할지 모르고 인터넷에 뜨는 순간 순식간에 온 세계에 퍼진다. 퍼질 뿐만 아니라 인터넷에 올려진 것은 자동적으로 기록되어 없어지지 않는다. 정보화된 사회에서 모든 거래는 실시간으로 공개된다. 예를 들면 지금까지 부동산 투기를 해도 보유명세를 남이 알기도 어렵고 실거래가격은 더욱이나 알 수 없었다. 그런데 이제 모든 부동산 보유와 거래정보가 전산망에 입력, 공개된다. 의사, 변호사 등 전문직과 자영업자들의 탈루소득 문제도 정부의 노력과 우리 사회의 정보화 속도가 곧 해결할 것이다. 인터넷은 이렇게 정보의 원활한 유통을 통해 사회적 감시기능을 수행할 뿐만 아니라 수많은 사이버 커뮤니티 형성을 통해 사회구성원 간 결속과 협동도 증진시키고 있다. 개인정보 유출, 해킹, 유언비어 유포 등을 차단할 수 있는 기술적, 제도적 보완장치 마련을 전제로 인터넷은 우리 사회의 투명성과 결속력을 배가시켜 신뢰조성에 크게 기여할 것이다.

홀연히 나타난 또 하나의 백기사는 바로 참여정부의 노무현 대통령이라고 하여야 되지 않을까. 아웃사이더에서 일거에 -인터넷의 도움도 받아- 권력의 중심으로 이동한 노 대통령은 50년 넘은 불법 정치자금, 정경유착 및 특권문화를 뿌리째 뽑아 버렸다. 노 대통령이 금과옥조로 삼는 '원칙과 신뢰'에 기반을 둔 '대화와 토론' 정치는 과거 권위주의 국정운영 방식과 밀실정치를 청산함으로써 사회적 신뢰기반을 조성하고 있다. 그간 일관되게 주장해온 지역구도 타파도 지역적, 폐쇄적 신뢰를 사회적 신뢰로 확산하기 위한 노력으로 평가될 수 있을 것이다.

어떻게 신뢰를 만들어 나갈 것인가?

신뢰는 하루아침에 쌓이지 않는다. 한 사회에서 신뢰가 구축되기 위해서는 사회구성원 간에 기본적인 규범과 가치가 공유되는 가운데 개인 간, 집단 간 반복적인 거래과정에서 안정적인 네트워크와 상호 존중이 형성되어야 한다. 그러나 모두들 적당히 신뢰를 지키지 않는 사회에서 한 개인과 집단에 대해서만 불이익을 감수하고라도 신뢰를 실천할 것을 강요할 수는 없을 것이다.

사회적 신뢰를 형성하기 위해서는 먼저 법과 제도가 투명해지고, 그리고 일관성 있는 집행이 전제되어야 한다. 제도가 투명하지 못하면 서로 믿기 어렵고 제도를 만드는 사람의 자의적 집행을 가능하게 한다. 신뢰를 저버리는 행위에 대해서는 사회적인 제재가 확실히 이루어지도록 함으로써 결국 신뢰를 지키는 것이 구성원 각자에게 유리한 외부적 여건을 조성해야 한다. 음주단속이 좋은 예이다. 예고 없는 단속과 한 번 걸리면 지위고하를 막론하고 예외 없이 처벌받다 보니 이제 모두 음주운전을 엄두내지 못하게 되었다. 음주운전이 사라진 자리에 대리운전업이라는 새로운 산업이 생겼다.

특히 공공부문에 대한 신뢰 형성이 중요한데 무엇보다 필요한 것은 부패방지라 하겠다. 부정부패는 법과 규칙을 무력화시키고 한곳에서 시작되면 바이러스처럼 전체로 퍼져 사회의 시스템을 마비시킨다. 우선 정책실명제 및 행정정보 공개의 확대를 통해 정부가 투명해져야 하고, 내부고발자 포상과 보호의 획기적인 개선을 통해 부패 당사자 간의 '짜고 치는 고스톱'의 연결고리를 차단하여야 한다. 인터넷과 디지털카메라의 확산이 부정과 비리의 포착과 공개를 용이하게 해주고, 'YTN 돌발영상'이 정치인과 공직자의 거짓말과 이율배반적 행동을 감시하고 있는 것은 다행스러운 일이다. 선거에서는 '신고포상제'가 불법 선거운동을 억제하는데 큰 역할을 하고 있고, 정부혁신의 일환으로 추진되고 있는 전자정부 시스템도 투명성, 책임성 강화에 크게 기여할 것이다. 세상에는 '선의의 거짓말', '악의의 거짓말', 그리고 '통계'의 세 가지 거짓말이 있다는 말도 있듯이, 국가통계의 품질과 정확성 제고도 긴요하다.

정부의 노력만으로 신뢰의 사회가 오지 않는다. 1997년 외환위기에 한 원인을 제공하였던 D그룹의 분식회계, 최근 또 다른 D그룹의 분식회계 등의 예에서 보듯이 우리 기업에 대한 국민들의 신뢰 수준 역시 높지 않다. 오늘날 우리경제의 발목을 잡는 전투적 노사관계도 따지고 보면 그동안 압축성장 과정에서 우리 기업이 투명성과 신뢰를 확보하지 못한 데 그 원인이 있다고 볼 수 있다. 기업이 신뢰를 얻기 위해서는 민주적이고 투명한 지배구조 확립, 사회적 책임과 기업윤리 실천, 공정한 하도급거래 정착, 정직한 납세 및 회계처리 등의 자발적인 노력이 요구되며 이러한 노력을 하는 것이 각자에게 이득이 되는 제도와 시스템을 만들어 가야 한다. 기업의 신뢰확보는 곧 시장경쟁력으로 직결되는 만큼 핵심기술과 자체 브랜드 개발을 통해 거래업체와 소비자의 신뢰를 쌓아 가야 할 것이다. 기업이

제공한 제품과 정보를 신뢰한 소비자와 투자자들이 입게 되는 손해에 대해서는 제조물 책임, 집단소송 등 충분한 구제장치가 마련되어야 한다. 예를 들어 현재 건설업체가 시공한 아파트에 대해 부담하는 하자보수책임의 수준은 입주자들의 신뢰를 보호하기에 충분하지 않다고 할 것이다.

신뢰의 사회실현을 위한 또 하나의 중요한 과제는 최소한의 사회적 형평을 도모하는 것이라고 하겠다. 하루하루의 생계를 심각하게 걱정해야 하는 사람들에게 높은 도덕과 신뢰를 기대할 수는 없다. 이들에게는 사회안전망을 통해 최소한의 생활을 보장해 주어야 한다. 열심히 일하지도 않은 이웃이 부동산 투기로 일확천금을 하는 풍토에서 누가 열심히 일할 마음이 들겠는가. 정직하고 열심히 일하는 사람이 잘사는 사회에서 신뢰는 성장한다.

올해는 우리 스스로부터 작은 신뢰를 실천하고 그 신뢰의 대상을 넓혀나가는 작은 노력을 기울여 가자. 작은 일이라면 한두 번 정도 속아 줄 수 있는 마음의 여유도 필요할 것이다. 〈정직하고 부지런한 사람이 잘사는 사회〉를 앞당기기 위해 참여정부는 정부 몫인 제도와 풍토를 마련해가는 일을 꾸준히 해나갈 것이다.

호칭의 경제학

"내가 그의 이름을 불러주었을 때 그는 나에게 와서 꽃이 되었다"라고 김춘수의 시 「꽃」은 시작된다. 가만히 생각해 보면 상대방을 부르는 호칭만큼 우리의 언어생활에서 중요한 것도 없는 것 같다. 우리가 매일매일 영위하는 사회생활은 곧 다름 아닌 인간관계를 맺는 일이요, 인간관계를 맺는 첫 단추는 상대방을 부르는 데서부터 시작된다.

인간관계 맺는 첫 단추가 복잡해서야

상대방을 잘못 부르면 큰 실례가 될 뿐만 아니라 상대방의 기분을 상하게 하여 될 일도 안 되게 한다. 예를 들어 "김형" 또는 "홍길동씨"라고 부르면 자칫 손아랫사람으로 취급하는 격으로 받아들여진다. 요즘은 예전처럼 대통령 각하라고 하지 않고 그냥 대통령님으로 부르기로 하였다는데 그렇다고 보통의 경우 "홍길동님" 또는 "홍님"이라고 하기도 어색하다. 친구의 부인을 부를 때 "사모님"이라고 하기도 과하고 그렇다고 "누구의 처"라고 부르는 것도 마땅치 않다. "형수씨"니 "제수씨"니 하는 것도 아주 허물없는 사이가 아니면 쓰기 어렵다. 그러다 보니 궁여지책으로 애들 이름을 붙여 "개똥이 엄마" 또는 "개똥이 어머니"라고 하는 수가 많은데 이것은 너무 길뿐만 아니라 애가 없는 사람에는 통하지 않는다. 남자들 간에도 호칭이 적당하지 못하다 보니 상대방의 직함을 붙여 김 사장(님), 정 교수(님), 최 박사(님), 박 장관(님)등으로 부르는 것이 보통이다.

넓리 쓰일 수 있는 적당한 호칭이 없다 보니 상대방을 부를 때마다 그 사람의 직장, 연령, 자녀까지 다 알아야 하게 되었다. 그러다 보니 잘 알지 못하는 사람은 부르기가 조심스럽고 또 행여 잘못 부르기라도 하는 날에는 그 사람과의 인간관계는 처음부터 빗나가게 된다. 당연히 잘 모르는 사람에 대해서는 말 거는 것을 삼가게 되면서 인간관계는 기왕에 알고 있는 사람으로 축소균형을 이루는 경향이 있다. 외국인들이 우리나라 사람에게 갖는 당황함의 하나가 잘 모를 때는 적대시라도 할 만큼 무관심하다가 일단 알고 난 후에는 지나치다 싶게 친절해지는 이중성이라고 어느 신문에서 읽었다. 이런 양면성도 호칭 문제와 무관하지 않은 것 같다. 한국 남자들과 어울리려면 같이 코가 비뚤어지게 한 잔 마셔야 하는데, 그렇게 어울린 후에는 서로 형님, 동생하고 호칭이 필요 없게 되기 때문이 아닐까?

아무에게나 쉽게 사용할 수 있는 호칭이 있으면 인간관계가 얼마나 쉬워지고 또 불필요한 신경을 안 쓰게 되어 우리 모두의 정신건강에 얼마나 도움이 될 것인지 한번 생각해 볼 필요가 있다. 우리 4천만 국민 각자가 호칭으로 인한 불필요한 신경을 안 써도 되게 되면 그 경제적 절약은 모르긴 몰라도 수조 원에 이르게 될 것이고 또 더욱 넓어지고 쉬워지는 인간관계로 인한 간접효과까지 합한다면 수십조가 될 수도 있을 것이다.

쉬운 호칭 쓰기 국민운동은 어떨까?

다른 나라에는 이런 호칭이 잘 되어 있다. 영어권에서는 Mr.와 Mrs.(Ms.)를 이름 앞에 붙이면 손아랫사람이든 손윗사람이든 다 통한다. 일본의 경우도 이름 뒤에 "--상"을 붙이면 된다. 중국의 경우는 "--先生"을 붙이면 된다. 유독 우리나라에서만 이런 공통 호칭이 쓰이지 않고 있다. 따지고 보면 우리말에 적당한 호칭이 없는 것이 아니다. 예를 들면 "--씨" 또는 "--형" 등은 우리가 그렇게 쓰기로 합의만 한다면 좋은 공통 호칭이 될 수가 있다. 북한에서 사용하고 있다는 "--선생"도 고려해볼 만하다. 문제는 우리가 그렇게 쓰지 않고 구태여 여러 가지 호칭을 다 동원하여 복잡하게 쓰고 있기 때문일 뿐이다.

그러나 호칭은 사회적 관습이기 때문에 누구 혼자나 일부 사람들만 쓴다고 해서 될 수가 없다. 사회적 약속을 통하여 우리나라 전체가 같이 쓰기로 할 때야만 가능한 것이다. 그렇다고 이것을 국가가 강제로 할 사안도 아니니 국어를 사랑하는 사람들이 중심이 되어 쉬운 호칭쓰기 국민운동을 일으켜 보는 것이 어떨까. 돈 안 들이고도 수조 원의 국가적 절약을 하는 길이 될 수도 있지 않을까.

(2005. 10. 20.)

변화, 주도할 것인가 끌려갈 것인가?

- 한미 FTA, 세계화시대 피할 수 없는 선택

최근 들어 한미 자유무역협정FTA을 둘러싼 찬반 논란이 가열되면서 자칫 국론분열로 이어질 소지마저 나타나고 있다. 아직 본 협상에 착수하지도 않았는데 한미 FTA라는 이슈가 벌써 우리 사회 전반에 큰 파장을 불러일으키고 있다. 이 시점에서 왜 우리는 한미 FTA가 필요하며, 우리에게 과연 약인지, 독인지 차분히 따져볼 필요가 있다. 한미 FTA는 우리 정부가 추진하고 있는 동시다발적 FTA 계획의 일환이다. 한미 FTA를 논하기 전에 왜 우리 정부가 동시다발적 FTA를 추진하고 있는가부터 살펴보자.

참여정부는 2003년 '동시다발적 FTA' 추진을 통한 선진통상국가의 실현을 주요 국정과제로 설정한 바 있다. 왜 정부는 FTA를, 그것도 동시다발적으로 추진하기로 하였나? 그것은 무엇보다도 대내외 여건의 변화에 부응하기 위한 것이었다.

한미 FTA는 동시다발적 FTA 추진 일환

우선 대외적으로 보면 첫째, 세계화가 급진전되면서 전 세계가 하나의 시장으로 통합되고 있다. 세계적인 경쟁력을 갖추지 못하면 해외시장뿐 아니라 국내에 진출한 외국기업과의 경쟁에서도 도태되어 생존 자체가 불가능하다. 전 세계를 상대로 하는 경쟁에서 이기지 못하면 살아남지 못하고 반대로 경쟁에서 이기면 무한한 시장이 약속되는 글로벌 경쟁의 시대가 되었다.

둘째, 세계경제는 정보와 지식이 생산과 경쟁력의 원천이 되는 지식기반 경제로 빠르게 이행하고 있다. 새로운 정보와 지식이 곧 새로운 상품과 시장을 의미하기 때문에 최신 정보의 흐름에서 소외되면 바로 경쟁력 저하라는 대가를 지불해야 한다. 정보와 지식의 흐름에는 국경이 없는 만큼 지식과 시장을 누가 빨리 선점하느냐가 지식정보화 시대에서 살아남을 수 있는 관건이 되고 있다.

셋째, 중국 경제의 부상을 염두에 두지 않을 수 없다. 우리보다 한참 뒤처져 있던 중국이 어느 날 세계의 공장으로 급부상하면서 바로 우리 뒤에서 숨가쁘게 쫓아오고 있다. 우리가 기존의 산업과 방식에 안주하여 방심하고 있으면 세계시장에서 중국에 밀릴 뿐 아니라 우리 공장도 모두 중국에 가 버리고 말 것이다. 이제 우리 경제가 중국의 추격을 벗어나기 위해서는 신속히 한 단계 업그레이드되어야 한다.

　국내로 눈을 돌려보면, 최근 저출산·고령화의 영향으로 생산활동에 종사할 수 있는 인구가 옛날처럼 빠르게 늘어나지 않고 있는데다 외환위기 이후 투자가 크게 줄어듦으로써 지속적인 경제성장에 필요한 자본과 노동의 투입이 제약을 받고 있다. 연구개발투자는 늘어가고 있지만 아직도 기술축적이 낮아 떨어지는 성장잠재력을 회복시키지 못하고 있다. 또한 최근 들어 우리 공장의 해외이전이 늘어나고 설비자동화가 진전되면서 경제가 성장하더라도 일자리가 늘어나지 않는 '고용 없는 성장'이 구조적으로 고착화되고 있다.

개방은 선택이 아니라 생존 위한 필수조건

　이러한 대내외적 도전에 우리 경제는 어떻게 대처하여야 하는가?

　우리 경제는 그 규모에 있어 세계 제11위이지만 무역의존도(상품·서비스무역액/GDP)가 80%를 웃돌아 해외수요에 의존할 수밖에 없는 구조를 지니고 있다. 국내시장이 협소한 우리나라는 세계시장을 상대하지 않고서는 지속적인 발전은커녕 현상유지조차 힘든 것이 현실이다. 개방은 선택의 문제가 아니라 세계화 시대에 살아남기 위한 필수적인 조건으로 우리에게 다가왔다.

　FTA를 매개로 한 지역통합 움직임의 가속화도 우리의 개방을 재촉하는 요인이다. 1990년대 들어 EU, NAFTA 등 지역차원에서의 경제통합이 빠르게 진전되고 있어 우리가 이 같은 추세에 동참하지 않는다면 세계시장에서 고아가 되어 순식간에 오갈 데 없는 신세가 되고 말 것이다.

세계화, 지식정보화의 추세를 거스를 수 없다면 이를 적극적으로 이용하는 것이 지혜로운 선택이다. 즉, 개방을 확대하여 경쟁에 스스로 노출함으로써 세계시장에서 통할 수 있는 경쟁력을 기르고 최신 정보와 지식을 습득, 창출하여 시장을 선점해 나가야 한다. 개방을 통한 경쟁 촉진과 생산성 향상은 요소투입에 의한 성장이 한계를 보이고 있는 우리 경제의 성장잠재력을 높일 수 있는 돌파구가 될 수 있다. 예를 들어 서비스 시장개방을 통해 서비스업의 경쟁력을 높이는 것이 고용 없는 성장의 해법이 될 수 있으며 중국 경제의 부상에 대응하는 길이기도 하다.

가능한 많은 국가와, 가능한 빨리

참여정부는 이러한 점을 충분히 인식하여 여건이 허락하는 대로 가능한 한 빨리, 가능한 한 많은 국가와 자유무역협정을 체결하는 것을 목표로 하고 있다. 이에 따라 칠레, 싱가포르, EFTA 등 소규모 경제국과는 이미 FTA를 체결하였으며, 이제는 미국, 일본, 캐나다, ASEAN, 인도 등 거대 경제권과의 FTA 체결을 위해 협상을 진행 중이다.

우리는 해방 이후 고비마다 우리 경제의 진로를 좌우하는 중요한 정책적 결단을 내려왔다. 토지개혁, 중화학공업 육성, IT 산업 육성 등이 그 예이다. FTA 추진도 역사적 맥락에서 볼 때 이에 못지않게 우리 경제에 한 획을 긋게 되는 중요한 정책적 결단이다. 이는 정권에 관계없이 추진해야 할 시대적, 역사적 과제다.

동시다발적 FTA를 추진하는 데 가장 큰 걸림돌은 농업과 서비스업이다. 농업의 경우 개방에 따른 피해가 있는 게 사실이다. 그러나 우리가 냉정히 생각해 보아야 할 것은 농산물 시장도 쌀을 제외하면 이미 개방된 상태라는 것이다. 쌀의 경우도 UR협상에 따른 최소시장 접근물량MMA을 수입하고 있으며 2014년 이후에는 관세화를 더 이상 유예 받을 수 없어 완전개방이 불가피한 상황이다.

피해 최소화가 관건

따라서 우리가 고민해야 할 문제는 개방을 할 것이냐 말 것이냐가 아니라 어떻게 개방의 피해를 최소화할 것이냐에 있다. 지금 우리에게 중요한 것은 적절한 속도의 구조조정을 어떻게 유도하고 지원하느냐에 있다고 본다.

현재 우리 경제에 차지하는 농업의 비중이 계속 축소되고 있다. 농업생산은 GDP 대비 3.2%, 농업인구는 7.8%에 불과한 수준이다. 그러나 규모에 관계없이 국민경제적으로 농업은 중요한 문제이기 때문에 정부는 개방에 따른 농민의 피해보전을 위한 직불제 확대, 산지 민간유통 활성화 등을 추진하고 있다. 장기적으로는 전업농, 유기농 등 농업의 새로운 활로를 찾는 것이 우리의 과제다. 앞으로는 대외개방에 따른 농업 문제가 아닌 생활공간인 농촌 문제로서도·농이 상생하는 균형발전전략으로 접근해 나가야 한다.

우리 서비스업에게 대외개방은 오히려 기회가 될 수 있다. 국제경쟁력이 취약한 법률, 회계, 교육 등의 경쟁력을 개방을 통해 한 단계 끌어올릴 수 있기 때문이다. 물론 개방 초기에는 외국업체의 진출로 어려움을 겪을 가능성도 있다. 그러나 세계 방방곡곡에서 활동하고 있는 우리 교민을 보라. 바로 이 같은 서비스 분야에서 세계의 1등으로 잘하고 있지 않은가? 서비스업은 그 특성상 사람과 불가분의 관계가 있다. 개방 초기에 다소간의 어려움이 있더라도 우리나라 사람들의 저력을 감안할 때 곧 극복할 수 있을 것으로 생각된다. 이 길만이 세계에 유례없이 대학진학률이 80%를 넘는 우리나라의 젊은 이들에게 앞으로 먹고살 수 있는 길을 열어줄 것이다.

왜 미국과의 FTA인가

FTA 협상대상으로 미국을 선택한 것은 무엇보다도 미국의 중요성 때문이다. 미국 시장은 전 세계 수입시장의 21.8%를 차지하는 최대의 시장이다. 우리는 과거 40년 동안 미국 시장에 우리 상품을 수출함으로써 경제발전을 이룩하였다고 해도 과언이 아니다. 그런데 최근 들어 미국 시장에서 우리의 점유율이 점차 떨어지고 있다. 중국의 급부상이 큰 원인이지만 NAFTA 등 FTA의 영향도 무시할 수 없다. 따라서 미국 시장에서 우리의 지분을 유지·확대하기 위해서는 미국과 FTA를 체결하는 것이 가장 효과적이다.

앞으로 세계시장에서의 성패는 글로벌 스탠더드를 선점하고 브랜드화하는 데 달려 있다. 미국은 글로벌 스탠더드를 가장 많이 가지고 있고 만들 힘이 있다는 점에서 미국과의 FTA 체결은 그만큼 매력적이라 할 수 있다.

한미 FTA는 동북아 경제협력을 강화하는 데도 기여할 것이다. 한·중·일은 세계시장에서 경쟁관계에 있고 역내에서는 분업을 통한 협력구도를 형성하는 이중적 관계를 유지하고 있다. 한미 FTA는 세계시장에서의 한·중·일 경쟁관계에서 우리에게 유리하게 작용하고 현재 지지부진한 동북아 경제협력체제 구축에도 촉진제가 될 수 있다.

중소기업에 새로운 판로 제공 기대

최근 조사결과에 따르면 대미수출 중소기업의 80% 이상이 한미 FTA를 찬성하는 것으로 나타났다. 한미 FTA는 우리 중소기업에 새로운 판로를 제공하는 데다 기술도입선 다변화를 통해 만성적 대일 의존 구조를 해소할 수 있을 것으로 기대되기 때문이다.

앞으로 우리의 살 길은 한미 FTA뿐만 아니라 한-중, 한-EU, 한-몽골, 한-러시아 등 세계의 모든 나라와 FTA를 동시다발적으로 체결해 나가는 데 있다. UR, DDA 등 다자간 협상과 함께 양자간 협력을 가속화해 나가야 한다. 개방경제를 채택한 이후 빠르게 성장하는 중국, 베트남, 인도 등이 개방의 중요성을 말해주지 않는가?

지난 일요일 시골에 다녀왔다. 친구로부터 지방대학을 나온 아들의 취직을 부탁받았다. 정말 어려운 부탁이다. 왜냐하면 일자리가 보이지 않기 때문이다. 농민의 아들이 변호사, 회계사, 건축가, 디자이너 등 서비스 산업의 리더가 되어 먹고살게 되는 것이 진정 우리가 노력해야 할 과제이다.

개방하의 우리 경제는 흡사 '대양에 나가는 배'와 같다고 볼 수 있다. 위험이 따른다. 실패할 수도 있다. 그러나 항구에 눌러앉아 먹고살길이 있는가? 우리 산업이 경쟁력을 갖추고 나서 개방하자는 주장은 마치 마차가 지나가고 손을 흔드는 격이다. 이것은 하지 말자는 이야기밖에 안 된다.

일부에서 한미 FTA가 외국의 압력에 의한 제2의 을사늑약이라 주장하고 있다. 50년 동안 세계에서 가장 폐쇄적인 북한의 구호를 연상시키는 대목이다. 앞으로 한-중, 한-일, 한-ASEAN FTA를 추진할 때마다 매번 을사늑약이라고 주장할 것인가? 지금은 변하지 않으면 변화되는 시대이다. 구한말 우리는 변화를 거부하다가 을사늑약으로 변화되었다. 한미 FTA는 이 같은 사태를 방지하기 위해 스스로 변화를 모색하는 것이다. 우리 경제의 앞날을 같이 걱정하고 힘을 합쳐야 할 시기에 터무니없는 말로 여론을 호도하는 행위는 자제해야 할 것이다.

(2006. 4. 17.)

햄버거와 유토피아: 한미 FTA의 진실

- 위험 능가하는 이익 있다면 그 길 택해야

최근 북한의 핵과 미사일 문제가 악화일로를 걷고 있는 가운데 유례없는 홍수마저 한반도를 휩쓸고 지나가는 등 이래저래 마음이 우울합니다. 그러나 폭풍이 몰아치다가도 어느 순간 구름 사이로 햇빛이 내리비치듯 기분 좋은 소식도 간간이 들려옵니다.

지난주 미국 여자프로골프LPGA 대회 '제이미 파 오웬스 코닝 클래식'에서 우리나라의 김미현 선수가 연장 접전 끝에 극적인 우승을 차지했습니다. 저는 가수 송창식 씨와 바둑의 이창호 국수의 팬이지만 스포츠 쪽으로는 김미현 선수의 팬이기도 합니다. 지난 5월, 4년 만에 우승을 차지한 그가 첫마디로 "나도 이렇게 우승했는데 이제 박세리도 오랜 부진에서 벗어나 우승할 수 있었으면 좋겠다."라고 했지요. 친구이자 라이벌인 박세리 선수의 부활을 기원하던 동료애가 무척 인상적이었습니다. 사실 몇 년 전부터 미국 LPGA는 한국 선수들이 사실상 접수했다고 해도 과언이 아닐 만큼 우리 선수들이 발군의 활약을 보이고 있습니다. 미국 진출 초기에 다소 고전하기도 하였지만 지금처럼 놀랄 정도로 우수한 성적을 내리라 누가 상상이나 했겠습니까?

요즘 어디를 가나 한미 FTA가 화두인 것 같습니다. 찬반 논쟁이라고 보기에는 지나칠 정도로 팽팽한 대립이 이어지고 있어 정책을 맡고 있는 한 사람으로서 마음이 편치 않습니다. 특히 정태인 전 비서관이 한미 FTA 추진을 비난함으로써 찬반 논쟁이 촉발되었고, 최근에는 이정우 전 정책기획위원장이 반대입장에 가세함에 따라 함께 일했던 사람으로서 착잡한 심정을 금할 수 없습니다.

한미 FTA 과연 문제인가?

한미 FTA는 국가적 중대사로서 당연히 찬반 논의가 있어야 하고 개인의 입장과 시각에 따라 반대를 할 수도 있습니다. 그동안 언론과 지상을 통해 나타난 한미 FTA 반대 이유는 다음의 몇 가지인 것 같습니다. 개방 자체를 반대하기도 하고, 미국이라는 특정 국가와의 FTA를 반대하는 견해도 있습니다. 정부가 너무 서둘러 FTA를 추진하는 것에 대한 반대도 있고, 구체적인 사안이나 협상 내용에 대해 반대하는 입장도 있습니다. 구체적 내용이나 절차와 별개로 이념적 차원에서 반대하는 경우도 있습니다. 이러한 각각의 논거에 대하여 살펴보겠습니다.

아직도 종속이론인가? – 대미 경제예속 우려는 낡은 문제의식

우선, 개방 자체를 반대하는 것은 우리 경제의 현실과 미래를 도외시하는 무책임한 주장이라 하지 않을 수 없습니다. 개방은 선택의 문제가 아니라 우리 경제의 활로를 위한 필수조건입니다. 혹자는 우리 경제의 대외의존도가 70~80%에 달할 정도로 높기 때문에 더 이상의 개방은 불필요하지 않느냐는 의문을 제기하는데, 대외의존도가 높은 경제구조는 지속적인 개방과 해외시장 확보를 통해서만 경제의 활로를 모색할 수 있다는 시장의 현실을 잊어서는 안될 것입니다. 세계 각국이 FTA를 하나라도 더 맺으려고 경쟁하는데 우리만 문 닫고 살자는 것입니까?

둘째, 미국과의 FTA를 반대하는 주장의 근저에는 우리의 경제체제와 제도가 미국식으로 변질되고 결국 우리 경제가 미국에 예속되고 말 것이라는 두려움이 깔려있는 것 같습니다. 과연 19세기적 종속이론을 21세기에 적용하는 것이 온당한지 의문입니다.

미국과 인접한 캐나다, 멕시코는 NAFTA 이전에도 수출의 대미의존도가 이미 70~80%에 이르고 있었고 NAFTA 체결 이후에는 대미 수출의존도가 80% 후반까지 올라갔지만 이들 국가가 미국에 예속되고 있다는 논의를 들어본 적이 없습니다. 하물며 지리적으로 태평양을 사이에 두고 있고 대미 수출의존도가 15%에 불과한 우리나라가 경제적으로 미국에 종속될 것이라는 주장은 논리적 근거가 희박한 것으로 보입니다.

일부에서는 외환위기 당시 IMF와 미국의 강요로 이루어진 구조조정 결과 대량실업과 저성장을 초래했으며, 한미 FTA가 체결될 경우 미국식 구조조정이 상시화할 것이라 주장하고 있습니다. 외환위기 직후 구조조정 여파로 적지 않은 후유증을 겪은 것이 사실입니다. 그러나 당시는 우리 외환보유고가 바닥나 IMF와 미국의 도움을 구걸하지 않을 수 없었던 위기상황이었습니다. 더욱이 우리는 그 위기를 훌륭하게 극복하였고 누가 보더라도 외환위기의 후유증으로 우리 경제가 미국에 예속되었다고 말할 수 없을 것입니다.

지금은 외환위기 당시와 상황이 다릅니다. 설령 미국이 무리한 요구를 하더라도 우리가 들어줄 이유가 없습니다. 외환위기와 같은 국가적 위기도 극복하였는데 FTA 충격을 두려워할 이유가 없습니다.

한미 FTA가 시기상조라고? – 막연한 기다림보다는 선점이 효과적

셋째, 우리 정부가 치밀한 준비없이 너무 성급하게 추진한다는 비판이 있는데 이는 사실과 다릅니다. 한미 FTA라는 구체적인 정책에 이르기까지 정부 내에서는 그간 많은 논의가 있었고 이 같은 논의 과정을 거쳐 미국과의 FTA를 추진하기로 우리 스스로 결정한 것입니다. 한미 FTA가 시기상조라는 주장에 대해서는 '그렇다면 앞으로 2~3년 더 기다린다고 달라질 것이 있느냐?'고 되묻고 싶습니다. 1994년 우루과이라운드 후 10년이 지났습니다만 무엇이 얼마나 달라졌나요? 좀 더 기다린다고 해서 크게 달라질 것이 없다면 오히려 기회가 왔을 때 이를 선점하는 것이 필요하지 않을까요?

'정부 준비가 부족했다', '시한을 정해놓고 서두른다'는 비판을 한 꺼풀 벗기고 보면 이 정부를 못 믿겠다는 불신감의 다른 표현에 지나지 않습니다. 시대와 세상이 변하는데 우리 사회가 이런 유형의 갈등구조 고착화로 변화해야 할 시점에서 변하지 못하고 정체하게 될까 두렵습니다.

소위 '4대 선결조건'은 있었나 – FTA가 아니더라도 해결했어야 할 외교현안

넷째, 일부에서는 한미 FTA 타결을 위해 소위 4대 선결조건을 미리 양보했다고 주장하고 있습니다. 그러나 4대 선결조건이라는 것은 사실 FTA가 아니더라도 어차피 해결했어야 할 문제라는 점을 지적하고 싶습니다.

① **쇠고기 수입재개 =** 쇠고기 수입 재개 문제를 살펴볼까요? 잘 아시다시피 우리가 미국산 쇠고기 수입을 제한한 것은 광우병 때문이었습니다. 따라서 광우병 위험을 고려한 과학적이고 국제적인 기준이 충족되면 수입을 재개하는 것이 당연한 것입니다. 우리나라뿐 아니라 이미 일본, 대만, 홍콩 등도 미국산 쇠고기 수입을 재개하였습니다. 무슨 선결조건이라 할 사안이 아닙니다.

② **스크린쿼터 축소 =** 스크린쿼터 축소 문제도 이미 정부가 누누이 천명해 왔던 사안입니다. 최근 수년간 우리 영화의 시장점유율이 55%에 이르고 있고 우리 영화가 중국, 동남아 등에 본격적으

로 수출되고 있는데 이미 불필요하게 되어버린 40%의 쿼터에 언제까지 집착할 것입니까? 이는 땅 짚고 헤엄치겠다는 것과 같고, 이미 수영을 할 줄 아는 사람이 땅 짚고 헤엄치겠다고 고집하는 것은 발전을 거부하고 퇴보하는 것과 같습니다. 스크린쿼터 축소가 문화적 다양성을 저해하고 우리 문화의 싹을 죽인다고 우려하지만 이는 한낱 기우에 지나지 않습니다. 과거 물질특허 도입, 유통시장 개방 등을 앞두고 국내 관련산업이 고사할 것이라는 우려가 많았지만 그 결과는 어떻습니까? 지금의 영화산업보다 더 취약했던 의약, 유통산업도 시장개방이 결국에는 발전의 계기로 작용하지 않았습니까?

③ **자동차 배출가스 기준** = 자동차 배출가스 기준과 관련하여 1만 대 이하의 소수차량 제작·판매사에 대해 강화된 배출가스 기준 적용을 2년 동안 유예해 주었습니다. 우리가 매년 자동차 백만 대를 미국에 수출하는데, 수입하는 미국 차는 고작 5천 대입니다. 우리나라 자동차 시장의 0.5%밖에 안 되는 상황을 감안한 결정이고 그것도 2년의 유예입니다.

④ **의약품 약가** = 의약품 약가 문제는 이번 2차 협상에서 보았듯이 협상전체를 좌초시킬 만큼 양측이 치열하게 다투고 있습니다. 양보를 했다면 이런 일이 일어나겠습니까?

우리 농업이 붕괴될까 – FTA 추가 쌀 개방 제의 결코 수용 않을 것

한미 FTA가 체결되면 우리 농업이 붕괴될 것이라는 주장에 대해서도 한 번 냉정하게 따져볼 필요가 있습니다. UR을 통해 쌀을 제외한 모든 농산물이 관세화됨으로써 국내 농산물시장은 사실상 개방된 상태입니다. 쌀도 UR에서 결정된 최소시장접근물량MMA만큼 매년 수입해 왔으며 특히, 2004년 쌀 재협상에 따라 2013년까지 다시 10년간 관세화를 유예하는 대신 매년 수입물량을 늘려나가게 되어 있습니다. 즉, FTA가 아니라도 쌀시장은 이미 정해진 일정에 따라 개방되고 있으며 한미 FTA에서 추가적인 쌀시장 개방은 미국이 이를 제의하더라도 결코 수용하지 않을 것입니다.

또 한미 FTA에 따른 관세인하로 미국산 농산물 수입이 늘어나더라도 상당부분은 이미 수입되고 있는 중국산 등 다른 국가의 농산물을 대체할 가능성이 큽니다. 정부에서 우리 농산품에 대한 한미 FTA의 품목별 영향을 분석한 바에 의하면 모든 품목이 아니라 일부 품목에만 영향이 있는 것으로 나타났습니다. 신선도 유지가 필요한 채소류 등은 경쟁력이 있으며, 쇠고기 등 축산물이나 사과 등 과일은 가격 차이는 있으나 품질고급화 등을 통해 시장을 차별화할 경우 경쟁해 볼만한 것으로 분석되었습니다.

곡물류의 경우 옥수수, 밀 등은 이미 사료나 가공용으로 국내 수요의 대부분을 수입하고 있으며 다만 보리나 콩 등 일부 품목의 경쟁력이 취약한 것으로 나타났습니다. 따라서 한미 FTA에 따라 경쟁이 어려울 것으로 예상되는 품목은 제한적이며 국내 농업생산액에서 차지하는 비중도 크지 않을 것으로 예상하고 있습니다. 정부는 한미 FTA가 국내농업에 미치는 영향이 최소화되도록 협상과정에서 최선을 다할 것이며 협상결과에 따라 불가피하게 수입이 늘어나 피해가 우려되는 부문에 대하여는 경쟁력 제고지원, 직불제 등 소득지원, 타 품목으로의 전업지원 등 다각적인 국내대책을 마련할 것입니다.

'자주'라는 이름의 유토피아 – 정부는 이념이 아니라 현실과 시장을 바탕으로 판단

반대하는 사람들도 여러 부류가 있는 것 같습니다. 농민단체나 개방이 예상되는 서비스산업 종사자 등 직접적 이해관계자들이 반대입장을 가지는 것은 그럴 수 있다고 보입니다. 그런데 민노총을 비롯한 노조가 한미 FTA 반대 범국민운동본부를 결성하여 반FTA에 앞장서고 있는 것은 이해하기 어렵습니다. 미국의 노조가 반대한다면 모를까 일자리가 늘어나고 노조에 불이익이 발생하는 것도 아닌데 노조가 앞장서서 한미 FTA를 반대하는 것은 불가사의하기까지 합니다.

다분히 이념적 입장의 반대도 있는 것 같습니다. 한편에서는 우리나라가 중국, 일본, 북한 등 동북아와 협력해야지 왜 미국이냐는 '자주노선'적 이념을 내세우는 사람이 있는가 하면, FTA가 양극화를 심화시키고 분배를 악화시키기 때문에 안 된다는 '분배론자'도 있고,

또 다른 한편에서는 우리는 네덜란드나 북구식 모델을 지향해야지 영미식 자유주의 모델을 추구해서는 안된다고 주장하기도 합니다.

다 좋습니다. 사람마다 이념이 다를 수도 있고 이상주의자도 있기 마련입니다. 그러나 정책을 담당하는 정부는 이상주의나 이념이 아니라 현실과 시장을 바탕으로 판단을 할 수밖에 없습니다. 우리의 현실과 시장은 글로벌 경제에 보다 적극적으로 나설 것을 요구하고 있습니다. 미국과의 FTA는 이를 위해 놓칠 수 없는 기회입니다.

물론 한미 FTA 체결이 우리 경제 문제를 해결해 주는 만병통치약은 아닙니다. 잃을 것도 있고 위험도 있습니다. 이 세상에 공짜 점심 Free Lunch은 없습니다. 위험이 있더라도 그 위험을 능가하는 이익이 있다면 그 길을 택해야 합니다. 그것이 현실입니다.

햄버거 굽는 일자리라고? – 수출시장 확대로 성장 추구, 일자리 창출

정부는 한미 FTA를 통해 수출시장을 확대하고 성장을 높임으로써 일자리를 창출하는 것을 궁극적인 목표로 삼고 있습니다. 거시경제모형을 이용한 분석 결과 한미 FTA가 체결될 경우 50만 개의 일자리가 창출되는 것으로 나타났습니다. 물론 이러한 분석만으로 어떤 산업에서 어떤 일자리가 창출되는지까지 알 수는 없습니다. 그러나 분명한 것은 일자리가 확대된다는 것이며, 특히 사양산업으로 쇠퇴하고 있던 섬유산업 등이 활력을 되찾을 것으로 예상됩니다. 혹자는 '햄버거 굽는 일자리'나 늘어날 것이라는 비아냥으로 FTA의 효과를 폄하하고 있습니다.

최근 세계 최대의 유통업체인 월마트가 우리나라에서 철수했으며 코카콜라, 맥도날드 등 굴지의 다국적 기업이 우리나라에서 적자를 면치 못하는 것으로 알려지고 있습니다. 반면 우리 고유 브랜드의 유통업체, 닭고기 체인, 햄버거 체인 등이 경쟁 우위를 점하고 이중 일부는 중국 등 해외로 진출하고 있다고 합니다. 분명히 '햄버거 굽는 일자리'도 늘어날 것입니다. 그게 무엇이 나쁩니까? 직업에 귀천이 없다는 판에 박힌 말이 아니더라도 우리 고유 브랜드의 햄버거를 굽는 일자리가 늘어난다면 좋은 일이 아닐까요? 또한 우리 브랜드의 닭고기, 햄버거 체인이 외국에 진출하면 외국에서 '햄버거 굽는 일자리'가 늘어날 수도 있습니다. FTA라는 국가적 중대사를 논하면서 사고가 한 쪽 방향으로 경도되는 것은 온당한 태도가 아니라고 봅니다.

한미 FTA가 양극화 심화? – 정책은 추진하되 양극화의 폐해는 보완

양극화에 대한 우려가 많은데 연구결과에 의하면 한미 FTA 자체가 양극화를 심화시킬 소지는 크지 않은 것으로 나타나고 있습니다. 사실 양극화는 글로벌 경쟁 격화, 지식정보화 진전 등에 따라 발생하는 범세계적 현상으로 한미 FTA와 관계없이 진행되고 있습니다. 따라서 양극화가 발생하니까, 또는 양극화가 심화되니까 안 된다라고 하는 것은 올바른 접근방식이라 할 수 없습니다.

필요한 정책은 추진하되 양극화의 폐해를 보완하는 것이 현실적인 해법이라 하겠습니다. 구더기 무서워 장을 담그지 못하는 우를 범해서는 안 되겠습니다. 이에 따라 정부는 한편에서는 FTA 등을 통해 성장과 일자리 창출에 힘쓰고, 다른 한편으로 사회안전망을 확충함으로써 양극화에 대처하고자 하고 있습니다.

열린사회와 닫힌사회, 어느 쪽으로 갈 것인가

요즘 세계적 베스트셀러인 『1421』이라는 책을 보고 있습니다. 저자인 개빈 멘지스Gavin Menzies는 15년 동안 영국 해군의 잠수함 함장을 역임하고 퇴역 후 120개국을 답사한 후 이 책을 저술하였습니다. 책에 따르면 콜럼버스가 아메리카 대륙을 발견하기 70년 전에 명나라의 정화鄭和 장군이 이미 신대륙에 먼저 발을 디뎠다고 합니다. 그렇다면 왜 이 사실이 지금까지 알려지지 않았을까요? 정화 장군의 함대가 명明에 귀환했을 때 정화를 후원했던 영락제永樂帝가 이미 죽고 대외정책이 180도 전환되면서 해외진출을 금지함에 따라 관련 기록이 모두 소실되었다고 합니다.

우리나라는 조선시대부터 밖으로 진출하여 다른 나라와 경쟁하기보다 국내에 안주하면서 우리끼리 다투는 데 익숙해져 왔습니다. 양반 사대부들은 임금이 죽으면 3년 상이 옳은지, 5년 상이 옳은지 등의 문제로 당쟁을 벌이며 싸우다(혹자는 결국 권력투쟁으로 해석하기도 합니다만) 결국 나라 밖의 정세가 어떻게 돌아가는지도 모른 채 근대화의 문턱에서 외세의 침략에 무너지고 말았습니다.

지금도 정치, 사회적 논의가 밖으로 향하지 못하고 국내에서만 맴도는 것 같아 안타까울 때가 많습니다. 20년 전 부탄에 가 본 적이 있습니다. 그곳에 커다란 농원이 하나 있었는데 놀랍게도 일본 사람이 모셔져 있었습니다. 과거 이 일본인이 부탄에 쌀농사를 처음으로 전해준 데 대한 고마움으로 작위까지 받았다고 합니다.

우리 민족이 살 길은 나라 밖으로 눈을 돌려 세계를 지향하며 개방하는 것이지 안에서만 맴돌면서 서로 다투어서는 발전이 없습니다. 『1421』에서 세계의 바다를 누비면서 아메리카 대륙까지 진출하였던 정화 함대의 영광과, 그 후 문을 닫음으로써 유럽제국에 뒤쳐지게 된 중국의 역사는 오늘의 우리에게도 참으로 많은 것을 시사하고 있지 않습니까?

국회청문회, 기꺼이 서겠다

나를 포함한 몇 사람은 앞으로 청문회에 서야 할 것이라고 으름장을 놓는 사람도 있습니다.(7.22. 국민일보). 기꺼이 서겠습니다. 청문회의 본래 취지가 무엇입니까? 국민의 대표인 국회의원들이 중요한 입법이나 정책을 결정하기 전에 그 사안에 관련된 여러 사람의 의견을 청취하는 제도가 아닌가요? 그렇지 않아도 물리적 폭력에 의해 공청회가 거듭 무산되고 경사된 시각의 방송매체와 편향된 반대단체들로 균형 잡힌 논의와 토론이 어렵습니다. 국민들에게 실상이 전달되지 못하는 형편입니다. 청문회를 마다할 이유가 없습니다.

하루빨리 국회가 한미 FTA특위를 구성하고 청문회를 개최하여
논의의 장을 마련하고 국론을 수렴해 나갈 수 있기를 바랍니다.

(2006. 7. 25.)

분열구조의 극복이 시급한 경제적 이유

최근 생산, 소비 등 일부 경제지표가 호전되면서 경기가 곧 회복될 것이라는 희망적인 관측이 나오고 있습니다. 경기가 좋아진다는 것은 물론 반가운 일이지만 경기란 원래 좋을 수도 있고 나쁠 수도 있기 때문에 단기적인 움직임 하나하나에 일희일비할 필요는 없을 것으로 생각됩니다. 그보다는 장기적인 관점에서 우리 경제의 활력, 즉 성장잠재력을 어떻게 극대화할 것인가에 대해 고민해야 할 때라고 생각합니다.

우리 경제는 지난 40년간 눈부신 성장을 지속하여 1990년대 중반에는 1인당 소득이 1만 달러를 돌파하면서 선진국의 문턱에 들어서게 되었습니다. 그러나 그 후로 10년이 지난 오늘 우리의 1인당 국민소득은 여전히 1만 달러 수준을 벗어나지 못하고 있습니다. 마라톤에 비유하자면 출발에서 반환점까지는 순조롭게 달리다가 바로 그 시점부터 체력이 급격히 저하되고 있는 모습이라고 할까요?

선진국의 경험을 보더라도 대체로 국민소득 1만 달러 안팎에서 성장이 둔화되는 모습이 나타났는데 이는 경제가 성숙단계에 접어들면서 투자수익률 하락, 고임금, 출산율 저하 등으로 성장환경이 변하기 때문인 것으로 알려져 있습니다. 그런데 우리나라의 경우 세계화Globalization라는 요인이 가세하고 있습니다.

승자와 패자가 공존하던 과거 보호주의 시대와는 달리 이제 무한 경쟁에서 이기지 못하면 살아남지 못하는 승자독식Winner-Take-It-All의 글로벌 시대에 접어들었습니다. 동아시아만 하더라도 일본 경제가 서서히 부활하는 가운데 중국이 무서운 기세로 약진하고 있어 자칫하면 우리는 이 둘 사이에서 넛크래커Nut Cracker에 낀 호두와 같은 상황에 처할지도 모릅니다.

이처럼 중요한 시기에 지금 우리나라에서는 지역, 이념, 세대, 소득 등 여러 면에서 분열 양상이 노출되고 있어 안타까운 마음이 듭니다. 물론 민주주의 사회에서 다양한 의견은 미덕일 수 있으며 발전의 원동력이 되기도 합니다. 그러나 인종, 지역, 성별 등 비합리적 이유에 근거하여 예단함으로써 초래되는 분열은 합리적 다양성과는 구분되어야 하겠습니다.

지역주의와 같은 비합리적 분열구조는 미래의 발전을 위해 집중해야 할 국민적 에너지를 분산, 소모시키는 폐해를 가져옵니다. 더욱이 이성보다는 감정에 호소하는 측면이 강하고 자기영속적Self-Perpetuating 속성을 지니고 있는 분열구조는 일단 뿌리를 내리게 되면 치유하기가 매우 어렵습니다.

　요즘 표출되고 있는 분열구조의 일단은 독재체제에서 민주사회로, 고도성장기에서 경제성숙단계로 이행하는 과정에서 나타나는 불가피한 측면도 있습니다. 과거 선진국들도 저성장기로 이행하는 과정에서 분배문제 등을 둘러싼 갈등이 있었습니다. 그러나 이들은 공동의 이익을 위한 사회적 합의를 성공적으로 도출함으로써 내부적 갈등을 극복하고 선진경제로 이행할 수 있었습니다.

　우리도 한 단계 높이 도약하여 선진국으로 발돋움하기 위해서는 건전한 토론과 합의를 통해 공동의 비전을 도출하고 이를 달성하기 위해 국민적 에너지를 결집해야 합니다. 그런데 우리 사회의 뿌리 깊은 분열구조가 이러한 사회적 합의를 어렵게 하고 있습니다. 험난한 바다에서 배를 젓는 사공들이 두 패, 세 패로 나뉘어 다툰다면 희망이 없습니다. 세계적인 경쟁력이 없으면 살아남지 못하고 퇴출당할 수밖에 없는 상황에서 분열구조로 인해 내부적 갈등에 에너지를 소비할 여유가 없습니다.

　90년대 중반 이후 이미 10년 동안 제자리걸음을 해 온 우리가 내부적 갈등과 분열을 극복하지 못하면 앞으로 10년 또는 그 이상 정체할 수밖에 없습니다. 우리는 지금 선진경제로 나아가느냐 아니면 영원히 '1만 달러 함정'에서 벗어나지 못하고 이류 국가로 전락하느냐 하는 갈림길에 서 있습니다. 지금 세계경제는 하루가 다르게 변화하고 있습니다. 언제까지 우리는 밖을 보지 못하고 안에서 서로 싸워야 하겠습니까? 우리의 미래는 분열구조를 극복할 수 있느냐의 여부에 달려있다고 해도 과언이 아닐 것입니다. 분열구조의 극복은 정치적 문제이기에 앞서 '빵과 버터'로 상징되는 경제적 문제인 것입니다.

이 같은 이유에서 최근 정치권에서 거론되고 있는 선거구제 개편, 행정구역 개편 등의 논의에 새삼 주목하게 됩니다. 합리적 토론과 의견수렴 과정을 거쳐 좋은 결실을 맺는다면 분열구조 극복을 위한 의미 있는 첫걸음이 될 것으로 기대되기 때문입니다.

(2005. 10. 3. 청와대브리핑)

이동통신사업에 부쳐

작년 한동안 6공 최대 이권 사업이라는 제2이동통신사업 허가를 둘러싸고 장안이 떠들썩한 바 있다. 유수한 재벌업체들이 너나없이 국제적인 컨소시엄을 만들어 수십억의 돈을 써가면서 몇 트럭 분의 자료를 제출하고 도하 각 신문에 대문짝만한 광고를 경쟁적으로 내고 마침내 정부가 그중 한 업체에 허가를 내주었지만 따가운 국민의 비판과 의혹 속에서 얼마 가지 않아 선정된 업체가 그렇게 어렵게 얻은 허가권을 반납하는 제2막의 촌극이 있었다.

이 얼마나 커다란 국력의 낭비인가. 그러나 이야기는 여기서 그치지 않는다. 제2이동통신이 결국은 있어야 하는 마당이라면 정부는 조만간에 다시 동 사업의 허가 절차에 들어갈 터이다. 물론 세상이 바뀌어 이제 뒷거래와 정치 헌금이 없을 문민정부의 결정일 만큼 엄격하고 공정한 심사를 거쳐 신청 업체 중 가장 적격한 업체를 선정하고 떨어진 업체나 국민 대중은 이를 당연히 받아들일 것이다.

그러나 과연 그럴까. 십중팔구 떨어진 업체 보고 말하라 하면 특혜의 시비를, 국민들은 또 한 번 의혹의 눈길을 보내게 될 것이다, 왜 그런가. 정권은 바뀌었지만 그리고 설혹 정치적 거래가 없었다 해도 허가 절차 자체에 근본적인 문제가 있기 때문이다.

통상 정부의 허가 절차는 사전에 정한 기술 및 자금요건을 갖춘 신청 업체(작년의 경우 일부 대재벌 업체는 제외되었다)의 신청서류를 제반 심사기준에 비추어 심사하여 그 결과를 점수화하여 예컨대 총점 1,000점 중 득점결과가 763, 760, 756 등등이 되었다면 그중 최고 점수 763을 얻은 업체에 허가를 내주는 식이다. 일견 매우 공평한 제도임에 틀림없다. 그러나 이 형식적 공평성의 껍질을 하나만 벗겨내면 그것은 아무런 실질적 공평성도 타당성도 없는 허구에 불과하다는 것이 곧 증명된다. 위의 예에서 본 점수차는 기실 별 의미가 없는 허구의 숫자에 불과하다. 왜? 차점의 760이나 756점을 받은 업체도 제2 이동통신 사업을 하는 데 아무런 결격이 없으며 국민 경제적 입장에서는 아무런 차이도 없기 때문이다. 제2이동통신사업에 필요한 기술은 이미 세계 시장에 널리 알려진 기술이고 어느 업체가 되었든 결국 기술은 외국업체로부터 도입할 것이다. 그 차이란 별로 없는 실정이다. 그 밖에 자금이나 기술 인력이라 해도 허가만 주어지면 누구든 동원할 수 있는 것에 불과하다. 극단적으로 종로 네거리 지나가는 아무에게 허가를 주어도 그 허가만 있으면 기술이든 자금이든 하루아침에 다 동원될 수 있는 것이 현실이다. 기술은 세계의 유수한 업체가 서로 내려 할 것이고 (이미 개발된 동 기술의 회사 간 차이란 미미하다) 자본금이 되었든 대출금이 되었든 자금은 국내업체들이 서로 다 못 내서 발버둥을 칠 것이다.

그렇다면 기왕의 정부의 방식은 기실 별 의미가 없을뿐더러 결국 특정 업체에 커다란 특혜를 안겨주는 편법에 불과하다고 하겠다. 정치 자금을 받고 내주고 하던 구습도 문제이지만 정치 자금마저 없이 순전히 의미도 없는 심사기준에 의해 허가된다면 경제적 관점에서의 실질적 볼공평성과 결과적인 불로소득은 엄청나다 하지 않을 수 없다.

정부가 이동통신사업 등 전파사업을 허가하는 근본취지는 그냥 자유롭게 놔두는 경우 난립으로 인하여 제한된 전파공간의 혼란을 가져와 궁극적으로 국가에나 이용자인 국민 모두에게 해롭다는 인식에서이다. 여기에 세계 어느 나라에서나 정부가 전파사업을 규제하는 근거가 있다. 규제는 그러나 독점이익을 자져온다. 어느 누구든 제2이동통신의 허가를 받으면 그러한 독점이익의 수혜자가 되고 21세기의 첨단 산업인 통신 분야의 기득권을 차지하게 되어 가히 황금알을 낳는 거위를 갖는다는 것은 삼척동자도 다 아는데 그런 황금알을 별 의미도 없는 숫자 놀음으로 준다고 해서야 그 얼마나 어처구니없는 일인가.

1993년 9월 24, 25일자 「아세안 월 스트리트 저널」에 의하면 1993년 9월 23일 미 연방통신위원회는 무선전화 기능과 함께 컴퓨터 팩시밀리 그리고 비디오 기능까지도 함께 가능할 것으로 여겨지는 차세대 통신기술인 소위 "개인 통신 사업Personal Communications

Services"의 공개 경매를 위한 기본 규칙을 제정하고 동 공매를 통하여 백억 달러 정도의 수입을 예상하고 있다고 한다. 바로 이것이다. 우리도 제2이동통신사업의 허가권을 경매하면 모르긴 몰라도 수백억 내지 수천억의 국고 수입이 되어 정부와 국민은 이익을 보고 또 그보다 적게 써 넣어 떨어진 경쟁업체도 당연한 경쟁의 결과로 받아들일 것이다.

혹자는 그런 대가를 내게 해 보았자 결국은 선정된 업체가 나중에 통신 요금의 인상을 통하여 그 벌충을 하기 때문에 별 의미가 없다고 주장한다. 물론 있을 법한 일이다. 독점 사업자의 경우라면 그렇다. 그러나 잊지 말아야 할 것은 제2이동통신은 기존의 한국이동통신이라는 경쟁자가 있다는 사실이다. 물론 양사가 담합할 수도 있으리라. 이는 공정거래위원회가 담당할 일이다. 그리고 앞으로 제3이동통신이 없으리라는 법도 없고 앞의 미국의 예에서 보듯이 차세대 기술과의 경쟁도 머지않았다. 또한 혹자는 그러한 경쟁 입찰이 결국 나중 고가로 지불한 회사의 부실화를 초래하여 소기의 사업성과를 제대로 못하게 한다고 주장한다. 그러나 보장된 막대한 시장이 있는데 기업이 망한다는 것은 너무나도 현실을 모르는, 기우에 지나지 않는다.

새로운 문민정부에 의한 제2이동통신사업 선정이 깨끗한 정부와 실질적 형평을 향한 국민 공감 형성의 큰 계기가 되기를 바라 마지않는다.

(1993. 10. 18.)

재벌3세와 회계장부

내가 우연히 알게 된 재벌3세 학생이 하나 있다. 현재 미국의 조그만 시골 대학에 있다. 대학을 마친 후 유수한 MBA 과정을 거쳐 귀국시켜 조만간 경영을 맡게 하는 것이 부모의 바램이다. 그러나 본인은 미국에서 그냥 편안히 살았으면 한다. 아버지가 제왕처럼 떠받들어지는 것을 보면 자기도 그렇게 받들어지는 것이 싫지는 않지만 그래도 매일매일 긴장 속에서 살기보다는 어차피 돈은 문제가 되지 않을 테니 미국에서 자유롭고 편안히 살고 싶은 것이다. 현재 학교 성적도 그렇게 좋지 않다. 공부가 잘 되지도 않고 또 공부를 꼭 잘해야 된다는 생각도 들지 않는다.

십중팔구 이 재벌3세는 그러나 본인의 희망에 관련 없이 조만간 귀국하게 되어 수조 원의 자산과 수만 명의 종업원을 거느린 그 재벌 그룹의 후계자가 되게 될 것이다. 그리하여 본인의 의사나 의도에 관계없이 재벌의 주인으로서 수조 원대의 자산과 부채를 통하여 우리나라 전체 경제의 일익을 담당하고 수만 명의 종업원과 가족의 인생과 생계를 좌지우지하게 될 것이다.

나라를 위해서나 종업원들을 위해서나 재벌3세 본인을 위해서나 이것은 바람직한 일이 아니다. 경영능력도 경영정신도 전혀 검증받지 않은 젊은이가 단지 재벌가문에 태어났다는 이유만으로 국가 경제의 한 기둥을 맡게 된다면 얼마나 불안한 일인가. 그런 젊은 오너의 일거수일투족에 자기 인생을 걸어야 하는 수만 명의 재벌기업 종업원을 생각해 보라.

제발 재벌3세가 미국에서든 어디서든 맘대로 편안히 살게 좀 내버려 두자. 그러면 본인도 행복하게 자기 인생을 살고 기업들은 검증받은 전문 경영인들이 잘 경영해서 더 많은 돈을 벌어 그에게 배당해주면 되는 것이다. 왜 안 되는가? 장자 세습의 유교적 사상도 큰 원인이지만 결국은 자기 자식이 그래도 가장 믿을 수 있다는 불신의 논리가 크다.

회사가 정상적으로 경영되고 경영의 결과가 합리적 회계기준에 의하여 재무제표로 작성 공표되는 다른 나라의 경우 굳이 본인이 일선에 나서 경영을 직접 하기보다 전문 경영인으로 하여금 경영을 하도록 하면 회사는 더 발전하고 본인의 이익배당을 더 커질 것이다. 본인은 매일 골프만 쳐도 부는 더 커지는 것이다.

그런데 우리나라에서는 이것이 안 된다. 왜? 우리나라의 기업경영이 정상적이 못되고 특히 회계장부가 엉터리이기 때문이다. 비자금은 차치하고라도 분식회계, 부실회계가 대부분인 현재의 회계장부로는 기업 내용이 실제로 얼마나 건전한지, 실제로 얼마나 이익을 내는지 도저히 알 수 없다. 그러니 경영에서 손 뗀 대주주로서는 불안할 수밖에.

왜 우리나라 회계장부가 그렇게 엉터리인가. 수많은 공인회계사들이 작성하고 매년 내로라하는 회계법인들이 감사하여 발표하는 회계장부들이 어떻게 엉터리란 말인가. 그 대답은 간단하다. 현재의 회계장부는 단지 법에 의해 강제되어 작성될 뿐 아무도 그것을 제대로 만들려고 하지 않고 믿지도 않기 때문이다. 기업은 맘대로 분식해서 만들고 이를 적발하고 시정해야 할 회계법인과 공인회계사들은 기업의 눈치를 보느라 야합을 한다.

이런 엉터리 회계실태를 고치려면 어떻게 해야 하는가. 기업의 돈줄을 죄고 있는 은행과 금융기관이 기업의 회계장부를 보기 시작하면 된다. 현재 은행 등 금융기관이 기업에 돈을 빌려줄 때는 기업의 건전성이나 수익성 등 재무제표를 보고 결정하는 것이 아니라 다만 담보가 있느냐 없느냐를 보고 결정하는 것이다. 담보위주 대출을 하고 있는 한 금융기관은 재무제표를 심각하게 볼 필요가 없다. 금융기관들이 담보 없이 신용대출하도록 해야 싫으나 좋으나 기업의 실상을 알아야 하고 그 실상을 알기 위해서는 회계장부를 읽어야 하고 회계장부를 통하여 기업의 실상을 알려고 하는 과정에서 부실회계장부가 밝혀지게 되기 때문이다.

금융기관이 기업이나 개인에게 대출을 하거나 투자를 할 때 담보를 확보하는 것을 금지하고 신용조사 후 신용만으로 대출과 투자의 결정을 하도록 강제할 필요가 있다. 오늘날 우리가 겪고 있는 경제위기의 원인인 과다차입에 의한 기업 부실과 금융자산부실은 따지고 보면 이런 담보 대출에서 비롯되었다고 보아도 과언이 아니다. 수익성이 하나도 없는 회사도 자기 명의든 제3자 명의든 담보만 가져오면 대출을 해 준대서야 부실이 안 되고 배길 수 있는가?

금융기관들이 신용조사를 철저하고 신용대출을 할 때 기업도 제대로 되고 회계도 제대로 되고 모든 것이 정상으로 되돌아가게 될 것이다. 1999년부터는 대출담보제도를 완전히 금지하자. 그러면 우리의 금융제도도 정상화, 국제화되고 순진한 재벌3세도 편안히 자기 생활을 가질 수 있을 것이다.

(1998. 5.)

스톡옵션과 구조조정

국경 장벽이 없어진 지금 국가든 기업이든 개인이든 국제적 경쟁력이 없으면 설 자리가 없다. 우리는 IMF 경제위기 과정에서 경쟁력을 상실한 국가나 기업은 하루아침에 무너진다는 값비싼 교훈을 얻었다. 지난 88년 민주화 과정 이후 IMF 위기까지 10여 년간 우리나라의 임금은 100% 이상 급격하게 상승해 중국은 말할 것도 없이 우리의 경쟁국인 싱가포르나 타이완의 2배 이상의 인상률을 보였다. 우리의 20분의 1밖에 안 되는 임금으로도 무한한 노동력이 대기하고 있는 중국에 매년 500억 달러 이상의 외국인 투자가 이뤄져 중국은 전 세계에서 우리 기업과 제품을 일거에 몰아낼 지경에 있다. 지금 우리가 비교우위를 가졌다는 반도체와 자동차·조선도 수년 내에 중국이 우리를 추월하리라는 예상이 지배적이다.

노동생산성 높이는 정책 필요

60년대 이후 30년간의 고속성장 속에서 우리는 두 자리 숫자의 임

금인상률과 고용인원의 지속적 확대를 당연시해왔다. 기업이 수지를 못 내면 임금은 떨어질 수도 있고 기업이 망하면 전 직원은 모두 실업자가 된다는 사실을 우리는 아직도 받아들이는 데 익숙하지 못하다. 대우자동차 노조원들은 근로자들만 희생을 강요하는 구조조정에 반대한다고 파업을 했다. 그러나 어디 근로자들뿐인가 김우중 씨는 패가망신해 해외도피 중이고 10명이 넘는 대우 경영자들이 기소되는 등 손해배상책임에 직면하고 있다. 그러나 노조가 주장하는 것처럼 작금 풍미하는 신자유주의가 부익부 빈익빈의 양극화로 가는 약탈적 자본주의의 실상을 갖고 있다는 것은 부인할 수 없다.

스톡옵션은 동기부여 효과

따라서 근로자의 경제적 지위를 향상시키는 적극적 정책을 정부는 시행해야 한다. 그러나 그러한 정책은 우리 기업의 국제경쟁력 즉, 노동생산성을 높이면서 이뤄져야 한다. 그 길이 바로 종업원에 대한 주식매입권Stock Option제도를 광범위하게 도입하는 것이다. 정부는 지난 2년 동안 기업·금융·공공·노동의 4대 개혁을 추진해왔다. 구조조정의 근본 목적은 우리 경제의 경쟁력을 회생시키는 데 있다. 그러나 구조조정의 성과는 좋게 말해 절반의 성공에 그쳤다. 개혁이 실패한 가장 큰 원인은 국민 대다수가 개혁의 필요성에 대해 총론적 공감은 갖지만 막상 자기 자신의 회사와 직장이 관련되면 변화를 거부해 개혁이 정부의 강권에 따라 시늉만 하는 데 머물렀기 때문이다.

구조조정과 개혁이 일시적인 것이 아니라 지속적으로 성공하기 위해 필수적인 조건은 개혁의 당사자들이 자발적으로 참여하게 하는 동기부여에 있다. 그 대안이 바로 스톡옵션이다. 임금인상은 근로자의 복지를 가져오지만 생산코스트의 상승을 가져와 해당기업의 경쟁력의 저하를 가져온다. 스톡옵션은 생산코스트의 상승 없이 근로자의 소득증대를 가져다줄 뿐 아니라 근로자들로 하여금 회사의 경쟁력 향상을 위해 더욱 열심히 일하게 하는 동기를 부여한다.

혹자는 과거의 우리사주제도의 실패를 들어 스톡옵션에 부정적이기도 하나 과거의 우리사주와 스톡옵션은 근본적으로 차이가 있다. 우리사주의 경우 종업원들이 처음부터 목돈을 투자해 주식을 사야 하는데 살 때에 시세보다 30% 싸게 사도 나중에 주식가격이 떨어지면 손해 보는 수도 많아 IMF 위기에서 오히려 천덕꾸러기가 됐다. 그러나 스톡옵션의 경우 당장 주식을 사야할 필요가 없기 때문에 목돈을 투자하는 데 따른 위험도 없고 나중에 유리한 때 주식을 매입해서 차익을 남기고 팔 권리만을 갖기 때문에 근로자에게 훨씬 더 유리하다.

노동조합들도 지금처럼 무조건 구조조정에 반대하고 회사가 적자인데도 임금인상을 요구할 것이 아니라 보다 광범위한 스톡옵션 제도의 도입 등 회사도 살고 근로자도 실질적으로 혜택을 볼 수 있는 대안들을 제시할 때다. 회사가 살고 경쟁력을 갖기 위해서는 구조조정이 필요하고 구조조정의 일부로써 감원도 불가피하다. 감원되지 않은 남은 근로자들에 대한 임금도 억제돼야 한다.

우리사주보다 근로자에 유리

그 대신 모든 근로자에게 광범위하게 스톡옵션을 주고 나아가 정리해고 된 근로자에게도 스톡옵션을 부여해 그들도 본인이 퇴사함으로써 향상된 회사의 이익을 균점할 기회를 줌이 마땅하다. 이 제도는 또한 어려울 때는 근로자에게 희생을 요구하는 반면 좋을 때는 모든 이익을 독점하는 우리의 후진적인 기업윤리의 개선에도 효과적일 것이다. 오늘 우리가 직면한 전 지구적 경쟁시장에서 살아남기 위해서는 우리 기업의 경쟁력을 높이면서도 분배의 형평을 실현하는 새로운 발상이 절실하고 그 중심은 스톡옵션 제도의 광범위한 도입에 있다.

(2001. 3. 23. 서울경제)

교보증권 보상체계 개선안에 대하여

우리 교보증권 이사회는 지난 8월 16일 이사회 간담회와 오늘 제 66기 제7차 이사회에서 회사의 "보상체계 리뷰 및 개선대책"을 보고 받았습니다.[2]

그간 우리 회사는 빈약했던 영업조직을 확장하고 그 역량을 충족키 위해 우수인재의 영입, 업계의 영업촉진 체계 등을 도입하는 과정에서 다양한 보상구조가 우후죽순 격으로 도입되고 또한 유사한 제도가 중첩되기도 하는 등 총체적 파악이 어려울 만큼 정제되지 못한 상태로 운영되고 있었습니다.

또한 2008년 글로벌 금융위기 이후 전 세계적인 문제로 대두된 리

---

2 본인은 2007년부터 7년 동안 교보증권의 사외이사로 참여했고 후반 4년은 이사회 의장을 맡았다. 이사회가 거수기라는 바판도 많고 부인할 수 없는 현실이지만 교보증권 이사회는 정말 모범적으로 역할을 다 해오고 있다. 매달 이사회가 열리고 이사회 전에 간담회를 열어 몇 시간씩 관심안건을 검토하고 토론한다. 우연히 이 글이 내 컴퓨터에 있기에 교보증권에 대한 추억을 담아 올린다.

스크 관리에 입각한 보상시스템의 도입 필요 등은 우리 회사에서도 당면한 현안이 되고 있습니다. 더군다나 금융 감독 당국에서도 올해 1월부터 "금융투자회사 성과보상체계 구축방안"을 제시하며 "건전한 보상원칙Principle for Sound Compensation Practices"을 발표하고 '금융투자회사 성과보상체계 모범규준'을 마련하기도 하는 등 그동안 해외 금융선진국 등으로부터 무분별하게 도입된 성과보상체계를 개선토록 촉구하고 있습니다.

우리 회사와 같은 금융투자회사(증권회사)에서 우수한 인적자원을 영입하고 그의 역량을 충분히 발휘케 하는 동인으로서의 성과보상 시스템의 적절한 구축이야말로 우리 회사의 가치를 증진하는 핵심 전략의 일환이라 할 수 있습니다. 하지만 그동안 누적적으로 확대되어 하방경직성을 가진 보상시스템의 개선 필요성이 여러 차례 주주 및 이사회 등에서 꾸준히 제기된 바 있었으나, 그 필요성에도 불구하고 조직원 및 노동조합 등과의 마찰을 우려한 나머지 회사에서는 소극적으로 대응했던 것이 사실입니다.

호황이든 불황이든 회사 수익의 다소에도 불구하고 회사의 비용 구조 특히 인건비의 경직성은 회사의 재무구조를 악화시키는 요소가 되었으며 그에 따라 회사의 경쟁력을 약화시키는 요인이라 누차 지적된 바 있습니다.

이에 올해 6월 구성된 이사회에서도 초기 3개월간 회사의 주요과제를 가지고 집중 심의코자, 집행부에 "인사 및 보상시스템 개선에 관한 과제"를 부여한 바 있으며, 인력지원실 등 주요부서의 2개월여의 집중적인 검토 결과 본 보고서를 접하게 되었습니다.

이번 보고에서는 현행 회사의 보상시스템을 합리적으로 개선하고 효율성을 강화하기 위한 여러 가지 실천과제와 상기 '금융투자회사 성과보상체계 모범규준' 등에서 요구하는 본사 영업보상 시 리스크 연계성 강화를 위한 실천과제를 제시하고 있으며, 특히 회사의 비용구조 개선을 위한 '리테일 인건비 구조개선'의 도입을 위한 실천 과제 등으로 이슈별, 기간별로 분류되어 차례차례 진행되도록 구성되어 있습니다. 지난주 월요일 간담회와 오늘 이사회에서 활발한 논의가 있었습니다. 이를 다음과 같이 정리할 수 있겠습니다.

첫째, 보고안건에는 무엇이 문제이고 어떻게 접근해야 되는가에 대해 잘 제시되어 있는 것으로 판단됩니다. 이제 남은 과제는 회사의 조직원과 노동조합의 긍정적 동의와 적극적 협조를 도출하여 상기 여러 실천방안들을 신속하게 시행하여 회사 경쟁력 강화의 디딤돌이 되도록 만드는 것입니다. 이대로 가면 우리 리테일 부문은 고사할 것이란 현장의 위기감은 우리 조직원 모두가 공감하고 있는 사항일 것입니다. 성과주의로 가는 것은 해도 되고 안 해도 되는 선택사항이 아니고 우리 회사가 살아남기 위해서는 하지 않으면 안 되는 생존전략이라는 점을 조직원 전원이 공유해야 한다는 것입니다.

둘째, 보상시스템의 개혁은 일부의 수정이 아닌 "보상시스템의 단순화·명료화"라는 기본 명제를 주축으로 조직원 누구나가 이해하고 공감하는 구조로 만들어 가야 한다는 것입니다. 일부 조직원들에게는 성과주의적 보상시스템의 도입이 결국 임금삭감으로 가는 것 아닌가 하는 오해를 갖게 될 수도 있습니다. 하지만 임금의 총량은 줄어들지 않고 늘어납니다. 다만 연도별, 부서별, 개인별로 차이가 있게 되는 것뿐이라는 점을 조직원 모두에게 알려 우려가 없도록 해야겠습니다.

셋째는 본 보고에서는 "What to do"에 대해 잘 정리되어 있으나, 결국 어려운 부분은 "How to do"에 있다는 점입니다. 우선과제들에 대하여는 빠른 시일 내에 구체화시켜 시행에 들어갈 수 있도록 해줄 것을 요청합니다. 행여 노사 간의 공방으로 실기하는 우를 범해서는 안 되겠습니다. 급격히 글로벌화되고 변화는 자본시장 상황과 지금 이 순간에도 경쟁에서 살아남기 위해 절차탁마하는 우리의 경쟁기업들은 결코 우리 회사를 기다려주지 않을 것이기 때문입니다.

특히 리테일 영업의 경쟁력 제고는 발등의 불입니다. '리테일 인건비 구조개선'의 도입을 위한 실천 과제가 보고서의 일정에 따르면, 2010 사업년도에 협의를 시작하여 2011 사업년도에 합의하는 것으로 되어있는 있습니다만, 그 중요성을 감안한다면 2010 사업년도에 확정하여 2011 사업년도부터 실행에 들어갈 수 있도록 해주었으면 합니다.

이를 위해 이사회도 우리 경영진과 함께 고민하고 조직원을 설득하는 일에 앞장설 것이며, 필요하다면 토론의 현장에도 함께 나설 것을 약속합니다. 또한 이번 논의 이외에도 9월 이사회에서는 "리테일 부문 경쟁력 회복을 위한 여러 과제"들도 심의하여 회사의 경쟁력 강화를 위한 대안 마련에 최선을 경주하겠습니다.

교보증권은 우리나라 최초의 증권회사입니다. 그러나 이대로 가면 조만간에 중소 한계회사로 전락하지 않는다는 보장이 없습니다. 위기는 기회라고 하였습니다. 우리 모두가 이러한 인식을 공유하고 우리의 자존심과 열정을 다할 때 교보증권과 우리는 같이 살 것입니다. 우리 회사의 경쟁력 있는 미래를 위해 전 임직원이 함께 노력에 동참할 것을 촉구합니다.

(2010. 8. 24.)

21세기 輸銀의 進路와 課題[3]

안녕하십니까? 반갑습니다. 제가 여러분과 인연을 맺은 지도 1년이 넘어갑니다. 그동안 비교적 자유스런 입장에서 여러분들과 대화를 나누는 과정에서 많은 분들이 수은의 비전Vision에 대해 막연한 의구심을 갖고 있다고 느껴왔습니다. 오늘 이 자리에서 이런 주제로 저보다도 훨씬 고민을 많이 하셨을 여러분 앞에 서다 보니 매우 조심스럽습니다만, 보다 객관적인 입장에서 나무보다 숲을 그려보는 기회로 알고 시작하겠습니다.

수은의 장래에 대해 생각할 때 우리는 우선 수은이 처한 국내외 환경을 생각해 보는 것이 순서일 것입니다.

우선 국제적인 환경을 생각할 때

---

3 이 글은 2000년 2월 24일 수출입은행 임직원을 대상으로 개최되었던 행내 특강 내용을 정리한 것이다.

166

첫 번째로 우리는 엄청난 변화의 시대에 살고 있다는 것입니다. 지난 10년의 변화가 과거 100년의 변화를 뛰어넘고 있습니다. 이러한 변화는 앞으로 더 빠르게 끊임없이 진행될 것입니다. 중요한 것은 이러한 변화가 수은의 장래에 어떤 의미를 주고 있는가를 파악하고 적절한 대응책을 마련해야 한다는 것입니다.

두 번째는 급속한 글로벌라이제이션Globalization입니다. 정보통신의 혁명적 발달은 WTO 체제하에서의 국가 간 장벽을 허물고 있습니다. 이제는 글로벌 마켓Global Market에서 전 세계의 경쟁자와 경쟁하지 않으면 안 됩니다. 세계 일류가 되지 않거나 남이 따라올 수 없는 자기만의 고유한 영역이 없으면 생존할 수 없게 됩니다.

셋째, 리스크Risk가 급격히 확대되고 있습니다. 글로벌 마켓에서는 어떤 경제활동을 하든 불가피하게 각종 리스크에 노출될 수밖에 없습니다. 컨트리Country 리스크. 파이낸셜Financial 리스크, 환리스크, 테크놀로지Technology 리스크 등 모든 리스크에 남보다 앞서서 적응하고 대응해 나가는 것이 성패의 관건이 될 수밖에 없습니다.

넷째, 경제의 금융화와 증권화가 급속히 진전되고 있습니다. 과거 산업자본을 보좌하였던 금융자본이 이제는 역으로 산업자본을 지배하는 시대입니다. 또한 리스크 확대에 따른 위험분산을 목적으로 증권화가 빠르게 진전되면서 고도로 정교한 금융기법들이 속속 등장하고 있습니다. 수은의 경우에도 새로운 환경 속에서 새로운 금융기법을 여하히 업무에 활용해 나갈 것인가가 중요한 과제로 등장하고 있습니다.

이제 국내 환경으로 눈을 돌려보겠습니다.

우선은 국내적으로 금융산업의 빅뱅Big Bang이 진행되고 있습니다. 아시다시피 최근 우리나라에서도 과거 전통적인 은행·증권·보험 등 금융업종 간 업무 장벽을 허물고 겸업화의 길로 가고 있습니다. 이와 함께 새로운 예금자보호법의 시행을 계기로 금융산업 내 구조조정도 더욱 가속화되리라고 봅니다. 최근 멕켄지McKinsey 금융산업보고서에 따른면 2010년에는 우리나라의 금융기관이 1996년 대비 1/3로 줄어들 것이라 합니다. 외국 금융기관과의 경쟁도 더욱 심화될 것입니다. 역시 멕켄지 보고서에 따르면 2010년에는 외국금융기관이 우리나라 전체 금융자산의 40%를 소유할 것으로 예측되고 있습니다. 우리 금융기관들이 현재의 낙후성을 벗어 던지지 못할 경우에는 외국금융기관에게 국내의 잠재적 금융수요를 빼앗기게 되리라는 것은 불을 보듯 뻔한 일입니다.

이상과 같은 급격한 금융환경의 변화 속에서 우리 수은의 좌표를 어떻게 설정할 것인지에 대해 살펴보겠습니다.

수은의 장래에 대해 많은 사람들이 우려하는 근거에는 다음과 같은 것들이 있을 줄로 압니다. 우선 정책 금융은 축소되고 있는 반면, 외국 금융기관의 국내 진출에 힘입어 시중은행의 자금 조달 능력이 확충됨에 따라 수은의 중장기 연불수출금융 분야의 독자성이 침해

될 것이라는 우려입니다. 그러나 최근 국제입찰 시 금융의 주선 여부가 거래 성사의 필수 조건이 되는 데서 보듯이 수출의존형 경제인 우리나라에 있어서 수출 금융의 필요성은 앞으로 더욱 강조될 것으로 보입니다. 이러한 수출 금융에 대한 수요를 시중은행들이 모두 만족시키기는 어렵다고 봅니다. 시중은행들은 수익성이 강조되면서 오히려 소매금융 쪽으로 관심을 이동시키는 추세에 있어 수출금융에 있어 수은의 역할은 더욱 강조될 것입니다.

시중은행과의 관계도 생각해 볼 문제입니다, 중장기 연불수출금융은 고유업무로서 계속해 나가야겠지만, 여타 수출금융에 있어서 시중은행과 경쟁하여야 할 것인지가 논의되어야 할 것입니다. 과거 수은의 진로에 관한 KDI 용역보고서나 수은 내부보고서를 보니 두 보고서 모두 앞으로 수출과 관련된 모든 금융 서비스를 제공하는 방향으로 나아가야 한다는 비전을 제시하고 있습니다. 저도 기본적으로 그런 방향에 동감하는 사람입니다. 앞으로 수은은 수출보험공사와의 통합을 전제로 우리나라 기업의 수출 및 해외 진출과 관련된 모든 금융·보증·보험서비스를 패키지Package로 제공하는 종합수출금융기관으로 자리매김되어야 할 것으로 봅니다.

또 한 가지는 수출보험공사와의 업무 관계입니다. 소관 부처가 상이하여 많은 난관이 있을 것으로 보입니다. 할 수만 있다면 두 기관이 하루빨리 통합하는 것이 바람직하다고 생각합니다.

수은이 앞으로 이런 방향으로 나아가기 위한 대전제는 무엇보다도 재정적 자립기반의 확보에 있습니다. 계속적인 흑자 전략이 모색되어야 할 것입니다. 시중은행과 똑같은 잣대의 BIS 기준은 아니더라도 자산의 건전성도 반드시 유지되어야 한다고 봅니다.

수은의 향후 좌표를 부족하나마 위와 같이 설정해 봤을 때, 이를 위해 우리 모두가 앞으로 어떻게 해 나갈 것인가가 중요합니다.

첫째, 수은의 자생력과 주체성을 강화해야 할 것입니다. 지금까지 정부의 정책 집행 기관으로서 안주해 오지 않았나 반성이 필요합니다. 과거 정부의 정책은 이제 시장의 논리에 의해 점차 대체되어가고 있습니다. 정책 대안을 제시하고, 정부를 설득하는 적극적 자세를 가지시기 바랍니다.

둘째, 급변하는 변화에 능동적으로 대처하는 자세가 필요합니다. 과거에는 대부분 대기업여신 위주로 앉아서 장사했겠지만 이제 무한 경쟁시대를 맞아서는 기업들의 금융 수요를 현장에서 발로 뛰며 파악하는 자세가 중요합니다.

셋째, 조직의 정비입니다. 극심한 변화에 순발력 있게 대처하기 위해서는 무엇보다도 조직이 가벼워야 합니다. 조직을 분사分社의 기본 원칙에 입각하여 쪼개고 권한을 하부 위임함으로써 유연하게 만들어야 합니다. 실적에 따라 보상하는 성과 조직으로의 전환은 거스를 수 없는 추세입니다. 물론 실적 평가를 어떻게 할 것인가가 어려운 점입니다만, ADB 같은 기관도 처음에는 외부 전문기관의 도움을 받아 실적평가제를 도입한 줄로 압니다. 수은이 안 될 이유가 없습니다.

또한 경쟁시대에 살아남기 위해서 조직은 반드시 전문화되어야 합니다. 조직의 전문화를 이루기 위해서는 우선 조직이 수직적에서 수평적으로 바뀌어야 합니다. 수직적 조직에서는 잦은 인사이동으로 인하여 전문화가 어렵습니다. 수직적 조직에서는 커뮤니케이션Communication이 활성화될 수 없고, 정보의 공유에 한계가 있습니다.

지금까지 향후 수은의 좌표에 대해 두서없이 말씀드렸습니다만, 결국 모든 것은 사람이 하는 것입니다. 여러분 모두가 수은의 공동 목표를 위해서 서로 신뢰하고 힘을 합치는 것이 앞으로의 성패를 좌우할 것이라는 말씀을 드리면서 이만 맺도록 하겠습니다.

감사합니다.

눈을 들어 세계를 보라

몇 년 전 미국 New Mexico의 인디안 보호자치구에 있는 관광품점에서 인디안 민속품을 샀더니 Made in Korea였다.

어제 지리산에 갔다가 더워 밀짚모자를 샀더니 Made in China였다. 확실히 우리가 사는 오늘은 국제화된 지구촌이다. 교통과 통신의 비약적 발전은 전 세계를 하나의 생활권으로 만들었으며 전후 50년간의 자본주의 경제발전과 통합화는 이제 생산제품은 물론 생산요소의 국경 간 이동을 보편화하였다. 이제 원하든 원하지 않든 우리는 세계시장의 한가운데서 살고 있다.

작년에 타결된 우루과이라운드를 들 것도 없이 이제 우리 기업 하나하나가 세계시장에서 경쟁력을 갖지 못하면 도태된다는 현실은 잘 알려진 사실이다. 그런데 우리 개개인도 마찬가지로 세계시장에서 경쟁력을 갖지 못하면 도태되고 만다는 또 하나의 현실은 아직 충분히 인식되지 못한 것 같다. 세계시장으로부터의 도전은 기업뿐만 아니라 우리 모두에게 – 학생은 학생대로, 교수는 교수대로, 대학은 대학대로, 나아가 정부는 정부대로 – 대답을 요구하고 있다.

경쟁력 제고의 첫 번째 과업은 전문화라고 하겠다. 이제 아무도 여러 분야에서 다 잘할 수는 없다. 한 분야에 전념하지 않으면 시시각각으로 변하는 방대한 관련 정보의 소화도 어렵게 되어 버린다. 우리의 전통적인 비전문가 체제Generalist System는 이런 관점에서 재고되어야 한다고 본다. 대학졸업생은 자기 분야의 전문가로 사회를 출발하여 실무를 통하여 전문가로서 자기 분야를 개발해 나갈 수 있어야 할 것이다.

그러면 우리는 어떤 분야를 자기의 전문으로 할 것인가. 답은 자기가 남보다 제일 잘할 수 있는 분야일 것이다. 개인에 적용된 비교우위의 법칙이다. 그런데 과연 자기는 남보다 무엇을 더 잘할 수 있는가? 남보다 뛰어난 것이 하나도 없는 사람도 남보다 잘할 수 있는 것은 곧 자기가 해서 즐거운 일, 해서 신나는 일을 하면 된다. 시장 세계화의 한 가지 장점은 아무리 작고 사소한 것이더라도 제대로 잘만 하면 누군가 그것을 필요로 하는 수요가 있기 마련이라는 점이다. 내가 아는 어떤 사람은 법학을 전공했는데 대학졸업 후 20년 동안 검도를 좋아하고 계속함으로써 이제 동창들의 부러움을 사고 있다. 전설적인 미국 Microsoft사의 빌 게이츠를 예로 들 필요도 없이 컴퓨터 게임을 좋아하는 사람은 컴퓨터 게임을 정말 열심히 해서 정말 신나는 게임을 만들어 볼 일이다. 히말라야의 오지에 있는 소왕국 부탄에 가면 부탄왕으로부터 작위를 받고 저택에서 사는 일본인이 있다. 부탄에 좋은 농업기술을 전수한 후 그곳에 정착해 살고 있다.

격변하는 세계 지구촌의 도전을 현실로 실감하는 데 가장 좋은 방법은 역시 나가서 직접 체험해 보는 것이다. 우리 인하대생들도 가능한 한 재학 중이거나 졸업 후 1년쯤 교환학생이든 국제협력단의 요원으로든 여러 가지 방법으로 해외에 나가 생활해보는 것을 적극 권하고 싶다. 자기가 속한 일상의 생활과 고정관념을 털어버리고 세계 속에 혼자 서 보면 자기가 과연 무엇을 하고 싶은가, 할 수 있는가, 또 해야 될 것인가 더 분명하게 실감 할 수 있기 때문이다.

세계의 곳곳에서 각기 자기 분야의 전문가로 힘차게 일하는 인하인의 내일을 기대하고 싶다.

(1994. 9. 12. 인하대신문)

공직자에게 권하는 한 권의 책

- 『죽은 경제학자의 살아있는 아이디어』
슬쩍, 경제학 이론 엿보면?

낮은 품질의 중국제품이 국산보다 비쌀 때도 중국제품을 수입하는 것이 현명할 수 있다? 어떤 상품은 가격이 올라갈 때 수요가 오히려 늘어날 수 있다? 빈민에 대한 구제사업은 절대로 해서는 안 된다? 정부가 돈을 땅에 묻고 사기업가에게 마음대로 파가도록 내버려 두는 것이 실업과 경기문제의 해결방안이다? 법·도덕·패션도 경제학의 일부다? 야구 영웅이나 세계적 배우들은 한 푼도 못 벌어도 야구나 연기를 계속할 수밖에 없다?

무슨 뚱딴지같은 소리냐고 하겠지만 모두 『죽은 경제학자의 살아있는 아이디어』에서 언급된 경제학의 거장들이 주장했던 내용이다. 하버드 대학의 최우수 강의상을 수상한 저자 토드 부크홀츠Todd G. Buchholz는 이러한 역설을 통하여 과거 경제학자들의 아이디어들을 생생하게 풀어냄으로써 독자로 하여금 자연스럽게 '경제학이란 무엇인가'를 체득하게 한다.

이 책을 읽는 데 즐거움을 더해 주는 것은 과거 경제학자들의 개인적 특성과 생활에 대한 에피소드를 곁들이고 있다는 점이다. 평생 독신이었던 애덤 스미스는 유럽여행 중에 시간을 때우기 위해서 『국부론』을 썼으며, 대학은 물론 정식교육도 못 받은 리카도는 학계의 거물과의 논쟁에서 결코 지지 않았을 뿐만 아니라 그들의 주장을 "대학교수들에게나 통할 바보 같은 소리"로 일축했다.

20세기 들어 최고의 경제학자로 간주되는 케인즈는 경제학 연구보다는 책, 미술품 수집과 각종 예술활동 지원에 더 많은 시간을 할애했으며, 한때는 자신의 재능을 과소평가한 나머지 "난 어쩌면 경제학에 소질이 없을지도 몰라." 하고 친구에게 토로하기도 했다.

과거의 유명한 경제학자 중에서 증권투자 등을 통하여 실제 경제적으로 성공했던 사람은 리카도와 케인즈 정도에 불과했다.

이 책은 우리가 알고 있는 수많은 경제학 이론들이 현실과 고립된 상아탑 속에서 나온 것이 아니라 경제학자들이 각자 처했던 시대상황을 배경으로 치열한 고민과 논쟁과정을 거쳐서 나온 것임을 보여준다.

'보이지 않는 손'으로 유명한 아담 스미스의 『국부론(1776)』은 미국의 독립전쟁(1776), 프랑스혁명(1789) 등 자유주의 사상이 빠르게 전파되고 산업혁명의 여건이 성숙되는 시대를 배경으로 그 당시의 지배적 사상이었던 중상주의를 비판하며 쓰였다.

리카도의 차액지대론과 비교우위이론은 곡물가격 인상으로 신홍계층인 자본가의 이익과 기득권 계층인 지주의 이익이 첨예하게 대립하는 상황에서 곡물의 자유무역을 옹호하기 위하여 고안되었다. 마르크스의 자본론(1867)은 자본주의의 성숙과 함께 노동자 문제가 본격화되는 시점에서 탄생하였으며, 케인즈의 일반이론(1936)은 1930년 대공황 이후 작동을 멈춘 시장과 대규모 실업이 지속되는 상황에서 발표되었다.

시대적 요청 파악한 해결책 내와야

이와 같이 경제학의 대가들은 시대적 요청을 파악하고 이에 부응하는 해결책을 제시함으로써 새로운 이론과 역사를 만들어 왔던 것이다. 그러나 이들의 예측이나 이론이 반드시 옳았던 것만은 아니다. 인구폭발로 인한 인류멸망을 예측하여 당대 지성들에게 폭넓은 공감을 얻었던 맬더스의 인구론도 결국 틀렸으며, 국가개입의 효율성과 화폐의 역할을 믿었던 케인즈의 이론도 공공선택학파와 통화론자들에 의하여 대폭 수정되었다.

이러한 사실들은, 아무리 훌륭한 경제학자의 경제이론도 항상 타당한 보편진리가 될 수 없고, 지금은 모두가 동의하는 경제예측도 시대가 변함에 따라 틀릴 수도 있다는 것을 재삼 확인시켜 주고 있다. 마지막으로 책의 말미에 있는 저자의 언급을 다시 한 번 새겨보며 감히 이 책의 일독을 권해본다.

"아무리 훌륭한 정책이라 해도 피해자가 있게 마련이다. 자유무역은 국내의 일부 생산자들에게 타격을 입힌다. … 아무리 좋은 정책도 이처럼 피해자를 발생시키기 때문에 좋은 정책이 반드시 인기 있는 경제정책이라고는 할 수 없다. 특히, 단기의 경우는 더욱 그러하다. 피해자가 나온다고 해서 좋은 경제정책을 포기해서는 안 된다. 이들의 압력에 굴복하면 경제는 앞으로 나갈 수 없다. … 즉, 좋은 경제정책은 피해자가 발생한다 하더라도 사회 전체가 누리는 혜택이 증가하는 정책이라고 정의를 내릴 수 있다."

〈토드 부크홀츠 지음, 이승환 옮김, 김영사 펴냄(2000)〉

(2005. 5. 31)

수평적 고용구조와 임금피크제

정부에서 일하는 공무원이나 회사에서 일하는 직장인이나 평소 무슨 재미로 일하나. 승진하는 재미일 것이다. 신입사원으로 들어가 열심히 일하다 보면 대리되고 과장되고 부장 거쳐 임원이 된다. 공무원도 주사하다 사무관되고 과장하다 국장되는 것이다. 승진이 되면 명예도 얻고 월급도 오른다. 그런데 승진에서 뒤처지면 배겨나지 못하고 조만간 퇴직해야 한다. 이것은 수직적 조직구조에서 불가피한 현상이다. 또한 우리의 조직문화는 한 분야에만 전문화하는 것이라기보다 여러 분야를 두루 거쳐 올라간다. 미국 등 선진국에서는 조직구성의 근간이 전문가 제도Specialist에 있는 반면 우리는 일반관리자 제도Generalist에 머물러 있다.

수직적 조직구조의 특징은 피라미드 형태를 갖는다. 올라갈수록 자리가 줄어들어 제때제때 올라가지 못하면 앉을 자리가 없어 조만간 자의반 타의반 그만두어야 한다. 그래서 우리 주위를 보면 40대나 50대에 일을 그만두고 백수가 되는 사람들이 많다. 개인적으로 고통스럽고 국가적으로도 능력과 자원의 낭비이며 직간접적으로 사회보장비용의 부담을 가져온다.

오늘 우리가 살고 있는 글로벌사회는 전 세계적 분업구조하에서 전문적 경쟁력에 기한 경쟁사회이고 이런 사회에서는 각 분야의 전문가를 필요로 한다. 이제 우리나라도 외국에서처럼 조직을 수평화하여 올라가지 않아도 자기 분야에서 전문성을 가지고 계속 일할 수 있는 시스템으로 바꾸어 나가야 한다. 예를 들면 내가 일하던 아시아개발은행은 직원을 뽑을 때부터 분야별로 전문가로서 뽑아 배치하여 상위직급에 올라가기도 하지만 그냥 평직원으로도 정년까지 일한다.

보수체제도 연공서열 중심의 호봉제를 바꾸어 나가야 한다. 오래 있을수록, 나이가 많을수록 대우하는 것은 정서적으로 나쁘다고 할 수는 없다. 그러나 자본주의 시장경제에서 영리를 추구하는 회사이든 공익을 추구하는 정부이든 조직의 운영은 효율성이 담보되어야 하고 효율성을 위해서는 보수는 성과에 따라가야 한다.

일을 해본 사람은 다 알고 있다. 삼사십 대 혈기왕성한 시기를 지나 50대 후반이 되면 개인에 따라 조금씩 차이는 있지만 다들 조금씩 일에 대한 집중도와 생산성이 떨어진다는 것을…. 조직의 입장에서 생산성이 떨어지는데 보수는 떨어지지 않는다면 그것은 장기적으로 지속될 수 없는 것이다. 여기에 임금피크제의 필요성이 대두되는 것이다.

임금피크제도의 도입을 통해 사회적 낭비인 조기퇴직을 막을 수 있고 국가적으로도 조기퇴직으로 인한 사회보장 비용을 줄여준다는 점에서 긍정적이다. 무엇보다도 근로자 당사자 입장에서도 50대 후반이 되면 자녀교육, 결혼 등 지출수요가 줄어들기 때문에 급여가 줄어든다고 해서 문제될 것이 없다.

변하지 않는 것은 우리가 가진 고정관념이고 이런 고정관념에서 생겨난 후진적 조직문화이다.

(2014. 3. 20.)

Part 3
부동산시장
길들이기

부동산정책

내가 경제보좌관으로 재임하는 동안 거시적 경제 성장정책과 전략, 미래성장동력산업의 발굴과 육성, 한미 FTA 추진 등 경제 분야에 여러 가지 일들이 있었다. 그런데 거의 처음부터 끝까지 부동산정책을 가지고 말이 많았고 그 와중에 그만두게 되었다.

요즘 중국에서 보듯이 부동산은 경제개발이 본격화되면 불이 붙고 한번 불이 붙으면 빨리 꺼지지 않는다. 정부가 정책을 시행하여도 쉽사리 먹혀들지 않는다. 경제가 성숙기에 들어가면 요즘 일본에서 보는 것처럼 장기적 침체의 반대현상이 나타난다. 한마디로 정책의 시차가 크고 정책효과가 무딘 특별한 시장이다.

이 장에서는 부동산정책에 관련한 글들을 따로 묶어 참여정부 부동산정책의 경과와 공과를 내 나름대로 정리했다. 대부분 경제보좌관 재임 당시 쓴 것이고 마지막 글만 최근에 다시 돌아보며 적은 것이다.

부동산 문제의 본질

최근 도하 각 언론에서 정부의 부동산 대책에 대한 관심이 매우 뜨겁다. 시청률 40%대를 자랑하던 드라마 '삼순이'를 능가하는 국민적 드라마는 현재 진행되고 있는 정부의 부동산대책 논의라고 하는 사람도 있다.

대부분의 국민들은 부동산 투기를 '공공의 적', '백해무익'한 것으로 처방하고 정부의 강력한 대응을 주문한다. 그러나 한편에서는 시장에 맡기면 수급의 원리에 따라 저절로 해결될 것이라는 목소리도 있다. 부동산 투기라는 것은 없으며 기실 부동산 투자에 불과하고 주식투자처럼 자연스런 시장의 본성이라는 것이다. 아예 나아가 정부가 무엇을 하든 효과가 없을 것이라는 '강남불패'를 믿는 사람도 있다. 대체 부동산이 무엇이기에 이렇듯 전 국민이 관심을 갖는 문제가 되는 것일까?

부동산은 쉽게 말해서 땅과 건물이다. 사적 소유의 대상이고 시장에서 사고팔 수 있다는 점에서 부동산도 상품이라고 할 수 있다. 그러나 부동산은 TV나 컴퓨터와는 달리 모자라면 수입해서 쓸 수 있는 그런 재화가 아니다. 땅은 지리적 이동이 불가능하고 위치나 주변여건에 차이가 있을 수밖에 없다. 같은 규격과 품질의 부동산이라도 위치, 학군, 교통 등 주변 인프라에 따라 천차만별이다. 강남과 강북의 집값이 크게 차이 나는 것도 이런 이유이다.

한정된 국토에서 가용 토지는 유한하고 새로운 주택이나 건물이 공급되기 위해서는 최소한 1~3년이 걸린다. 그나마 땅이 없으면 공급할 수도 없다. 그러다 보니 부동산시장은 파는 사람이 주도권을 가지는 공급자 우위 시장이 되고 가격기능이 제대로 작동을 하지 못하고 있다. 한편 부동산을 사려는 사람들은 주거 등 실제 필요를 가진 실수요자도 있지만 투기 목적인 경우도 있다. 국세청 조사 결과, 2000년 이후 서울 강남권에서 거래된 아파트 중 59%는 집 두 채 이상 가진 다주택자들이 추가로 사들인 것으로 드러났다. 결국 강남권 아파트 수요는 상당 부분 투기수요라는 것을 보여주고 있다.

이러한 투기적 수요는 부동산 가격 상승을 부채질하고 이는 다시 가격 상승 기대를 높여 매물이 사라지고 가격은 더욱 상승하는 악순환을 초래한다. 부동산시장에 수급 불균형이 자주 발생하고 거품이 생기는 이유가 바로 이 때문이다. 한마디로 부동산시장은 불완전한데다 가격 기능이 제대로 작동하지 못함으로써 시장실패가 빈번히 나타나는 시장이다. 토지가 무진장한 반면 인구는 얼마 안 되는 미국 와이오밍주의 시골에서는 토지가격이 매우 낮은 수준이지만, 비

좁은 맨해튼에서 토지는 금싸라기가 된다. 이처럼 공급이 제한된 부동산시장에서는 수요가 늘어나면 필연적으로 부동산 소유자가 초과이익을 챙기게 된다. 부동산 소유자가 특별히 부동산의 경제적 가치 향상을 위해 노력하지 않더라도 가격이 오르고 이익이 생기는 것이다.

부동산 가격이 안정되지 않으면 초과이익을 노리는 투기가 조장됨으로써 내 집 마련을 위한 서민들의 꿈이 깨지고 이로 인해 건전한 근로의욕이 저하된다. 집값이 오르다 보니 연 3천만 원 소득의 근로자도 10년 이상 모든 소득을 저축해야 겨우 내 집 마련을 할 수 있을까 말까한데 한두 달 새 집값이 1~2억 원이나 오른다면 누가 열심히 일할 마음이 들겠는가. 또한 투기의 과실은 일부 계층만 향유하게 되므로 빈부격차가 확대되고 소득 및 부의 양극화가 심화됨으로써 국민통합을 저해하게 된다.

며칠 전 경제계의 한 인사는 정부가 배고픈 것과 배 아픈 것을 구분하지 못한다면서 "정부는 배고픈 것만 해결해 주면 된다."고 하기도 하였다. 배고픈 것은 참아도 배 아픈 것은 못 참는다는 말이 있지만 단지 정서상 배 아픈 것뿐이라면 미상불 시장에서 알아서 할 일이기도 하다. 그러나 그것이 정서상의 문제에 그치지 않고 우리 경제의 시스템과 경제구조의 효율성에 직결된다면 문제는 다르다.

부동산 가격이 장기간 상승하면 인적·물적 자원이 생산적 부문에 흘러가지 못하고 부동산 부문에 과도하게 집중됨으로써 자원배분이 왜곡된다. 그리고 토지, 임대료 등 생산비용이 상승하여 경제의 고비용 구조를 초래하게 된다. 더욱이 부동산 거품을 제때 제거하지 못하면 나중에 거품이 꺼지면서 부동산을 담보로 대출을 늘려온 금융기관이 부실해지고 나아가 기업과 가계마저 부실의 늪에 빠지게 된다. 부동산 거품의 확산을 방치하다가 어느 순간 거품이 꺼질 경우 국민경제나 개개인에 닥칠 해악은 지난 IMF 때보다도 더 심각할 수 있다는 지적도 있다. 즉 부동산 문제는 '배 아픔'의 문제에서 그치는 것이 아니라 '배고픔'의 문제로 직결될 수 있으며 이것을 해결하는 것이 바로 정부가 해야 할 역할이다.

거품을 만들지 않는 튼튼한 경제가 바로 부동산 시장의 안정에 달려 있다. '잃어버린 10년'으로 상징되는 일본의 장기불황이 부동산 가격의 급등락에서 비롯되었다는 것을 이제 모르는 사람이 없을 것이다. 이번 참여정부가 추구하는 부동산 정책은 이러한 국가경제 기본을 이루는 시발점인 것이다.

우리는 모두 개인적으로 내일이 오늘보다 나아질 희망을 갖고 있고 공적으로는 우리 사회가 보다 살기 좋은 선진사회가 되기를 바란다. 과연 보다 나은 내일은 무엇이고 선진사회는 어떤 것인가. 그것은 바로 정직하고 부지런한 사람이 대접받고 잘 사는 사회이어야 할 것이다. 특히 인적 자원이 가진 자원의 모두인 우리나라에서 국민 모두가 열심히 일하는 데 국력의 원천이 있고 정직하게 일하는 사람이 제대로 대접을 받아야 더욱 일할 유인이 생긴다. 천민자본주의나 로토식 경제원리가 아닌 정상적이고 투명한 경제를 위한 정책이 필요한 이유가 여기에 있다.

　대통령께서 "집 값 만큼은 반드시 잡겠다."는 의지를 밝혔고 총리
도 부동산 투기를 '사회적 암'으로 규정하였다. 청와대 정책실장은
"헌법처럼 바꾸기 어려운 부동산 제도를 만들겠다."고도 했다. 마침
최근에 한나라당에서도 부동산 정책을 발표하였는데 부동산 문제
의 심각성에 대한 인식과 제시된 정책 대안에 있어서 정부나 여당과
큰 차이가 없는 것 같다. 10·29 대책 때에 비하면 부동산 가격을 잡
겠다는 여야 간의 정책목표와 인식에 많은 접근이 이루어진 것 같
다. 이번에야 말로 여야 합의를 통해 우리 부동산 시장을 근본적으
로 정상화하는 계기가 되기를 기대해 마지않는다.

투기수요만 부추기는 '강남공급확대론'

-재건축공급효과 5~10% 수준… 수요분산이 최선의 정책

정부가 지난 3월 30일 '8·31 후속대책'을 발표하자 많은 언론은 "실수요자들의 욕구를 무시한 수요억제책은 한계가 있으니 강남에서 수요가 많은 중대형 아파트의 공급을 확대해야 한다."라고 주장하였다. 이들 언론이 구체적인 공급확대 방안을 제시하고 있지는 않지만, 내심으로는 재건축 용적률을 대폭 증가시키는 등의 규제완화 조치를 통해 공급확대를 기대하고 있는 듯하다.

재건축 통한 추가 주택공급은 5~10% 수준

언론의 주장대로 주택공급을 확대하려면 땅을 넓히거나 용적률을 높여야 한다. 그런데 우리 모두가 알고 있듯이 강남이라는 한정된 지역에서 주택건설에 쓸 수 있는 토지는 그린벨트를 풀지 않는 한 일부 자투리땅 밖에는 없다. 용적률을 늘리기 위해서는 기존 주택을 헐고 새 주택을 지으면서 밀도와 고도를 높여야 한다. 하지만

대표적 방안인 재건축도 쉽지가 않다. 주택공급 효과가 큰 저밀도 단지는 대부분의 재건축이 끝나가고 있고 남아 있는 재건축 대상 아파트들은 대부분 중고밀도 단지이기 때문에 재건축을 하더라도 실제 증가하는 주택의 비율은 5~10% 수준으로 매우 낮은 실정이다.

한 가지 방법은 있다. 현재 200% 정도의 용적률을 800% 내지 1,000%로 대폭 높여 하늘에다 아파트를 짓는 방법이다. 그렇게 하면 현재 강남 소재 아파트의 세 배쯤 신규공급을 할 수 있다. 아파트 값도 확실히 내릴 것이다. 그러나 다 같이 생각해 보자. 강남에 도로, 학교, 공원 등 도시기반 시설을 추가로 설치할 수 없는 현실을 고려하면 용적률의 확대는 곧 지금도 과밀화된 강남을 교통지옥으로 그리고 그렇게 지은 아파트들이 노후화될 20년쯤 후면 아무도 살려고 하지 않는 슬럼가로 전락시키는 결과를 가져올 것이다. 도시 전체의 주거환경이 급속히 악화하는 '외부 불경제' 현상이 발생하지만 어느 누구도 대가를 치르려 들지 않을 것이다.

이러한 외부불경제로 인한 이득은 기존 소유자에게 사유화되고 도시환경의 악화로 인한 비용은 후대가 부담하는 '세대 간 불형평성' 문제가 발생한다. 또한, 용적률을 증가시킬 수 없는 단독주택, 다세대 주택 등의 소유자는 도시환경 악화로 인한 폐해만을 고스란히 부담해야 하는 또 다른 불공평과 억울함을 감내해야 한다. 같은 강남이라도 30평대의 아파트 가격은 10억 원을 호가하고 있으나, 단독주택은 몇 년째 제자리걸음을 하고 있는 것은 바로 이러한 이유 때문이다.

부동산 시장의 안정은 참여정부의 우선과제이다. 그러나 참여정부는 도시를 개악하여 가격을 잡고자 할 만큼 무모하지 못하다.

가격상승에 의한 초과이익 유혹에서 벗어나야

용적률 1,000%의 가정이 너무 극단적이라고 반론하는 사람도 있을 수 있다. "재건축 규제를 완화해 이를 활발히 되도록만 하면 되지 않는가." 하고 반문할 수도 있다. 그러나 위에서 언급한 것처럼 현재의 재건축 제도 하에서 순수한 추가공급 효과는 5~10%에 불과하다. 강남에 아파트를 가지려는 수요 중 50% 정도가 강북과 지방 등 비강남권에서 계속 유입되고 있는 현실에서 재건축을 통한 공급증가는 가격안정에 큰 효과를 갖기 어려운 것은 자명하다. 이미 8·31 대책에서 강남에 버금가는 판교·송파 신도시 5만 호 등 향후 5년 내 현재 강남 3구 아파트(24만 호)의 40%에 해당하는 10만여 호의 아파트를 신규 공급하는 계획이 들어 있다. 그럼에도 시장은 안정되지 못하였다. 전 국민이 강남을 바라보고 오랫동안 학습된 가격상승에 의한 초과이익의 유혹을 버리지 않는 한 공급확대론은 지속하는 수요를 당할 수 없다. 그런데도 언론은 더 많이 지으라고 한다.

이제 가능하지도 바람직하지도 않은 공급확대론의 환상에서 벗어나야 할 때이다. 공급확대에 기본적 제약이 있다면 수요를 조절하거나 분산시키는 방안은 없는지 검토해야 한다. 현재 상황에서는 강남에 대한 투기수요를 억제하고 양호한 대체 주거지 공급을 통한 수요분산이 최선의 정책이다.

강남 주택공급론, 투기수요 부추기는 결과만 초래

정부는 투기수요를 억제하기 위하여 강남 집값 불안의 중심에 있던 재건축 제도를 정상화하고 초과이익을 환수하며, 투기지역 내 고가주택 구입 시 대출조건을 강화하는 등의 조치를 추진하고 있으며, 필요할 경우 얼마든지 추가대책을 강구해 나갈 계획이다.

수요분산을 위하여 8·31 정책은 강북의 광역적, 계획적 재개발을 제시하고 있다. 그동안 서울시에서 뉴타운이라는 이름으로 강북 재개발을 추진해 왔지만 은평뉴타운을 제외하고는 지지부진하다. 8·31대책은 이를 획기적으로 개선하기 위해 도시재정비촉진특별법을 제정하였고 현재 시행령이 입법예고 중이다. 올해 9월까지 2~3개의 시범지구를 지정하여 강남에 버금가는 계획적 광역적 개발을 가시화할 것이다. 비강남권의 교육, 교통, 문화, 환경여건을 개선하여 강남으로 가지 않아도 되는 여건을 조성할 계획이다. 지방에도 혁신도시, 기업도시의 건설을 통하여 강남에 올라오지 않아도 손해 보지 않는 환경을 만들어 갈 것이다.

언론에서 허구적인 강남 주택공급론을 확대 재생산하는 것은 오히려 강남에 대한 투기수요를 부추기는 결과만을 가져올 것이며, 강남주택시장의 버블화를 가속화시키는 결과만 가져올 것이다. 버블이 생겼다 꺼질 때 누가 손해를 입는가? 국민경제가 다치고 애꿎은 서민, 중산층이 피해를 당한다.

평당 5천만 원의 강남거품 오래 못 가

최근 세계적인 금리인상 추세 등 거시경제 환경도 부동산시장에 결코 유리하다고 볼 수 없으며, 미국 등 세계 부동산시장도 하락세로 전환되는 추세다. 우리나라의 일부 지역에서만 평당 3천만 원, 4천만 원, 5천만 원이라는 가공할 수준으로 가격을 올리고 있다. 이와 같은 일부 지역의 이상급등 현상이 지속될 수 없다는 것은 자명한 사실이다. 주택에 투자할 때에는 적어도 10년 이상의 긴 안목을 가지고 투자해야 한다. 앞으로 공급될 주택물량, 매년 높아질 다주택·고가 주택의 보유세 부담 그리고 금리인상 추세가 앞으로 주택투자 수익성에 어떤 영향을 미치게 될지는 너무나도 분명하다.

이번 금융감독위원회의 대출규제 강화조치는 이러한 우려를 반영한 것이며, 신임 한국은행 총재도 일부지역의 부동산시장 동향에 대해 우려를 표명한 바 있다. 분명한 사실은 실현 불가능한 공급확대론과 영원한 가격상승론은 허구일 수밖에 없다는 점이다.

정부는 부동산에서 발생하는 초과이익을 '일관되게, 지속적으로 환수'하여 부동산 가격거품이 발생하지 않도록 할 것이다. 이와 아울러 서울을 다핵분산형의 공간구조로 재편하고 지역별로 특화된 산업을 육성하며, 쾌적하고 품격 있는 주거환경을 조성하는 등 서울을 '국제경쟁력을 갖춘 살기 좋은 도시'로 가꾸어 나가기 위한 노력도 한층 강화할 것이다.

참여정부는 8·31 정책의 '성공'을 두려워하지 않는다

8·31 대책 두 달… 시장은 안정세 확연

8·31 부동산 정책이 발표된 지 두 달이 지났다. 이 두 달은 정책형성에 참여한 사람들뿐 아니라, 전 국민이 관심을 가지고 지켜보았을 것이다. 집값·전세값 동향이 초미의 관심사가 된 것은 잘 알려진 사실이다. 국정감사에서는 부동산 정책이 핵심쟁점이 되기도 했다.

다행히 아직 실제로 입법이 완료되지는 않았지만 시장은 급속히 안정세를 찾고 있다. 송파 신도시를 포함한 공급대책이 새로운 투기를 부를 것이라던 우려도 일단 잠복했다. 주변지역도 잠잠하다. 전세값 상승은 확산되지 않았고 그마저도 가을 이사철이 지나면서 안정세가 확연하다.

각종 여론조사를 보더라도 전문가들뿐만 아니라 업계 관계자들도 상당 기간 시장이 안정될 것이라는 데는 이견이 없다. 더구나 경제전문지 같은 데서 안내하는 투자 자문에서도 부동산은 이제 순위가 한참 처진다. '세금폭탄론'이 상당히 번지기는 했지만, 자세한 내용이 알려지면서 이제는 오해가 풀린 것으로 보인다.

입법 이전의 정책 효과는 '불안한 휴전'에 불과

그러나 10·29와 8·31을 비교해보면 8·31 정책의 효과는 아직 초보수준이다. 부동산 정보업체 부동산114에 따르면 두 대책 발표 이후 2달간 전국 아파트 가격 하락폭은 각각 -0.48%, -0.22%로 10·29 대책의 반 정도에 그치고 있다. 반면 전세값은 당시 0.7% 내렸지만 이번에는 2.18%나 올랐다. 8·31 정책은 10·29 대책에 비해 폭과 깊이가 비교되지 않는다지만, 이번 정기국회에서 관련 14개 법이 어떻게 통과되는가가 첫 번째 관문이다.

결국 최근의 안정은 '불안한 휴전'이라고 볼 수밖에 없다. 정책의 강도에 비해 가격하락폭이 크지도 않을 뿐 아니라, 조만간 완화되지 않을까 하는 기대심리마저 살아 있다. 길어야 2년이라는 심리가 남아 있고 재건축사업은 이 정부 내에서도 완화될 것이라는 기대까지 있다. 심지어 일부 언론에서는 정부가 벌써 부동산 경기를 걱정하여 완화책을 감안한다는 황당무계한 기사까지 작성하고 있다.

부동산시장의 '실수요자 중심으로의 근본적 재편'

이런 시점에서 8·31 정책 입안에 관여한 청와대 관계자의 한 사람으로서, 참여정부의 입장을 재확인하고자 한다.

첫째, 무슨 뚱딴지같은 얘기냐고 하겠지만 참여정부는 8·31 정책의 성공을 두려워하지 않는다. 8·31 정책은 이전의 수많은 부동산 정책과는 패러다임을 달리한다. 지난 30년간의 부동산 정책은 부동산 경기가 과열되면 세금을 통해 수요를 억제하고 시장이 침체되면 규제를 푸는 식의 냉탕-온탕 정책을 반복해 왔다.

8·31 정책은 부동산 시장의 '실수요자 중심으로의 근본적 재편'이라는 분명한 지향을 정책에 담았다. 종합부동산세의 실효화, 주택 양도세 중과, 부재지주 등에 대한 토지양도세 중과 등을 통해 부동산을 필요 이상으로 보유하면서 초과이익을 기대하는 심리를 제거하는 데 초점을 맞추고 있다. 초과이익을 기대하는 가수요가 그동안 부동산시장을 움직인 주력이었다면, 앞으로는 실수요가 중심이 될 것이다.

실수요 시장 정착 전까지 과도기적 위축·적응기 불가피

그러나 실수요 시장이 정착되기까지 부동산시장은 과도적인 위축과 적응기를 경험하게 될 것이다. 일정 기간은 정책이 완화될 것을 기대하는 판매자와 가격이 더 떨어질 것을 기대하는 수요자들의 힘겨루기 때문에 거래가 위축될 것이다.

또 실수요자들이 구매에 나설 때까지 건설업체들은 분양을 미룰 것이고 이런 와중에 건설경기의 상대적 위축으로 건설노동시장은 물론이고 이사-도배-인테리어-중개업소까지 일정기간 침체를 겪게 될 것이다. 일부 언론은 진작부터 부동산시장 안정 때문에 경제회복이 우려된다는 충고를 아끼지 않고 있다.

또한 주택 가격이 하향 안정되면 전세값이 상대적, 절대적으로 상승할 수 있다. 이제 가격상승 기대보다는 임대수익에 주목하기 때문이다. 나아가 가격안정이 지속되면 전세의 월세 전환이 일어날 것이다. 선진국 주택시장을 보면 예측할 수 있다. 이처럼 새로운 임대시장에 가계家計가 적응하는 시간이 필요할 수 있다.

일시적 전세값 상승, 임대시장 변화 적극 대처 준비 중

그러나 참여정부는 두렵지 않다. 실수요가 시장의 주력이 될 때까지의 과도기를 견딜 용기와 자신감이 있다. 일시적인 전세값 상승이나 임대시장 변화에 적극적으로 대처할 준비를 하고 있다. 8·31 정책의 성공으로 과도한 사회적 자원이 부동산에 몰려 있는 '비정상의 정상화 과정'을 두려워하지 않는다. 또한 8·31 정책이 성공하여 '거품 방치를 통해 일시적으로 경기가 나아지게 하는 방법'을 쓰지 못하게 되더라도 아쉬워하지 않을 것이다.

8·31 정책은 '서민주거안정' 목표 향한 출발

둘째, 참여정부는 8·31 정책의 입법이 최종목표가 아니라, 서민주거안정이 최종목표다. 8·31 정책은 말하자면 출발단계의 정지작업이다. 우선 8·31 정책의 입법을 통해 투기를 막고 시장을 정상화한 뒤, 2단계로 공공역할 강화를 통해 서민주택 수급조절을 본격화하고, 3단계로 국가균형발전을 통해 국민생활공간을 재배치함으로써 국민의 주거안정을 기하려는 밑그림을 가지고 있다.

8·31 정책 입법이 완료되는 대로 2단계 대책마련에 착수할 것이다. 연말이나 내년 초에는 후속과제 목록을 밝힐 수 있을 것이다. 여기에는 임대주택 및 공공부문 비축 토지·주택을 확대하기 위한 로드맵이 담길 것이며, 전월세 시장을 안정화시키기 위한 설계도가 포함될 것이다. 분양가를 더 낮출 수 있는 방법도 연구 중이다. 아울러 아직까지도 남아 있는 건설 및 부동산 분야의 비합리적인 제도와 관행을 파악·발굴하여 개선일정을 제시할 것이다.

2012년 정부의 비전: 집값 연소득 5배, 임대료 월소득 20% 이내

이와 함께 8·31 정책에도 '불구하고' 나타날 수 있는 시장불안 요소는 철저히 대처하고자 한다. 흔히 "투기꾼들이 정부 꼭대기에 있다."는 말을 듣는다. 토지에서 주택, 주택에서 상가로 돈이 몰려다닌다고도 한다. 문제가 나타난 곳은 반드시 막을 것이다. 더 이상 부동산에 비생산적인 자원이 몰려들지 않도록 하기 위해서는 '8·31 정책을 몇 개라도 더 만들 수 있다.'는 각오이다. 이와 함께 주택 및 토지공급이 역대 어느 정부보다 원활히 이루어지도록 노력할 것이다. 반시장적이라는 우려를 불식시키기 위해서라도 더욱 획기적인 공급대책이 필요한 것이다.

11월 1일자 한국은행 발표에 따르면 강남의 주택가격은 물가를 감안하더라도 16년간 214%나 올랐다. 우리나라의 연소득대비 주택가격은 세계 최고 수준이다. 서울이 7.2배로 동경(5.6), 런던(4.7)보다도 높은 실정이다. 집값은 연소득의 5배 이내, 임대료는 월소득의 20% 이내로 만들려는 것이 2012년을 목표로 한 정부의 비전이다. 시장안정의 기반 위에서 공공부문의 적극적인 주택공급과 임대차시장 안정대책을 통해 '누구든 필요한 곳에, 적절한 주거비로 살 수 있는 사회'를 꿈꾸고 있다.

토지보유현황 매년 공개하겠다

셋째, 참여정부는 8·31 정책의 성공을 위해 국민들과 함께 가고자 한다.

누차 강조하지만 부동산에 관한 모든 정보를 투명하게 공개할 것이다. 부동산의 보유-거래-과세정보를 국민들이 이해할 수 있도록 할 것이다. 1989년 토지공개념 논의 이후 16년 만에 토지보유현황을 공개하면서 "의도 있다. 조작이다."는 등의 별의별 비난에 시달린 바 있다. 16년 전과 비교할 수 있도록 먼저 개인별로 공개한 것을 두고 무슨 조작극인양 비판하면서도, 16년 동안 한 번도 공개하지 않은 역대 정부를 문제 삼지 않는 언론에 유감이다. 이제 매년 공개하겠다. 원자료가 불충분하여 결함이 있다면 그대로 밝히고 최대한 풍부한 자료를 제공하여 전문가들도 연구할 수 있도록 하겠다. 부동산 통계를 최우선적인 통계 선진화 과제로 채택하여, 이달 중으로 관련 일정과 계획을 국무회의에서 확정할 것이다.

정책 진행과정 국민에 알리고 의견 구할 것

아울러 8·31 정책의 진행과정과 영향 등을 수시로 국민들에게 알리고 의견을 구하겠다. 전세가 동향은 어떠하며, 주택공급 실적과 계획은 어떠하고 예상되는 문제와 대책은 무엇인지 필요할 때마다 밝히겠다. 정기적인 여론조사, 전문가 의견수렴, 인터넷 토론 등을 통해 문제점을 파악하여 정책에 반영할 것이다.

경제는 심리가 반이라고 한다. 특히 부동산은 심리가 무척 큰 영향을 끼치는 시장이다. 그런 점에서 과장하지 않고 호들갑 떨지 않는 언론보도를 원한다. 한 가지 예를 들어보자. 얼마 전 모 유력 일간지는 1면에 "상가투기 광풍"이라고 잔뜩 겁을 주고는 3면에 "양극화되어 있으므로 투자유의"를 당부하고 있다. 그날 이 신문 56면 중 부동산 광고는 15면에 걸쳐 대문짝만하게 실렸고 반 이상이 상가분양이나 임대광고였다. 아무리 경영과 기사는 독립적이라고 하지만, 공교롭게도 '투기 광풍'이 마치 상가분양 광고처럼 들렸다면 과대망상인가?

'부동산에 대한 사회적 기억력'이 다시 생각난다. 이제 8·31 정책이 발표된 지 겨우 두 달이 지났다. 부동산 문제의 폐해에 대한 사회적 공감대는 이완되어서도 안 되고, 이완될 수도 없다. 참여정부는 결코 8·31의 정책의 성공을 두려워하지 않고 있다. 이미 8·31 정책의 실효성을 높이기 위한 2단계 과제 준비에 들어가 있다.

예측 가능한 사회로 가는 길

모르고 가는 길은 알고 갈 때보다 훨씬 힘든 법입니다. 갈 길이 어떨지 모르면 몹시 불안해지기 마련이기 때문입니다.

평균수명이 크게 늘어나 60세에 은퇴하더라도 20년은 더 살아야 하는데 자식이 부모를 부양하던 시대는 이미 지났고 제대로 된 연금도 없고 퇴직금을 받기도 하지만 저금리 시대에 이를 운용할 곳도 마땅치 않아 걱정이 앞서게 됩니다. 중국산 먹거리가 중금속 덩어리라는데 가려서 먹을 길도 없고 주변을 보면 나이를 불문하고 암, 치매, 중풍 등 무서운 병에 걸리는 사람이 늘어나는데 중병에 걸려도 의료보험으로 전부 보장되지 않으니 불안감이 더욱 켜져만 갑니다. 미래는 길어졌는데 앞날이 어떻게 될지 불안하니 당장 돈을 쓰기도 겁나고 주위를 보면 마음도 편치 않습니다.

그뿐인가요? 학교 다닐 때는 공부와 거리가 멀었고 변변한 직장도 다녀본 적이 없는 친구가 일찌감치 알짜배기 요지에 부동산을 사둔 덕분에 돈을 물 쓰듯 하는 것을 보면 지금까지 정직하고 성실하게 살아온 것이 과연 잘한 일인지 회의와 불신이 들기도 합니다.

선진국과 개도국의 큰 차이 가운데 하나는 미래에 대한 예측 가능성일 것입니다. 미래에 대한 예측이 가능하다는 것은 그만큼 사회가 투명하고 안정되어 있다는 것이고 게임의 규칙이 제대로 적용되고 있다는 의미이기도 합니다.

권력기관과 정치의 투명성 확보

우리나라는 어떨까요? 내일 당장 무슨 일이 생길지 한 치 앞도 내다보기 어려웠던 과거에 비해서는 많이 좋아졌습니다. 특히 외환위기 이후 사회, 경제 각 분야에서의 개혁 노력에 힘입어 사회 전반의 투명성이 크게 높아졌습니다. 높은 투명성은 사회 구성원이 규칙을 지키지 않을 수 없게 함으로써 우리 사회를 보다 공정하고 예측 가능하게 하는 데 기여하고 있습니다.

그동안 정부의 투명성이 크게 높아졌습니다. 과거 권위주의 독재 시대에는 모든 것이 밀실에서 이루어졌다고 해도 과언이 아닙니다. 정경유착, 권언유착이 당연시되었습니다. 그런데 지금은 어떻습니까? 권력의 정상인 대통령부터 탈권위에 앞장서고 국정원, 검찰, 경찰 등 권력기관도 과거의 무소불위한 권력을 내놓았습니다. 국민의 대표를 선출하는 선거제도 또한 투명해졌습니다. 2004년 선거법 개정으로 과거와 같은 돈 쓰는 선거가 불가능하게 되었습니다. 무엇보다도 5,000만 원에 이르는 신고포상금 제도와 금품 또는 향응을 제공한 사람은 물론 이를 받은 사람에게도 50배의 과태료를 부과하게한 것은 획기적이라고 하지 않을 수 없습니다. 과거 정당의 수뇌부가 주요 당직 및 지구당위원장 등을 임명하던 관행이 사라지고 경선제도가 점차 정착됨으로써 정당정치의 투명성도 높아졌습니다.

외환위기 이후 투명성이 가장 크게 높아진 곳은 아마 기업 부문일 것입니다. 과거 우리 기업들은 족벌체제로 대표되는 후진적 지배구조와 분식회계 등으로 얼룩져 있었습니다. 1997년 외환위기의 한원인을 제공하였던 H그룹 비리사건과 D그룹의 분식회계, 그 후 S그룹의 분식회계 및 얼마 전 또 다른 D그룹의 분식회계 사건 등 예를들자면 끝이 없을 것입니다. 그러나 최근에는 많이 달라졌습니다.외환위기 이후 사외이사제도, 증권관련 집단소송제도 등이 도입됨으로써 기업 내부의 견제시스템이 구축되고 지배구조가 크게 개선되었습니다. 또한 30대 기업집단의 결합재무제표 작성 의무화, 분기보고서 도입, 회계법인의 주기적 교체 등의 제도 개선에 힘입어 경영 및회계의 투명성이 몰라보게 높아진 것으로 평가되고 있습니다.

실거래가 도입으로 부동산 거래 투명성 확보

부동산시장 또한 마찬가지입니다. 과거에는 부동산 매매가격을실거래가보다 터무니없이 낮은 가격으로 신고하거나 이중계약서를작성하여 정당한 과세를 회피하는 일이 비일비재하였습니다. 그러나 금년부터는 부동산을 사고팔 때 거래당사자 또는 중개업자가 관할 관청에 반드시 실제 거래가격을 신고해야 하는 실거래가 신고의 무제도가 시행되었습니다. 앞으로는 등기부에도 실거래가를 기재하도록 의무화될 뿐 아니라 모든 부동산 보유 및 거래 상황이 전산망에 입력, 공개됩니다. 더욱이 부동산 관련 세금도 실거래가를 기준으로 부과됨으로써 부동산 거래가 투명해지고 이중계약서 등을 통한 세금탈루가 원천 봉쇄될 것으로 기대되고 있습니다.

이처럼 우리 사회의 투명성이 최근 몇 년 사이에 크게 높아진 데에는 최근의 IT기술 발전도 한 몫을 담당하였습니다. 인터넷과 디지털카메라의 확산으로 누가, 어디서, 무엇을 했는지가 거의 실시간으로 알려지게 됨으로써 비리와 부정을 감추기가 매우 어렵게 된 것입니다. 그러나 아직 선진국 수준에 이르려면 갈 길이 멀다고 하겠습니다. 최근 언론의 보도에 의하면 자영업자의 절반가량이 자신의 월평균 소득이 42만 원 이하라고 국세청에 신고한 반면 이들의 월평균 소비지출은 220만 원에 이르고 있는 것으로 나타났습니다. 우리 사회의 투명성과 국민 각자의 법과 규칙에 대한 존중이 아직 미흡하다는 것을 드러낸 부끄러운 사례 가운데 하나라 할 수 있겠습니다.

자본주의 사회는 사유재산권을 인정하고 이를 보장하는 데서 출발합니다. 그러나 개인의 재산권이 존중받기 위해서는 재산형성 과정이 투명해야 합니다. 즉, 돈을 벌고 축적하는 과정이 정상적, 합법적이었는지, 세금을 제대로 납부했는지의 여부가 재산의 과다 못지 않게 중요합니다. 선진국의 경우 아무리 돈이 많아도 그 돈의 출처가 불분명하거나 세금을 포탈한 것이라면 그 돈으로는 부동산을 사거나 은행에 예금하는 것도 어렵게 되어 있습니다. 비정상적이고 부당한 방법으로는 부를 축적할 수 없고 성실히 일한 결과가 정당한 보상을 받는다는 확신이 있어야만 미래에 대한 예측가능성이 높아질 것입니다.

사회안전망 확충, 투명사회 진입 위한 필요조건

또한 예측 가능한 사회를 구현하기 위해서는 무엇보다도 노력한 만큼 보상받는 투명하고 공정한 게임의 법칙Rule of the Game 또는 사회구조Social Governance를 확립해야 하겠습니다. 규칙이 확고하게 준수되어야만 행위에 대한 결과를 예측할 수 있기 때문입니다. 줄을 서지 않고 새치기한 사람이 득을 보고 교통법규를 준수하지 않은 사람이 빨리 가고 부동산투기를 한 사람이 일확천금하는 불공정한 사회에서는 미래를 안정적으로 설계할 수 없습니다. 규칙을 준수하는 사람이 이득을 보고 규칙을 어기는 행위에 대해서는 과감하고 단호하게 제재함으로써 반칙과 편법이 발을 붙이지 못할 때에만 미래에 대한 예측이 가능하게 될 것입니다.

한편, 공정한 게임의 규칙이 확립되어 있더라도 국민 각자가 이를 지키게 하기 위해서는 미래에 대한 최소한의 보장이 있어야 합니다. 하루하루의 생계를 걱정하는 사람들에게 규칙을 지키는 참을성을 기대하기는 어렵습니다. 개도국이 선진국에 비해 투명성, 공정성 및 예측 가능성이 떨어지는 것은 우연이 아닙니다. 지금 당장 굶주림에 허덕이는 아프리카 국민에게 내일을 생각할 겨를이 있겠습니까? "사흘 굶으면 포도청 담장도 넘는다."는 옛말이 있듯이 이런 상황에서는 오직 죽지 않기 위한 투쟁이 있을 뿐입니다. 이러한 의미에서 국민 모두에게 최소한의 생활을 보장해 주는 사회안전망을 확충하는 것은 투명하고 공정한 선진사회에 진입하기 위한 필요조건이 될 것입니다.

일확천금하는 사회, 벼락출세하는 사회, 좌충우돌하는 사회, 새치기하는 사회, 목소리 큰 사람이 이기는 사회는 이제 졸업해야 하겠습니다. 정직하고 부지런한 사람이 대접받고 안심하고 살 수 있는 사회가 바로 우리가 지향하는 성숙된 선진사회일 것입니다.

희망의 씨앗은 자라고 있습니다

"박수칠 때 떠나라."고 했는데 그리 박수를 받지 못하고 떠나는 것 같아 아쉬움이 없지는 않습니다. '자리에 연연해서는 안 되겠다.'고 스스로 다짐해왔고 뜻밖의 부름으로 대통령 경제보좌관을 맡은 지도 어언 2년이 다 되어 금년을 넘기지 않겠다는 생각을 정하고 사직원을 주머니에 넣고 다닌 지 한 달이 넘었습니다.

최근 몇 가지 논란이 겹치면서 부동산시장이 다시 불안해지고 부동산 정책에 대한 국민의 실망과 비판이 봇물 터지듯 하는 것을 보면서 연말까지 마무리하려던 본래의 계획을 앞당기기로 하여 사직서를 제출하였습니다.

모든 것을 떠나서 정부의 일관된 부동산 정책에도 불구하고 시장이 다시 불안해진 현실에 대하여 정책 마련에 참여하였던 한 사람으로 마음이 무겁습니다. 결과적으로 대통령을 제대로 보좌하지 못한 책임을 통감합니다.

그러나 떠나면서 국민에게 꼭 말씀드리고 싶은 한 가지는 8·31 정책은 아직 그 효과가 미흡할지는 몰라도 정책 자체의 방향은 올바르다는 점입니다. 8·31 정책은 투기억제를 위한 근본적인 장치들을 구축했을 뿐만 아니라 실거래가 신고제 도입 등을 통하여 오랫동안 왜곡되어온 우리나라 부동산제도를 합리화·정상화하였고 실수요에 부응한 공급을 확대하는 정책입니다. 그리고 이러한 정책기조는 앞으로도 견지되어야 할 방향이라고 믿습니다. 다만 아직도 뿌리 깊은 시장불안과 그 근저에 있는 부동산 불패신화를 불식하지 못한 점은 끝내 아쉬운 대목입니다. 그러나 이미 씨는 뿌려졌다고 생각합니다. 머지않아 이 망국병은 치유될 것입니다.

정부의 부동산정책이 신뢰를 상실하였다고 비판받고 있습니다. 일정 부분 사실로 받아들이고 또한 정부의 정책추진 과정에서의 다소 실수도 인정합니다. 그러나 여기서 말씀드리고 싶습니다. 결코 누구에게 책임을 돌리려는 것이 아닙니다. 앞으로의 미래를 위해 다 같이 한번 생각해 보아야 할 것이 있습니다.

부동산은 심리라고 합니다. 불안심리가 확산되면 시장에서 매도 동결과 추격매수로 나타나는 악순환이 초래됩니다. 이런 불안심리를 방지하기 위해서는 무엇보다도 시장의 정책에 대한 신뢰가 중요합니다. 그런데 부동산 문제는 안보문제, 교육문제와 더불어 국민적 관심사항이면서도 국민 간 이해상충이 큰 까닭에 정책의 일관성과 신뢰성을 쌓기가 매우 어려운 과제입니다.

국가의 먼 장래를 위해서는 인내심을 가지고 좀 더 긴 호흡으로 지켜보고 또 의미 있는 정책에 대해서는 성원해주는 풍토가 필요합니다. 어제 공급확대와 분양가 인하를 주축으로 하는 정부의 추가 대책이 발표되었습니다. 정부로서 할 수 있는 최선을 다하고 있습니다. 불안심리가 시장불안으로 이어지고 그 시장불안은 다시 불안심리를 증폭시키는 악순환의 고리를 이제는 끊어야 합니다. 정부의 힘만으로는 안 됩니다. 우리 사회 모두의 노력과 협조가 필요합니다.

지난 1년 10개월 동안 감기 한 번 걸릴 시간 여유도 없이 열심히 일했습니다. 외부에서는 부동산 문제에 대한 관심이 커서 제가 마치 부동산 보좌관인 것처럼 알려졌지만 그 외에도 보람된 일이 많았습니다. 특히 참여정부의 경제철학을 정리한 〈동반성장보고서〉를 작성한 것이 기억에 남습니다. 경제보좌관으로서 대통령을 가까운 거리에서 모시면서 많은 것을 배웠습니다.

오늘 청와대 앞길의 은행나무가 노랗게 물들고 인왕산의 인자한 모습이 한층 가까워 보이는 날, 저는 담담한 심정으로 다시 자유인이 되어 학교로 돌아갑니다. 잠시나마 국정에 몸담았던 한 사람으로서 그동안 지켜보아 주신 동료 공무원, 여야 의원님, 언론인 그리고 저를 알고 있는 친구·지인 여러분 모두에게 감사드립니다.

2006년 11월 16일, 대통령 경제보좌관 정문수

실사구시

: 담론의 경제에서 삶의 경제로[1]

인사말

청와대에서 근무한 지도 벌써 7개월이 지났습니다. 창밖으로 인왕산이 한눈에 들어오는 저의 사무실은 청와대 내에서도 가장 전망이 좋은 곳 중 하나입니다. 많은 사람들이 평소 일에 묻혀 생활하다 보면 산을 바라보는 여유마저 잊고 지내기 쉬운데 인왕산이 손에 잡힐 듯 보이는 사무실에서 근무한다는 것만으로도 개인적으로는 큰 행운이라 여기고 있습니다.

서울의 명산 중 하나인 인왕산은 그 이름처럼 어질고 부드러우면서도 제왕과 같이 근엄한 기상을 뿜어내는 듬직한 모습입니다.

---

[1] 청와대 경제보좌관으로 일하는 동안 청와대 홈페이지에 개설된 청와대브리핑 중 제 코너의 제목이다. 참여정부 당시 비서실은 청와대 수석과 보좌관들이 담당하고 있는 업무에 대해 일반 국민들과 직접 소통하는 장으로 개인별 코너를 개설하게 하였고 실사구시로 명명한 내 코너에는 리스트에 나오는 글들을 실었다. 여기 실린 글들이 이 책을 내게 한 원동력이었다고 볼 수 있다. 리스트에 있는 글들은 이 책 여기저기에 나누어 실렸다.

저는 현안에 몰두하다가도 일이 잘 풀리지 않으면 가끔 인왕산을 쳐다보면서 산의 여유와 지혜를 배우려고 합니다.

우리 경제도 인왕산과 같이 어질고 부드러워 가슴과 가슴이 통하면서도 활력이 넘치고 듬직한 모습을 갖추어야 하겠습니다.

복잡한 이론이나 거대담론보다 삶의 현장에서 피부로 느끼는 경제가 중요하다고 봅니다. 유교적 고담준론을 배격하고 사물의 실체와 실상을 직시하며 이론보다 실천을 중시한 선인들의 실학정신을 생각하면서 '청와대 사람들' 코너 제목을 실사구시實事求是라 붙여 보았습니다.

아무쪼록 이곳에 자주 들려주시고 국가경제 및 정책에 대한 고민을 함께할 뿐만 아니라 삶의 향기를 서로 나눌 수 있는 커뮤니티가 되었으면 좋겠습니다.

10문 10답

Q1 나에 대한 가장 큰 오해
　　: 보기에 매우 무뚝뚝한데 운을 떼면 천진난만한 본 모습을
　　　보임.

Q2 청와대 들어온 후 달라진 한 가지
　　: 새벽에 일어난다.

Q3 참여정부에 대한 자화자찬 한 가지

　　: 사람들이 다 솔직해지고 투명해졌다.

Q4 세상을 알고 싶다면 이곳을 가라

　　: DMZ 근방 아무데나.

Q5 단골집과 좋아하는 음식

　　: 청국장과 굴비구이.

Q6 나와 늘 함께하는 음악, 노래

　　: 송창식의 노래.

Q7 나의 건강기법과 스트레스 해소법

　　: 새벽 산보, 스트레스 해소는 남대문시장에 가면 됨.

Q8 청와대 참모로서 이것 한 가지는 꼭

　　: 부동산정책.

Q9 대한민국, 희망의 근거

　　: 어려울 때면 더욱 힘내는 우리 민족의 감투정신.

Q10 10년 후 나는 어디서 무엇을 할까?

　　: 10년 후면 정년퇴직 후이다. 여유 있는 시간을 활용하여 국

　　　내 외국인 근로자와 해외교포 등 대외관계에서 봉사할 수

있으면 좋겠다.

실린 글 목록

1) (2005년 10월 2일) 경제는 활력이다

2) (2005년 10월 3일) 분열구조의 극복이 시급한 경제적 이유

3) (2005년 10월 11일) 아리랑과 카투사의 차이

4) (2005년 10월 20일) 호칭의 경제학

5) (2005년 11월 3일) 대통령에 대한 5가지 오해와 대통령의 5가지 오해

6) (2005년 12월 30일) "경제 좋아지고 있습니다."

7) (2006년 2월 6일) 예측 가능한 사회로 가는 길

8) (2006년 3월 17일) 재건축 이야기

9) (2006년 4월 10일) 투기수요만 부추기는 '강남공급확대론'

10) (2006년 4월 17일) 변화, 주도할 것인가 끌려갈 것인가

11) (2006년 6월 15일) 호주 의사당 앞에 전몰추모관이 있는 이유

12) (2006년 7월 4일) 보다 투명한 사회적 의사결정구조를 지향하며

13) (2006년 7월 25일) 햄버거와 유토피아: 한미 FTA의 진실

14) (2006년 8월 18일) 불감증의 사회

15) (2006년 11월 16일) 희망의 씨앗은 자라고 있습니다.

8·31 정책 되돌아보면

경매낙찰율이 80%를 넘고 지방 분양시장이 달아오른다며 부동산
시장이 다시 살아나는 것 아니냐고 언론들이 호들갑을 떠는가 하면
한편 중국의 부동산 버블이 꺼지면 엄청난 후유증이 올 것이라는 보
도도 있다. 도대체 부동산시장이 무엇이길래 이렇게 야단들인가.

우리 모두가 잘 알다시피 부동산은 널리 토지와 주택으로 대표된
다. 우리가 살아가는 데 기본적으로 衣食住가 필요한데 그중에서도
住가 가장 중요하다. 시장에서 가격은 수요와 공급에 의하여 결정된
다. 그런데 토지와 주택은 공급이 비탄력적이고 공급이 비탄력적이
라는 것은 곧 가격형성이 왜곡될 수가 있다는 것이다. 수요가 늘면
가격이 급등하고 수요가 줄면 가격이 더 빨리 떨어지는 것이다.

부동산의 수요 쪽은 어떤가. 어느 나라든 산업화가 진전되는 개발
기에는 부동산의 수요가 급격히 늘어난다. 산업화에 따른 산업용지
의 수요도 늘어나지만 산업화와 도시화에 따른 주거수요가 지속적

으로 늘어난다.

이런 공급과 수요의 특성이 합해지면 부동산 가격은 산업화가 지속되는 동안 지속적으로 상승하게 되고 그렇게 되면 실수요에 더하여 "부동산을 사놓으면 돈이 된다."는 투자수요 내지 투기수요가 가세하게 된다. 우리나라의 80년대, 90년대가 그렇고 90년대 이후 최근까지의 중국도 마찬가지이다. 우리 학교에서 학위를 하고 중국에 돌아가 교수가 된 학생 부부가 간신히 집 한 채를 마련했는데 3년 만에 가격이 배가 되어 부자가 되었다는 말을 들었다. 이렇게 되면 너도나도 가진 돈은 말할 것 없고 금융기관에서 빌릴 수 있는 데까지 빌려서 부동산을 사게 되는 것이다.

그런데 이런 호황이 무한정 계속 갈 수는 없다. 중장기적으로 산업화의 과정이 둔화되기 시작한다든지 단기적으로도 가계부채가 너무 커져 금융경색이 온다든지 전반적인 경기가 둔화되면 어느 날 거품이 꺼지기 시작하며 투기수요는 투기공급으로 변해 시장은 폭락하게 된다. 이것이 일본의 '잃어버린 20년'의 시작이고 중국에서 조만간에 일어날 것이라고 우려하고 우리나라에서도 정도의 차이는 있지만 작금 경험하고 있는 현상이다.

전혀 예기치 않게 나는 2005년부터 2006년 참여정부 중반기에 대통령 경제보좌관으로 일하게 되면서 당시 다시 불붙은[2] 부동산 폭등

---

2 우리나라 부동산시장은 70년대부터 90년대까지 지속적 상승을 해오다가 1997년 IMF경제 위기를 맞이하여 폭락했다. 2000년 무렵부터 다시 살아나 2008년까지 제2의 상승기를 갖게 된다.

을 잡기 위한 '8·31 정책'의 수립에 참여하였다. 대책의 핵심은 공급을 늘리고(판교개발 등) 수요를 억제(종합부동산세의 도입, LTV와 DTI 에 의한 차입억제 등)하는 것이었다. 그러나 시장은 식지 않았고 정책은 실패했다고 매도되었다. 국민에게 약속한 시장안정을 달성하지 못했으니 실패한 정책이라는 비판을 받아들일 수밖에 없었다. 그러나 맹렬히 타오르는 불길을 잡으려는 소방수의 고충 또한 이해된다. 아무리 열심히 물을 뿌려도 걷잡을 수 없는 불길은 한참 지나야 잡힌다. 당시 부동산시장도 그랬다. 한참 더 가다가 참여정부가 끝난 후 2009년경에야 잡혔다.

한 가지 위안은 2008년 미국의 리만사태[3]에서 시작되어 전 세계적으로 부동산 폭락과 기업도산 경기위축의 과정을 겪었다. 그런데 우리나라는 그나마 8·31 정책이라는 예방주사를 미리 맞은 셈이 되어 큰 어려움 없이 넘어갈 수 있었다.

에피소드 하나. 경제보좌관이 되어 국회 상임위에 처음 나갔을 때 어느 국회의원이 부동산을 담당하고 있는 내가 부동산 전문가이냐고 물었다. 순간적으로 "말씀하시는 부동산 전문가는 지금 강남에 가면 무지 많습니다."라고 대답하려고 했다가 꿀꺽 참았다.

작금 언론들이 "부동산 경기의 회복"을 대서특필하는 것을 보며 금석지감을 느끼지 않을 수 없다. (2014. 4. 14.)

---

3 리만브라더스라는 미국 유수은행 중의 하나가 과도하게 부동산금융Mortgage Loan을 늘리다가 파산하면서 전 세계적인 부동산시장 폭락, 경기위축과 기업도산을 촉발하였다.

Part 4

더불어 사는 사회

더불어 잘사는 사회를 위해
무엇을 해야 하나

우리에게 빵을 주는 자본주의적 시장경제와 우리 각자가 사회의 주인이 되는 민주주의가 서로 선순환하기 위해서는 사회적 규칙Rule이 제대로 만들어지고 작동해야 한다. 요즘 많이 이야기되는 사회적 규범체계Social Governance가 바로 그것을 말한다.

어떤 규범들인가. 무엇보다도 시장이 경쟁적이고 시장에서의 경쟁이 공정해야 하고Fair Play 투명해야 하고Transparency 각자 자기 행위에 대한 책임을 지고Accountabllity 시장 실패자와 약자에 대한 사회적 배려가 제도화Social Insurance되어야 하고 다양한 사회적 조직들이 제대로 상호작용할 수 있도록 하는 규칙들이 작동되어야 한다.

이 장에서는 앞의 정치 경제 분야와 구분하여 사회적 분야라고 할 수 있는 글들을 모았다. 필요한 대안을 다 제시하지는 못하였고 주제의 성격상 정치, 경제 부문의 연장선상에서 관련을 갖는다. 지금 보니 당시 폭력시위에 대한 우려가 많았던 것 같다.

선진국의 조건

우리나라의 국민소득이 마침내 미화 일만 달러를 넘고 선진국클 럽이라는 OECD에 가입하면서 이제 우리도 선진국이 되었다고들 말한다. 과연 그런가? 불변가격기준이 아닌 경상가격기준으로 일만 달러라고 하는 것은 큰 의미가 없으며 우리보다 더 나을 것 없는 멕시코, 체코, 터키 등도 회원인 OECD에 가입했다고 선진국을 보장해 주지 않는다. 그러나 지난 30년간 괄목할 만한 경제성장으로 이제 우리 국민들이 보릿고개, 판자촌으로 대표되는 생존의 위협으로부터 벗어나 후진국에서 벗어난 것은 사실이며, 이는 자축할 만한 일이라 하겠다. 그렇다고 우리나라가 곧 선진국이 되는 것은 아니다.

'선진국의 기준'은 보는 각도에 따라 차이가 있을 수 있고 모든 사람이 수긍할 수 있는, 합의된 기준이 있는 것도 아니다. 그러나 선진국으로서의 필수조건 중 하나가 국민 모두가 '安心'하고 살 수 있는 '예측 가능한 사회'가 아닌가 싶다. 오랜 역사를 통하여 오늘날 정치적 민주주의와 경제적 시장자본주의에 이르기까지 우리가 지향해

온 것은 각자가 자유롭게 자기가 원하는 것을 하며 행복하게 살 수 있는 사회였다고 할 수 있지 않을까? 우리 헌법에서는 이를 '인간답게 살 수 있는 권리'로써 표현하고 있다.

인간답게 살기 위해서는 우선 생존의 위협으로부터 자유로워야 한다. 보도된 바 현재의 북한의 실정에서는 인간답게고 뭐고 우선 굶어죽지 않고 살아남는 것이 전부라 하겠다. 생존은 일차적·본능적 요구이다. 그러나 당장은 산다고 해도 내일이나 내년에는 어떻게 될지 모른다면 과연 행복해 질 수 있을까. 그럴 수 없을 것이다. 그래서 사람들은 미래의 여러 위험으로 부터도 안전해지고 싶어 한다. 자신의 직장이나 사업이 안전하고 자신과 가족이 안전하고 그런 안전 위에서 하고 싶은 여러 일들을 추구하며 행복을 얻고자 한다.

그런데 어느 날 예고도 없이 잡혀간다든지, 협박을 받는다든지 한다면 어떻게 되겠는가. 고의가 아닌 실수로 예측 못한 사고가 났을 때 졸지에 구속되거나 한다면 어떻게 되겠는가. 어느 날 갑작스러운 세무조사를 받고 탈세혐의로 구속되거나 예상 못한 막대한 세금 추징을 당하면 어떻게 되겠는가. 이러한 권력과 폭력으로부터의 자유와 안전이 우선 보장되어야 선진국이라 할 수 있다. 물론 범법행위의 경우 상응한 처벌이 있어야 사회가 유지되겠지만, 중요한 것은 어떤 행위를 하면 어떤 벌을 받는다는 것이 명확하게 정해져 있어야 한다. 법이 모호하여 이현령비현령으로 권력자 맘대로 잡아가거나 지키기 힘든 법으로 온 국민을 범법자로 만들어 놓거나 권력자의 눈 밖에 난 사람을 아무 때나 세무조사해서 혼내주는 시대가 지나야 한다. 법이 투명하고 집행자의 재량의 여지가 적어 어떤 행위를 하면 어떤 결과가 온다는 것을 예측할 수 있어야 한다. 잘못을 저지른 경우에도 무조건 구속부터 해서 생업과 가정에 파탄을 초래할 것이 아니라, 형사소송법에 있는 대로 도주나 증거인멸의 우려가 없는 경우 원칙적으로 불구속상태에서 재판을 받을 수 있어야 한다. 또한 심문단계에서부터 변호사의 조력을 받을 수 있게 하여 권력의 횡포로부터 보호받고 또 피의자단계에서부터 언론에 대문짝만하게 보도되어 인민재판을 받는 일이 없도록 해야 한다. 이 점에서 대법원이 내년부터 실질영장심사제를 도입하여 불구속재판원칙을 시행하고 최근 과천시장이 심문과정에서의 강압을 이유로 무죄가 선고된 것은 선진국가로의 진일보라 하겠다.

둘째로, 안심하고 살기 위해서는 미래의 위협으로부터 안전할 수 있고 미래가 예측가능해야 한다. 우리가 대체로 절대적 빈곤에서는 벗어났다고는 하지만 아직도 소득의 불안으로부터 자유롭다고 하기에는 여러 문제가 있다. 일반 근로자의 경우, 우선 적정한 소득을 벌 수 있는 일자리가 있어야 하고 그런 일자리로부터 열심히 일하였는데도 본의 아니게 쫓겨나서는 안심하고 살 수 없다. 자본주의적 시장경제에서 흥하는 회사가 있으면 망하는 회사가 있을 수밖에 없기에 어느 정도의 실업은 불가피하지만, 이때에는 실업보험을 통하여 소득의 보전이 있어야 안심할 수 있다. 우리나라도 최근 실업보험을 도입하였지만 충분치는 않은 실정이다. 목돈이 드는 현재 우리의 주택제도도 임대주택의 확충을 통하여 누구나 정상적인 소득이 있으면 목돈이 없어도 주거를 마련할 수 있도록 되어야 하겠다. 나아가 축적된 재산이 없는 대부분의 근로자는 퇴직 후의 노후생활에 대한 불안이 크다. 노령연금제도가 실질적으로 사회보장제도로 기능을 하도록 우리의 국민연금제도가 개선·확충되어야 한다. 현재는 연금수혜자격, 기간, 수혜정도에 제약이 많아 아무도 그것만 믿고 안심할 형편이 못된다.

기업가들은 어떤가. 중소기업 하는 사람치고 저녁에 발 뻗고 잘 사람이 없다고 한다. 왜? 중소기업들이 어음으로 돈을 받고 어음으로 지급하는 것은 어제 오늘이 아닌 우리 기업관행의 문제점이거니와 작금의 경기침체와 함께 예전에 1개월, 3개월의 어음이 요즘은 6개월 이상씩 되었다니, 이런 거래어음 발행자 중 누가 부도나면 따라서 연쇄부도가 날 수밖에 없다. 자신들의 운명을 거래선에 맡기고 살아야 하니 어떻게 미래를 제대로 예측할 수 있겠는가. 이렇게 사업 하는 대부분의 사람들은 매일을 불안하게 살 수밖에 없는 실정이다.

셋째로, 건강과 환경에의 안심이다. 옛날에는 60살만 살아도 환갑잔치를 할 정도로 오래 살았다고 축하했지만, 요즘 우리나라 평균수명이 70세를 넘고 있다. 생활수준의 향상과 의술의 발달 덕택이라 하겠다. 특히 의료보험제도가 이제 정착되어 대부분의 사람들이 의료혜택을 받게 된 것은 다행스러운 일이다. 그러나 아직도 병이 났을 때 입원실 잡기가 서민에겐 하늘의 별 따기여서야 의료보험이 제대로 시행되었다고 할 수 있겠는가. 또한 농약으로 기른 콩나물, 화공약품으로 물들인 해조류, 병든 소고기 등을 팔아먹는 악덕상인들과 밤만 되면 유독하수를 무단방류해 강과 하천을 죽이는 악덕기업인들이 있는 한 건강과 환경의 위협은 어쩔 수가 없다. 이런 경제깡패들이 없어지지 않는 한 서민들은 안심하고 살 수가 없는 것이다.

넷째로, 우리 사회성원 모두의 언행이 좀 더 예측 가능하게 되어야 다들 안심하고 살 수 있다. 시민사회의 가장 기본적인 질서인 줄 서기를 예로 들자. 다 같이 줄을 서면 모두 조금씩 기다려야 하지만 얼마쯤 기다려야 할 지 예측하고 거기에 기해 다음 행위를 계획할 수 있다. 요즘 은행에서 시행하는 대기표 제도는 이 점에서 좋은 제도이다. 그런데 우리 사회에는 아직도 끼어들기가 횡행하고 있다. 거리에 차를 운전하고 나가보자. 조금 밀린다 싶으면 여기서 저기서 끼어들어 정신이 없다. 이런 상황에서는 제대로 줄 서다가는 얼마나 걸릴지 예측하기도 어렵다. 더욱이 새치기라도 당하면 기분을 망치게 된다. 자칫 사고가 날 위험이 커지는 것은 물론이다. 아무리 돈이 많은들, 매일 이런 스트레스를 받아야 한다면 무엇이 선진국인가.

그런데 이런 끼어들기는 비단 극장 앞 줄 서기나 도로에서 차운전하는 데만 있는 것이 아니다. 크게 보면, 우리 사회에 만연한 학연, 지연 등에 의한 봐주기, 뇌물수수 등이 기실 끼어들기와 똑같은 것이다. 뇌물 주고 뇌물의 몇 십 배 이득을 차지하는 그 사람은 기분이 좋겠지만, 그로 인해 뒤로 밀린 수많은 사람에겐 좌절과 분노만 있을 뿐이다.

마지막으로, 우리 사회가 좀 더 공개되고 투명하여야 안심하고 살 수 있다. 어느 날 갑자기 예고 없이 정책이 바뀐다든지 해서야 어떻게 하겠는가. 아직도 우리 생활에 절대적 영향을 갖는 각종 인허가 등을 위시한 정부시책이 공개되고 의사결정 과정의 투명성이 보장되어야 한다. 이 점에서 입법예고제 등은 진일보한 것이라 하겠으나 아직도 각종 규제의 입안과 실시는 투명성이 극히 부족한 것으로 보인다. 이 점과 관련하여 김영삼 대통령의 인사 스타일도 하나의 예가 될 것이다. 일국의 장관직은 국가정책을 결정·집행하는 중요한 자리임에 틀림없다. 그런 중요한 인사를 김영삼 정부는 발표 시점까지 아무도 모르게 했다가 발표한다. 심지어는 사전에 누설되면 내정자를 바꾸기도 한다고 한다. 철저한 검증을 했는지도 미지수이다. 일주일 만에 물의를 빚어 하차한 사람이 있기도 하다. 장관의 임기를 제대로 보장하지 않아 장관으로 1년 이상이면 장수했다고 하니 어떻게 장관들이 소신과 계획을 가지고 일할 수 있을 것인가.

다른 나라는 장관으로 내정된 사람은 몇 개월 전에 공표되어 사전 검증을 받고 또 본인도 충분한 준비를 할 수 있도록 하며, 일단 임명되면 대통령과 임기를 같이하는 진정한 파트너쉽으로 일한다. 그런데 우리나라는 일 년이 멀다하고 장관이 바뀌고 그 정책 또한 일 년이 멀다하고 바뀌고 있다.

이제 모두들 좀 더 성숙해져야 하겠다. 선진국가란 다름 아닌 성숙한 국민의 국가인 것이다.

아리랑과 카튜샤의 차이

한·러 수교 120주년을 기념하여 모스코바에서 열린 11월 14일 KBS의 열린음악회는 한국과 러시아의 수많은 출연자와 3개 층 객석을 꽉 채운 방청객의 열띤 호응 속에서 1시간 반 동안 시청자들을 사로잡았다. 한국과 러시아의 모든 출연자들이 나와 한국의 '아리랑'과 러시아의 민요 '카튜샤'와 한국의 '아리랑'의 합창으로 대미를 장식하였다.

경쾌한 리듬의 카튜샤 곡에 따라 나오는 자막은 아래와 같았다.

사과꽃과 배꽃이 만발하였네

안개는 강위로 퍼져가네

카튜샤는 강가로 나와

노래를 부른다네

초원을 나르는 회색 독수리

그리고 편지를 보내온 사랑하는 연인을 위해

오! 노래여 처녀의 노래여

저 해맑간 해까지 날아라

먼 변방의 병사에게 날아가

카튜샤의 인사를 전하려므나

이 순박한 처녀를 잊지 말고

그녀의 노래를 들으소서

그대는 조국을 지키고

카튜샤는 사랑을 지키리니

오! 노래여 처녀의 노래여

그 뒤를 이은 아리랑의 가사는 우리도 잘 아는 바와 같이 다음과
같다.

아리랑 아리랑 아라리요
아리랑 고개로 넘어간다
나를 버리고 가시는 님은
십 리도 못 가서 발병난다.

한국 사람만큼이나 러시아 사람들도 한이 많은 민족인지 러시아
민요 가사를 보면 어둡고 쓸쓸한 내용이 많다. 그럼에도 민요에는
힘이 있고 끝에는 꿈과 희망을 노래한다.

그런데 우리나라 아리랑은 자기를 버리고 떠나는 임이 발병나기
를 노래하고 있다. 좋게 보면 발병이 나서 임이 떠나지 못하여 다시
돌아올 것을 바라는 마음이라고도 볼 수 있다. 그러나 달리 보면 자
기를 버리고 가는 임에 대한 한이나 저주를 노래하고 있다고도 불
수 있지 않을까.

같은 자리에서 양국의 가수들이 부르는 두 나라의 대표적 민요
의 퍽 대조되는 가사를 보면서 착잡한 심정을 느낀 사람이 나뿐이
었을까.

보다 투명한 사회적 의사결정구조 Social Governance

영화〈공공의 적〉을 보면 못 말리는 형사 강철중(설경구 분)이 목욕탕에 들어갔다가 온몸에 문신을 한 조폭을 제압하여 자기 등을 밀게 하는 장면이 있습니다. 권력은 상대방을 자기 의사에 복속시키는 힘입니다. 영화에서 설경구가 조폭을 굴복시킨 것은 형사라는 권력을 통해서가 아니라 달려드는 상대방을 한 방에 목욕탕 물속에 처박은 물리적인 힘에 의해서였습니다. 공동체적 질서와 권력 이전에는 이렇게 물리적인 힘으로 상대방을 지배하는, 약육강식의 법칙으로 세상이 움직였습니다.

우리가 길조로 알고 있는 까치가 사실은 독수리도 제압하는 맹조猛鳥로서 떼 지어 공격하면 독수리도 못 당한다고 합니다. 이것이 조폭의 논리입니다. 힘이 약해도 맥주병을 깨서 휘두르며 눈에 불을 켜고 달려드는 무뢰한에게 보통 사람들은 겁을 먹게 마련이고 더욱이 이런 사람들이 집단이 되면 어찌해 볼 수 없게 됩니다. 이러한 힘을 바탕으로 한 확실한 보복이 조폭의 무기입니다. 그러나 국가라는 공동체가 확립된 오늘날 조폭 수십 명도 검사 한 명을 당해내지 못합니다. 왜냐하면, 그 검사 뒤에는 공권력이라고 하는 거대하고 확실한 응징이 있기 때문입니다.

〈공공의 적〉 설경구, 형사라는 합법적 권력으로 조폭 제압

공동체로서의 국가는 공동체 구성원들의 의사를 수렴하여 결정하고 결정된 의사를 집행합니다. 의사결정과 집행 둘 중에 하나라도 결여되면 그 공동체는 진정한 공동체로서 기능을 하지 못합니다. 과거 전제군주제에서는 절대왕권과 이를 뒷받침하는 무력이 있었습니다. 대의민주주의를 기반으로 하는 오늘날 공동체의 의사결정 권한은 선거에 의해 선출된 대통령, 국회의원과 지자체장 등에 주어지고 이를 담보하는 군대와 경찰이 있습니다. 목욕탕 밖에서의 설경구는 덩치가 두 배나 큰 조폭을 물리적 힘으로 제압할 필요가 없습니다. 형사라는 합법적 권력이 있기 때문입니다.

우리나라는 민주주의와 함께 사유재산제도와 시장경제를 주축으로 하는 자본주의를 기본으로 하고 있습니다. 자본주의 시장경제하에서 경제활동의 주체는 기업입니다. 기업은 끊임없는 경영활동을 통하여 부와 고용을 창출합니다. 부富는 우리 개개인 삶의 물질적 기초이고 커다란 경제적 힘, 곧 권력을 갖게 됩니다. 수십만 명을 고용하고 수백 조의 자산을 가지고 있는 거대기업은 미상불 조폭권력이나 국가권력도 쉽사리 상대하기 힘들만큼 강력한 권력을 지니고 있습니다.

오늘자(6·27) 한국일보 박래부 칼럼에 삼인성호三人成虎라는 고사가 인용되었습니다.

위나라 혜왕의 신하 방공이 태자와 함께 조나라에 인질로 떠나기 직전 혜왕과 대화를 나눴다. "어떤 사람이 지금 저잣거리에 호랑이가 나타났다고 하면 믿으시겠습니까?" "누가 그 말을 믿겠소?" "그럼 두 사람이 똑같이 호랑이가 나왔다고 하면 믿으시겠습니까?" "의심해 볼 것 같소." "세 사람이 똑같은 소리를 한다면 그때는 어쩌시겠습니까?" "그렇다면 아마 믿을 것이오." 방공이 묻기를 멈추고 본심을 아뢴다. "전하, 제가 가 있게 될 곳과 이곳의 거리는 저잣거리보다 멀고 저를 참언하는 자 역시 세 사람보다 많을 것입니다. 원컨대 밝게 살피소서." 왕은 고개를 끄떡였다. 그러나 불행하게도 약속은 지켜지지 않았고 방공은 결국 왕을 만날 수 없었다.

위의 고사에서 보듯이 세 사람이 말하면 없는 호랑이도 만들어낼 만큼 언론의 힘은 막강합니다. 그래서 사람들은 오늘날 입법, 행정, 사법에 이어 우리 사회의 네 번째 권력은 바로 언론권력이라 말합니다.

우리 사회가 정치적으로는 민주화가 되고 경제적으로 여유가 생기면서 문화적으로 다양한 욕구가 강해졌고 많은 사회·시민단체들의 활동이 점점 활발해지고 있습니다. 넓게 보면 노동조합, 직능단체에서 시작하여 종교단체, 시민단체에 이르기까지 무수히 많은 단체가 공동체 의사결정에서 점점 더 큰 역할을 하고 그에 따라 보이지 않는 권한을 행사하게 되었습니다. 참여연대, 경실련, 정의구현사제단, 환경운동연합, 전교조 등은 모르는 사람이 없습니다. 요즘은 크고 작은 사회적 쟁점마다 그에 관련된 ○○연대, △△을 생각하는 모임, ××연합 등 무수한 단체가 있고 이들은 TV를 통하여 입장을 밝히고 때로는 실력행사에 돌입하기도 합니다.

다원화, 정보화, 탈권위로 구성원 욕구도 점점 다양화

앞으로 우리 사회의 다원화, 정보화, 탈권위가 한층 진전되고 사회 구성원의 욕구도 보다 더 다양화 될 것으로 예상됩니다. 이에 따라 정부, 기업 등 전통적 부문의 역할은 점차 축소되고 구성원의 다양한 욕구를 충족시키기 위해서는 사회부문의 역할이 더욱 커질 것입니다. 사회·시민단체가 우리나라의 정치, 경제, 사회, 문화 각 방면에 지대한 영향을 미치게 되면서 제5부의 역할을 한다는 의견도 나오고 있습니다.

최근 들어 국가권력은 많이 투명해졌고 책임성도 높아져 가고 있습니다. 모든 것이 밀실에서 결정되던 과거 권위주의 시대와는 달리 그간의 정치개혁 노력에 힘입어 오늘날에는 대부분의 의사결정 과정이 투명하게 공개될 뿐만 아니라 권력의 정상인 대통령부터 탈권위에 앞장서고 있습니다.

또한, 외환위기 이후 기업의 소유지배 구조, 회계 등과 관련한 제도개선으로 기업의 투명성과 책임성도 높아졌습니다. 미국이 엔론Enron의 회계부정 사태를 계기로 기업회계 부정 방지를 위한 제도개혁을 추진한 것처럼 우리나라에서도 외환위기 및 S그룹의 분식회계 사건 등을 계기로 관련제도가 크게 개선됨으로써 기업의 지배구조와 회계의 투명성이 눈에 띄게 높아졌습니다.

사회 · 시민단체 투명성 · 책임성 높여야

이처럼 정치와 기업부문의 투명성과 책임성이 높아진 데 비교하여 사회 · 시민단체는 그 역할에 비해 의사결정구조Governance[1]가 취약한 것으로 보입니다. 사회 · 시민단체의 역사가 일천한 점은 있지만, 이제는 그 영향력이 아무도 무시하지 못할 정도로 커진 만큼 이에 상응하는 최소한의 투명성Transparency과 책임성Accountability을 갖추어나가야 하겠습니다.

우리나라의 경우 대부분의 사회 · 시민단체가 법인이 아닌 임의단체라는 형태를 취하고 있어 조직, 의사결정, 회계 등을 알려고 해도 알 수 없는 현실입니다. 각종 사회 · 시민단체의 경우 최소한 회원이 누구인지, 의사결정은 어떻게 이루어지는지, 재원을 어디서 조달하여 어디에 지출하는지 등이 투명하게 공개된다면 그 단체에게나 국

---

1 영어의 governance는 기업지배구조(corporate governance)와 관련하여 많이 쓰이고 있는데 그 의미는 기업의 의사결정과 집행에 관련되는 제도, 절차, 문화를 총칭하는 개념입니다. 이런 의미를 담아내는 적절한 우리말이 아직 없어 여기에서는 불완전하지만 '의사결정구조'로 좁혀서 쓰기로 하겠습니다.

민에게나 많은 도움이 될 것입니다. 예를 들어 인터넷을 통해 조직, 사업, 회계 등을 공개하는 통일된 시스템을 마련하여 사회·시민단체들이 자발적으로 해당 정보를 공개하는 것도 하나의 방법이 될 수 있을 것입니다.

궁극적으로는 사회·시민단체들이 순수성과 중립성을 유지하고 국민의 신뢰를 얻기 위해서는 스스로 투명성을 높일 수 있도록 자기규율Self-Discipline과 자기책임Self Accountability을 강화하는 것이 가장 중요하다고 하겠습니다. 우리 사회의 중심세력으로 부상한 사회·시민단체의 순기능을 더욱 강화하고 한 단계 더 성숙하기 위해서라도 그 영향력에 걸맞은 투명성과 책임성을 갖추어야 하겠습니다. 이렇게 하는 것이 공정하고 투명한 사회적 의사결정구조Social Governance를 확립하는 길이 될 것입니다.

누가 검투사를 죽였는가?

- 시위대와 전경이 밀고 밀리는 대치 현장에서 이성과 절제는 무력해지고 부상자와 사상자가 속출한 갈등의 현장에서는 차분한 진단과 처방은 귀에 들어오지 않는다. 작년 농민시위 현장도 어언 8개월이 지났다. 이제는 되돌아보고 같이 한번 생각해볼 때가 되지 않았나 싶다. 당시의 느낌을 적어놓았던 이 글을 우연히 다시 읽게 되었다. 우리도 이제 폭력적 시위는 졸업할 때가 되지 않았을까? 유난히 길고도 무더운 금년 여름, 아직도 뜨겁기는 마찬가지이지만 하늘은 우리도 모르는 새 높은 뭉게구름과 함께 가을로 들어서고 있다.

2006. 8. 8. 입추에

로마의 검투사Gladiator들을 누가 죽였는가? 상대 검투사의 칼과 창, 맹수의 날카로운 이빨과 발톱인가? 아니면 원형경기장 안의 모든 목숨을 좌지우지한 네로황제의 엄지손가락인가? 아니다. 로마

검투사들을 죽인 것은 이들의 고통과 피를 즐기고 이들의 죽음을 원한, 최소한 검투사끼리의 살육을 방관하고 환호한 로마시민이 아니겠는가?

오늘날 대한민국에서도 검투사의 죽음이 되풀이되고 있다면 이는 지나친 과장일까? 빈번히 발생하는 폭력시위 그리고 이 같은 시위현장에서 속절없이 죽어가는 아까운 목숨…. 누가 이들을 죽음으로 몰아넣고 있는가? 우리 모두가 로마시민처럼 이들의 죽음을 방관하고 있는 것은 아닐까? 우리의 방관이 경찰과 시위대를 한국의 검투사로 만들고 있는 것은 아닐까?

크게는 우주의 섭리부터 작게는 아이들의 술래잡기 놀이에까지 이 세상 모든 것에는 규칙이 있다. 스포츠에만 규칙이 필요한 것은 아니다. 시위에도 시위의 규칙이 있어야 한다. 우리나라는 다른 민주주의 국가와 마찬가지로 집회와 시위의 자유를 보장하고 있다. 그러나 집회와 시위 등 집단적인 행동은 법에서 정한 테두리 안에서 이루어져야 한다. 이것이 시위의 법칙이다. 이러한 규칙을 벗어나면 이미 시위가 아니라 폭력이다.

인권의 이름으로, 민주주의의 이름으로, 폭력을 그대로 놔두면 과연 어떻게 될까? 국회와 청와대를 쇠몽둥이를 들고 화염병을 던지는 시위대가 접수할 것이다. 이것이 과연 우리가 바라는 것인가? 민주주의는 공동체 구성원의 자유와 자율적 결정을 근간으로 한다. 자유로운 의사표시는 민주주의의 본질이기 때문에 제약되어서는 안

되지만 그것이 폭력적인 경우 이는 곧 민주주의 존립근거를 위협하게 된다. 깡패가 좋은 이웃이 될 수 없듯이 폭력은 민주주의와 공존할 수 없다.

더 이상의 억울한 사상자를 내지 않기 위해서 우리도 미국과 홍콩 경찰을 배워야 한다. 평화적 시위는 보호하되 경찰저지선 Police Line 을 넘는 폭력시위는 단호히 법대로 대처한다는 원칙을 사전에 예고하고 그대로 시행하는 길만이 제2, 제3의 희생자를 막는 길이다.

2005. 12. 17.

2005년 12월 17일 토요일 오후 4시. 사무실에서 나오면서 택시를 타기 위하여 광화문을 걸어 내려왔다. 아마 금년 중 제일 추운 날인 것 같다. 잠시만인데도 귀가 얼얼해지고 코가 떨어져 나가는 것 같다. 발이 시려오고 몰아치는 바람에 눈물이 난다. 그런데 이게 웬일인가. 이 추위에 움직이지도 않고 여기 저기 동상처럼 무리지어 서 있는 군청색 제복의 무리들. 전경들. 차가운 방패를 앞으로 한 채 칼바람을 맞으며 움직이지 않고 있는 군상들. 움직이면 그래도 낫다. 움직이지도 않고 추위에 가만히 서 있으면 추위는 발끝에서부터 머리끝까지 엄습해온다.

이 젊은이들이 왜 여기에 이렇게 서서 추위에 떨고 있어야 하나. 어디 이들 뿐인가. 교대하기 위해 닭장차에서 갇혀 기다리며 시간을 죽이고 있는 수천 명의 하릴없는 젊은이들. 왜 이들이 여기에 있어야 하나. 그것은 혹시 있을지도 모를 폭력시위 때문이다. 폭력시위를 막기 위해 우리는 수천 명의 젊은이들을 전투경찰이라는 이름으로 서울의 도심지 구석구석에 세워놓고 있다. 전방에서 더 매서운 바람을 맞으며 보초 서는 군인도 있는데 군 복무면 그 정도 고생이 당연하다고 생각하는 사람이 있을 수도 있다. 그러나 전방의 군인은 국토방위라는 분명한 목적이 있다. 여기 서 있는 젊은이들은 과연 무엇을 위한 희생인가.

민주주의 사회에서 시위는 의사표시의 한 방법으로 인정된다. 우리 헌법도 집회의 자유를 인정하고 있다. 그러나 헌법이 보장하는 시위는 평화적 시위이다. 시위가 평화적이면 군이 이렇게 지킬 필요가 없다. 시위신고를 하면 질서유지를 위하여 그때 출동하면 된다. 문제는 시위가 폭력화되는 데 있다. 왜 유독 우리나라에서만 이렇게 폭력시위가 일상화되었나.

오랜 식민지지배 시기에 시위는 용기 있는 자의 몫이었고 뒤이은 자유당 정권은 4·19 학생의거에 의해 교체되었다. 30년에 걸친 군사독재 시절에 정권은 타도되어야 할 대상이었고 평화로운 집회는 허용되지 않는 상황에서 폭력시위는 국민적 지지와 정당성을 갖고 시위에 참가하는 자는 용기 있는 투사로 존경받았다. 그러나 독재정권이 무너지고 민주화가 되어 아시아에서 가장 민주적인 국가가 된 지 15년이 지난 지금도 우리는 폭력시위의 사회적 관성을 못 벗어나고 있다. 세계 어느 나라에서도 우리같이 폭력적 시위가 다반사되고 사회적으로 용인되는 경우는 없다.

우리 같이 생각해보자. 쇠몽둥이를 휘두르고 경찰차를 엎어 불 지른다고 비준을 하지 말아야 할 이유가 더 중요해지고 명분이 더 커지는가. 평화적으로 하면 정부가 무시하고 폭력적이 되면 정부가 들어주는 것인가. 그렇지도 않고 그럴 수도 없다. 만약 그렇게 되면 어떻게 될까. 온갖 이해단체들은 매일 광화문 네거리에서, 청와대 앞에서, 여의도에서 폭력시위를 해야 하지 않겠는가.

폭력시위는 엄격히 따져 한가지의 목적을 위해서만 행사하여야 할 것이다. 그것은 정부를 전복하거나 굴복시키기 위한 수단이다. 적법한 수단과 평화적 수단이 다 봉쇄되었을 때 폭력적 방법은 유일한 수단이 될 수 있고 이때 이미 정부는 민주적 정통성을 갖지 못하기에 타도대상이 될 수 있다. 평화적 시위를 보장하는 정통성을 가진 민주적 정부에 대하여 폭력시위를 하는 것은 자기부정이다. 행여 정부의 전복이 목적이 아니지만 폭력을 통하여 국민적 관심을 얻고 나아가 자기의 목소리를 키우기 위한 것이라면 이것은 엄청난 사회적 병폐를 가져올 뿐이다. 정부가 무력화되고 목소리 큰 사람이 이기는 사회가 과연 우리가 지향할 사회인가.

폭력시위의 대상은 누구인가. 일차적으로 시위를 막는 전경이다. 전경이 누구인가. 바로 우리의 아들들이다. 어떤 아들들인가. 부모들에게는 둘도 없이 귀한 아들들이다. 군대를 보낸 부모의 마음을 안다. 차라리 전방에서 국방을 위하여 추위에 떨며 보초를 서야 한다면 마음 아프지만 이해가 된다. 그런데 왜 광화문 모퉁이에서 추위에 떨고 서 있어야 하며 폭력의 대상이 되어야 한단 말인가. 시위에 참가한 농민들에게 묻고 싶다. 어쩌면 당신이 휘두르는 몽둥이의 대상이 당신이 군대 보낸 사랑하는, 하나밖에 없는 아들일 수도 있다는 생각은 안 드는가. 당신의 아들이 아니고 잘 모르는 남의 아이라서 괜찮은 것인가.

외국에서 폭력시위자의 사상은 뉴스가 아니고 폭력시위를 막다 다친 경찰이 뉴스이다. 왜 우리나라에서는 데모를 막다가 다친 수십 명의 경찰은 보도도 제대로 안되고 시위자 쪽만 뉴스가 되나.

꼭 해야 될 일이라면 아무리 춥더라고 보초를 서야 하고 싸워야 하고 극단적인 경우 죽을 수도 있다. 그러나 피할 수 있는 일로, 의미 없는 일로, 추위에 떨어야 하고 싸워야 하고 다치고 죽어야 한다면 이 얼마나 한심하고 허무한 일인가. 이제 폭력시위라는 구시대의 유물은 박물관에 보낼 때이다. 더 이상 전용철 씨의 죽음을 되풀이하지 말자. 그리고 우리의 귀한 젊음을 낭비하게 하지 말자. 홍콩의 경찰을 배우자. 앞으로 폭력시위는 절대로 용납하지 않는다는 예고를 하고 엄격히 시행하여 폭력시위자와 주동자는 전원 폭력행위로 구속, 처벌하는 길만이 더 이상의 폭력을 피하는 길이다.

도덕적 해이와 민주노총

서울지하철의 파업이 장기화되고 대우그룹의 구조조정 방침에 반발하여 대우조선노조가 전면파업에 돌입하는가 하면 공공노련, 사무노련, 금속노련이 줄줄이 파업을 선언하고 나섰다. 민주노총은 5월 12일을 기해 전국적 파업을 감행 "기필코 정부를 굴복시키겠다."고 선언한 상태다. 다시 붉은 머리띠를 두른 전투적인 우리 노동자들의 시위 모습이 세계 각 언론에 대문짝만하게 나고 우리경제의 신인도는 더욱 더 떨어질 것이다.

파업은 사용주에게 생산중단을 강요함으로써 하루에도 수백 억의 엄청난 손해를 가져다준다. 예컨대 대우조선이 5조 원대의 높은 매출을 올리는 기업이라 하여도 백일만 파업이 계속되면 대우조선은 문을 닫게 될 것이다. 이 경우 사용자만 아니라 결국은 근로자 자신들의 일자리도 없어지는 것이다. 여기에 더하여 이제 막 미증유의 경제위기에서 겨우 벗어나고 있는 취약한 우리 국민경제에 끼치는 악영향은 말할 필요도 없다.

　그러나 이 모든 피해에도 불구하고 노동자의 파업할 권리를 부인
할 수는 없다. 우리나라의 헌법과 노동관계법은 노동자에게 노동조
합을 결성하고 단체협약을 할 수 있도록 하고 있을 뿐만 아니라 단
체행동권을 보장하고 있다. 따라서 노동자들은 사용자측과 대등한
협상을 위하여 필요한 경우 파업을 포함한 단체행동도 감행할 수 있
다. 지하철파업의 경우와 같이 그 결과로 당장 시민생활이 매우 불
편해지더라도 파업을 해서는 안 된다고만 할 수는 없는 것이다.

　일반적으로 어떤 행위를 하는 데 있어 행위자에게는 아무런 비용
Cost이 없으나 상대방에는 커다란 피해를 가져올 수 있다면 그러한
행위는 엄청난 남용Abuse의 위험을 수반하게 된다. 소위 도덕적 해
이의 문제이다. 파업에 따른 노동자의 비용Cost은 임금의 상실이다.
노동자들은 파업을 결정함으로써 파업기간 동안 자기 임금을 포기
하는 것이다. 다른 나라에서는 노조들이 파업에 대비하여 평소에 회
비를 적립하여 파업시의 임금상실에 대비한다. 결국 파업의 비용은
노동자의 몫이고 따라서 파업결의를 할 때 노동자들은 파업투쟁에
의해 얻어질 수 있는 이익과 그로 인한 임금상실의 고통을 따져 신
중한 결정을 하게 되는 것이다.

　그런데 노동3권의 기본전제가 되는 이 무노동무임금원칙이 유독
우리나라에서만 지켜지고 있지 않다. 96년 노동법개정으로 법제화
가 되었으나 아직까지도 대부분 파업 해제 시 파업기간 중 임금을
전액지급하기로 합의하여 무노동유임금이 통하고 노동자들은 파업
을 결의할 때 임금상실의 우려를 할 필요가 없다.

문제는 여기서 그치지 않는다. 우리나라 노조간부들은 일을 하지 않아도 월급 걱정할 필요가 없다. 소위 노조전임자 제도라는 것이 있어 일정 수의 노조 간부들은 회사에서 일하지 않아도 회사가 급여를 지급하도록 되어 있기 때문이다. 최근에 통합한 한 시중은행에는 지금도 통합 전 두 은행의 노조가 따로 있는데 한 노조마다 20여 명에 이르는 노조전임자가 있으며 우리나라 전체로는 약 만 오천 명이나 된다고 한다.

물론 노동자를 대표하고 협상하기 위해서는 당연히 노조위원장도 있고 위원장을 보좌하는 간부들도 있어야 할 것이다. 그러나 조합원의 권익을 위하여 전임 노조대표가 필요한지, 필요하면 몇 명이 필요한지는 소속 조합원이 결정해야 하고 노조대표가 노조활동에 전념하여야 한다고 판단되면 그의 급여는 당연히 조합비로 갹출하여 부담하여야 하는 것이다. 이렇게 될 때 평조합원들은 노조대표들이 진정 자기들의 권익을 위해 활동하고 있는지 감시하고 그 책임을 투표를 통하여 묻는 것이다. 개정노동법이 2001년부터 노조 전임자 급여를 지급하지 못하도록 한 것은 당연한 처사이다. 그런데 지금 민주노총과 한국노총이 바로 이 노조 전임자 급여 보장을 노사정위원회 복귀의 조건으로 정부에 요구하고 있다.

파업하는 지하철노조원들이 서울대학교의 교정에서 농성하다가 이제는 공부하는 학생들을 몰아내고 도서관을 점거하였다고 한다. 그런가 하면 새로 파업에 들어가기로 했던 한국통신노조는 고려대학교에 들어갈 예정이었다고 한다. 이렇게 되면 서울의 유수 대학들이 모두 민주노총에 의해 접수되는 것은 시간문제인 것 같다. 과연 이래도 되는 것인가. 민주노총은 무슨 권한이 있어 해당 대학들을 점거하고 대학의 심장인 도서관에서 공부하는 학생들을 쫓아내도 된다는 말인가. 학생운동이라는 이름으로 한총련의 폭력행위가 용납될 수 없듯이 노동운동이라는 이름으로 이제 더 이상 이러한 불법행위가 용인되어서는 안 될 것이다. 여기에 더하여 "정부를 기필코 굴복시키겠다."고 장담하던 민주노총이 이제는 "파업을 본격적인 정권퇴진운동으로 전개하겠다."고 공언하고 있다. 무슨 정당성을 가지고 헌법절차에 의해 국민에 의해 선출된 정부를 퇴진시킨다고 말할 수 있단 말인가. 현 정부를 퇴진시키고 나서 어떻게 하겠다는 말인가. 만약 그러한 발언을 내가 하였다면 십중팔구 나는 내란예비죄 혐의를 받게 될 것이다.

돌이켜보면 IMF 위기 직후 정부가 발상한 노사정위원회가 현 사태의 씨앗이 되었다고 보아진다. 우리 경제의 절대 절명의 위기에서 필요한 구조조정은 피할 수 없는 당면과제였고 그것은 빠를수록 좋은 것이었다. 정부의 몫은 그러한 구조조정 과정에서 부득이 양산되는 실업자의 생계를 위해 실업대책을 시행하는 것이었다. 그런데 정부가 현실적으로 이루어질 수 없는 3자 합의 꿈에 매달리다 보니 민주노총은 노사정위에서 탈퇴한다는 위협만으로 정부의 발목을 잡을 수 있게 되었다. 그러다 보니 민주노총은 자신들의 힘으로 정부를 굴복시킬 수 있다는 과대망상까지 하게 된 것이다.

은행돈을 물 쓰듯이 하여 사업이 잘되면 자기 돈이고 사업이 안

되면 은행이나 정부에 떠넘길 수 있다고 생각한 사업주의 도덕적 해이가 문제이듯이 회사나 국민경제에 대한 치명적인 손해에도 아랑곳하지 않고 파업으로 자기들의 힘을 과시하려는 노조대표의 도덕적 해이도 없어져야 한다. 겨우 되살아나는 우리 경제의 대외 신인도와 수출, 외자유치가 자칫 무책임한 파업으로 무산될 위기에 있다.

민노총과 경제가 함께 사는 길

- 불가피한 정리해고, 대안 없는 반대지양, 共滅은 막아야

　　노동자의 권익을 지키기 위한 노동조합 결성 등 노동운동은 법적으로 보장되어 있고 국민들 또한 이를 정당한 것으로 받아들이고 있다. 고용안정, 임금인상은 노조의 대표적 목표이다.

　　그러나 만약 회사의 매출이 급감하고 재무구조가 극도로 부실해져 종업원을 줄이고 임금을 삭감하지 않으면 회사가 망할 처지에 있는데도 이를 단행하지 못하면 결국 회사는 문을 닫을 수밖에 없다. 당연히 종업원은 모두 자동으로 해고돼 실직자로 전락하면서 한 푼의 임금도 못 받게 된다.

　　"다 같이 죽자."는 동반 자살자가 아닌 한 누구도 이런 상황에서는 정리해고와 임금삭감의 불가피성을 인정하지 않을 수 없게 된다.

　　경제 위기를 맞고 있는 요즘 우리 기업은 과잉부채, 고금리, 환차

손 등 복합요인에서 기인한 비용 상승으로, 한편으로는 수요 급감에 따른 매출감소로, 거의 예외 없이 부도 직전에 몰려 있는 실정이다.

그래서 그동안 과도한 차입으로 사들인 자산을 헐값에라도 팔아 그 돈으로 빚을 갚고 살아야 할 처지에 있는 것이다. 이런 판국에 노조가 정리해고와 임금삭감을 반대하며 파업을 불사하고 폭력시위를 벌인다면 그것을 과연 무엇을 얻기 위한 것인지를 새삼 생각해 볼 문제이다.

노조 요구대로 해고도 없고 임금도 그대로 주면서 회사가 살아갈 수 있다면 얼마나 좋겠는가. 기업이 창출한 이윤 총액 중 노동자 몫을 좀 더 크게 해달라는 주장 자체는 나무랄 수 없다. 그러나 현재는 나누어 먹을 이윤은커녕 회사 자체가 문을 닫을 지경인 것이다.

그렇다면 이 시점에서 정리해고와 임금삭감을 반대하는 노조의 주장이 설득력을 얻기 위해서는 노조는 해당 기업이 정리해고 없이도 살아남을 수 있다는 근거를 제시해야 한다. 또 노조는 이 근거를 국민에게 이해시킬 수 있어야 한다. 회사에 자료를 요구해 스스로 판단한 후 국민의 이해를 구하여야 한다는 말이다. 그렇지 않다면 노조는 오히려 기업주들에게 하루빨리 자산 매각 등 구조조정을 서둘러 회사를 살리라고 요구해야 할 것이다. 구조조정은 하고 정리해고는 부당하다고 내세우면 자가당착일 수밖에 없다.

불가피한 정리해고는 수용하되 정부에 실업대책을 물어야 할 것이다. 이 기회에 탐욕스런 과다차입과 과잉투자와 같은 부실경영을 다시는 할 수 없도록 기업주에게 기업경영의 투명성을 요구하고 기업의 이해관계자로서 기업경영에 대한 의견을 제시할 수 있는 권리를 요구할 수도 있겠다.

그러나 이 시점에서 정리해고를 반대하는 것은 무리이다. 물론 노조 처지에서 할 말은 많을 것이다. 현 경제위기를 초래한 장본인이 누구인가, 과욕에 눈이 어두워 무조건 사업을 늘리기 위해 과다차입을 일삼고 경영을 방만하게 해 온 기업주들이 아닌가. '국민소득 1만 달러'라는 정치적 선전을 위해 인위적으로 고환율을 유지해 온 정부가 아닌가.

그런데 당장 위기에 따른 고통을 기업주나 정부보다 노동자들에게 감내하게 한다는 점에서 노동자들의 주장을 충분히 이해할 수 있다. 그러나 그동안 망한 기업주도 헤아릴 수 없을 만큼 많고 망하지 않은 기업주도 그 전보다 훨씬 가난해졌음을 부인할 수 없다. 정부부문의 구조조정이 아직 예정대로 이루어지지 않고 있지만 결국 이 경제난국의 대가를 우리 국민이 모두 감내하지 않을 수 없게 된다.

— 노조가 회사에 외국자본 도입을 반대해 파업을 한다는 것 또한 현명한 처사가 아니다. 제3자 매각이 공장폐쇄나 축소를 위한 것이라면 모른다. 그러나 그것이 회사를 살리기 위한 것일진대 어떻게 반대 명분이 된다는 것인가.

자력갱생할 수 있으면 좋으련만 채권은행이 빚을 탕감해 주고 정부가 세금을 감면하고 출자한다면 자력갱생하겠다는 것은 결코 자력갱생이 아니다. 또 현재 거국적으로 추진되고 있는 외국자본 도입이 굴욕적이라고 반대한다는데 그렇다면 대안이 무엇인지 제시하여야 한다.

외국자본을 도입하지 않고도 국내자본만으로 해결할 수 있다면 좋다. 그러나 현 시점에서 다들 망할 위기인데 다른 기업에 투자할 여유가 있는 국내기업이 어디 있는가. 당장 나라경제와 개별기업이 위험한 상황에서 대안없는 비판은 비겁한 것이다.

실직하는 당사자들과 그 가족의 고통을 당하지 않은 사람이 어떻게 알랴. 마땅히 최소한 생존의 위협이 없도록 정부는 실업급여를 지급하고 기업은 하루빨리 위기를 극복해 일자리를 창출해야 한다. 온 국민이 동참해 이 위기를 극복해야 한다.

그러나 빈대 잡기 위해 초가삼간 태우는 우愚를 범하진 말아야 할 것이다. 언제 난파할지 모르는 일엽편주 위에서 다투다가 배를 전복시키는 일이 없어야겠다. 지금은 노조가 참아야 한다. 우선 살려 놓고 따질 것은 나중에 따져야 할 때이다. 폭력을 일삼는 철없는 일부 학생에 동조해서는 안 된다.

(1998. 5. 15. 매일경제)

촛불시위

촛불시위는 이제 그만해야 한다. 미선이, 효순이의 죽음은 안타깝고 또 미군 재판 결과가 우리가 보기에 미흡한 것도 사실이다. 주한미군지위협정SOFA의 불평등 조항은 개선되어야 한다. 그러나 한 달 이상 연일 계속되어 온 촛불시위는 본래의 좋은 취지에 반하여 이제 우리나라의 근본을 위태롭게 하고 있다.

첫째, 촛불시위에서 요구하고 있는 것은 적어도 우리나라의 SOFA 규정에서 미국이 독일이나 일본과 맺은 것보다 불리한 부분은 고쳐져야 한다는 것으로 알고 있다. 그러나 입장을 바꾸어 생각해보자. 우리도 옛날 월남에 파병하였고 현재도 유엔의 일원으로 동티모르에 파병하였다. 우리는 우리의 자식이 월남이나 동티모르에서 구속되어 현지 재판을 받아야 한다고 생각할까. 한 가지 잊어서는 안 되는 것은 독일이나 일본에 미군이 주둔하고 있는 것은 미국 자체의 세계전략상 이유 때문이나 우리의 경우는 바로 우리 자신의 안보상 이유 때문이다. SOFA협상에 임하는 우리 정부의 입장이 그만큼 약할 수밖에 없다는 것이다.

그동안 한 달 넘는 시위를 통하여 우리는 우리의 주장을 전 세계에 알렸다. 그리고 SOFA개선 협상이 현재 진행되고 있다. 국제협상은 하루아침에 끝나지 않는다. 아무리 좋은 일도 지나치면 역효과만 남는다. 언제까지 계속할 것인가. 이제 조용히 정부 간의 협상을 지켜보아야 할 때이다.

둘째, 대규모 군중집회가 일상사가 되어서는 안 된다. 지난 6월 월드컵 축제 때 거리에 모였던 수백만 인파는 가히 전 세계를 깜짝 놀라게 한 바 있다. 그것은 축제였다. 축제는 보는 사람을 즐겁게 하지만 분노의 함성은 듣는 사람을 불안하게 한다. 지난 토요일 저녁, 나는 광화문을 흔드는 함성을 들으면서 등골에 식은땀을 흘렸다. 어찌 나쁜이겠는가. 그것이 무엇을 가져오는가. 80년대 외국인에게 비친 우리의 이미지는 화염병이 난무하는 시가전이었다. 모처럼 월드컵 축제를 통하여 이룩한 우리의 모습이 이제 거리를 꽉 메운 시위의 불안한 모습으로 바뀌고 있다. 아무것도 잃을 것이 없던 60년대라면 모른다. 그러나 지금 우리는 잃을 수 있는 것이 많다. 불안한 나라에 누가 투자하려 찾아오겠는가. 세계화된 오늘의 지구경제에서 우리 기업들이 경쟁력을 잃기는 하루아침이고 한 번 잃어버리면 회복할 수 없다.

셋째, 더욱 걱정스러운 것은 촛불시위가 본래의 추도와 SOFA개정 요구에서 지금은 반미시위로 바뀌고 있다. 세계의 유일 강대국인 미국이 특히 부시 대통령의 등장 이후 일방적인 고압주의로 세계를 몰아가고 있다. 정치·군사정책에서만이 아니라 경제정책에서도 마찬가지이다. 세계의 지도자로서의 리더십보다 미국이익 일변도의 패권주의를 구사하고 있다. 유럽이나 일본은 고사하고 러시아, 중국까지도 지금 조심스럽게 협조하고 있는데 다른 나라도 아닌 한국 - 군사적으로 동서냉전의 최후의 현장이자 경제적으로는 무역의존도가 100%가 넘는 - 이 지금 미국이 싫다고 "양키 고 홈"을 외칠 수 있는가.

무례한 자에게 화를 내는 것은 비굴하게 참는 것보다 기분이 좋고 당당하다. 그러나 그 결과로 몇 십 배의 손해를 감수해야 한다면 판단력이 있는 어른이 할 일은 못된다. 미국은 악의 축이 아니고 같이 살아가는 우리의 우방이다. "미국은 싫어요."라고 당당히 말하는 어느 여중생의 인터뷰를 들으면서 장래를 걱정하지 않을 수 없다.

노무현 당선자도 촛불시위를 자제해 달라고 당부했다. 정부를 믿고 기다려 달라고 했다. 무엇보다도 현안인 북핵문제를 풀어나가는데 전 국민의 지혜를 모아야 할 때이다. 지혜는 흥분하여 시위하는데서 생기지 않는다. 우리나라의 심장부인 광화문에서 하루가 멀다하고 일어나는 시위는 우리가 뽑은 노무현 정부를 시작부터 코너에 몰아넣는 우를 범하고 있다.

(2002. 12. 31. 대한매일)

법이 지배하는 사회는 과연 가능한가

얼마 멀지도 않은 과거사이지만 "30년 전 대학교에 다닐 때 당시 학교에 낼 등록금을 가지고 그때까지도 허허벌판이던 강남에 가서 땅을 샀었다면 지금은 수백 억 대의 재산가가 되었으리라."고 하던 친구의 이야기는 동시대와 이전세대에 다 통할 것이다. 그때 대학에서 잘 알지도 못하면서 법을 배웠고 이제 상당히 오랜 뒤안길을 돌아 어설프게 대학에서 법을 가르치고 있는 요즘 새삼 법이 무엇이고 그것이 나에게 그리고 우리 사회에 어떤 의미를 갖고 있는가 하는 의문을 가지게 된다.

한마디로 법을 정의하자면 우리가 더불어 살아가는 데 필요한 질서와 규칙Rule이라고 볼 수 있다. 혼자 살면 법이 필요 없다. 자기가 하고 싶은 대로 살아가면 된다. 그러나 두 사람 이상이 살자면 규칙이 필요하다. 축구나 테니스 등 모든 운동경기에는 규칙Rule of the Game이 있고 그 규칙을 준수하도록 하는 심판이 있다. 운동장 밖에서도 여러 사람이 평화롭게 살기 위해서는 법Rule이 필요하고 그 법은 준수되어야 법으로서 기능을 한다.

그런데 우리나라에서는 아직도 법이 제대로 지켜지지 못하고 있다. 최근 〈친구〉, 〈신라의 달밤〉 등의 영화들이 인기를 모았는데 그 비결은 무엇일까? 우리 사회가 아직도 법의 논리보다 조폭의 정서에 더 끌린다는 것을 말한다. 조폭의 '법'은 내 편과 네 편을 확실하게 가르고 내 편에는 죽기까지 의리를 지키고 반대편은 무조건 때려부숴야 할 대상이 된다. 이러한 조폭의 두 번째 생리는 법을 무시해 버리는 것이다. 법을 지키는 데는 항시 신체적 불편이든 재산적 비용이든 부담이 따른다. 그런데 조폭은 법을 무시함으로써 부당이득을 취한다.

법이 잘 지켜지지 않는 두 번째의 이유는 부정부패이다. 권력 있는 사람은 그 권력으로 돈이 많은 사람은 뇌물로 법을 산다. 얼마 전 장안을 떠들썩하게 하던 병역비리 그리고 지금 장안의 관심사인 언론사 세무비리가 그 전형이다. 그뿐인가. 지금 이 순간에도 전통적인 공무원 뇌물비리는 차치하고라도 민간부문에서도 납품비리, 계약비리, 입학비리, 세무비리 등 온갖 형태의 탈법행위가 일어나고 있다. 법이 이처럼 힘 있고 돈 있는 사람들은 다 빠지고 힘없는 보통서민만 구속하는 것이 되면 법은 이미 법으로서의 기능을 하지 못하고 오히려 그 집행에 대한 저항을 가져오게 된다.

어떻게 하면 법이 제대로 지켜져서 우리 사회가 명실공히 법이 지배하는 사회Rule-Based Society가 될 수 있을까.

우선 법의 적용에 예외가 없어야 하겠다. "예외 없는 법이 없다."
라는 경구를 부인할 수 없지만 예외가 너무 많은 법은 법으로서의
역할을 하기 힘들다. 우리나라에서 가장 잘 준수되는 법은 음주운전
단속법규가 아닌가 한다. 이제 술을 먹고는 운전을 하지 않는다는
것은 우리 사회에 잘 정착된 것 같다. 이처럼 음주단속이 성공한 것
은 예외 없는 적용, 처벌의 엄격성 그리고 지속적 단속에 있다고 본
다. 고급공무원도 국회의원도 여지없이 걸리면 운전면허 정지와 벌
금부과는 물론 신분이 공개되어 망신을 당한다. 음주단속을 일 년에
한두 번만 한다면 아무도 무서워하지 않을 것이다. 단속이 언제 어
디서일지 모르고 계속적이기 때문에 성공하고 있는 것이다.

우리나라에서 법이 예외 없이 적용되는 데 많은 문제가 있겠지만
그중에 하나는 법이 보통의 시민이 준수하기에 어려울 만큼 너무 엄
격하다는 데 있다. "세금 다 내고 장사하다가는 망한다."든지 "건축
관계 법규가 요구하는 건축 요건을 다 하려면 몇 년이 걸린다." 등의
인식이 바로 이런 법 자체의 문제점에 기인한다. 우리나라의 대부분
의 법은 비현실적이리만치 요건을 엄격히 해 놓고 한편으로는 공무
원들이 이를 재량적으로 면제하거나 완화할 수 있도록 하고 있다.
그동안 규제개혁의 기치 아래 상당히 많은 법들이 개선되었고 전반
적으로 규제의 숫자가 줄어들기는 하였지만 질적인 면에서 여전히
공무원의 재량주의의 테두리를 못 벗어나고 있다. 법을 단순화하고
투명화하고 예외규정과 재량규정을 없애서 누구나 이를 준수하는
데 큰 어려움이 없도록 하되 모든 국민이 지키도록 하여야 하겠다.
세법을 예로 들면 현재 세법은 소득을 구분하여 여러 종류로 나누어

다른 세율을 적용하고 또 많은 공제, 감면, 예외를 두고 있다. 만약 복잡다기한 현재의 법인, 소득세율을 20% 대의 단일세율로 하되 각종 공제와 예외를 없애고 그 대신 남는 국세인력을 활용하여 공공연히 고수입을 올리면서도 최소한도의 세금도 제대로 내지 않는 많은 의사, 변호사, 중소상인 등에게 납세이행을 철저하게 한다면 우리 사회는 훨씬 공정한 사회가 될 것이다.

셋째, 법의 제정과 집행에 너무 많은 시간과 비용이 들면 대중은 법을 외면한다. 법의 제정은 국회가, 그 집행은 사법부와 행정부가 맡고 있는데 국회는 정쟁에 휘말려 입법기능이 거의 마비상태에 있고 법원은 오랜 인습과 권위 속에서 법을 시간의 포로로 전락시켜 행정부의 자의적 법집행에 무력한 것이 오늘날 우리의 현실이다.

1997년 우리나라를 파산직전까지 몰고 간 IMF 경제위기의 원인은 여러 가지가 논의되었는데 그 원인 중의 하나로 우리나라 법적제도가 급격하게 변화한 우리 경제의 개방화, 시장화에 부응하지 못했다는 것이다. 오늘 우리 경제가 겪고 있는 경제의 글로벌화 Globalization와 시장경제화는 정보통신의 혁명적 발달에 힘입어 무서운 속도로 진전되고 있는데 반하여 변해가는 환경 속에서 규범은 따라오지 못하고 있는 실정이다. 흔히 시장Market이 기존의 법규범 Norm을 대체하는 것으로 오해하기도 하나 실은 적절한 법적 규범이 없는 시장은 결국 시장의 실패Market Failure에 이르고 만다. 마찬가지로 오늘날의 세계적 단일시장Global Market도 아직 법적 뒷받침이 따르지 못하기 때문에 오늘날 신자유주의의 폐해가 문제되고 있는

260

것이다. 여기에 새로운 국제적 규범의 확립이 시급한 과제이고 현재 논의되고 있는 WTO하의 신통상협상New Round이 얼마나 성공하느냐가 커다란 관심사가 되고 있다.

　법을 제대로 세우는 것은 누구보다도 법조계의 몫이다. 어떤 의미에서 이들 대부분은 현재의 법 체제에서도 큰 불편이 없는 기득권층이라고도 볼 수 있다. 그러나 최근 변협의 성명에서도 보듯이 진정 우리 사회가 법치주의의 사회이기를 바라고 우리나라의 법이 진정 살아있는 규범으로 되도록 하기 위해서는 재조든 재야든 법조계에 종사하는 사람들이 앞장서야 할 것이다.

Part 5

민들레와 담쟁이

민들레와 담쟁이의 꿈

이 장에는 개인적 수필이라고 할 수 있는 글들을 모았다.

왜 하필 민들레와 담쟁이인가. 다른 화초들이 화려한 모습을 뽐낼 때 수수한 민들레와 담쟁이는 눈에 잘 띄지 않는다. 그러나 온 세상으로 날아가 뿌리내리는 민들레와 보이지 않는 사이 모든 벽을 기어올라 감싸는 담쟁이의 생명력은 놀랍다. 우리 한민족도 그렇다.

어느 봄날 아침에는 풀밭에 잠시 앉아 노란 민들레꽃과 이야기를 해보고 해 기우는 어느 늦가을 오후에는 다른 풀들이 다 지고 나서도 담벼락 가득 가을바람을 마주하고 있는 담쟁이에게 한번 말 걸어볼 일이다.

여기에 내가 지금까지 걸어온 길, 여행기, 살아가는 이야기 등을 썼다. 나를 이미 잘 알고 있는 친구와 친지, 동료 외에 얼마나 많은 독자가 이 책을 읽어줄지 모르겠다. 그분들을 위해 내가 누구고 어떻게 살아왔나 하는 이야기를 허심탄회하게 적어보았다.

끝부분에 집사람이 쓴 친구의 퇴임사와 꿈 이야기 그리고 손녀의 편지는 이 책을 내는 데 대한 가족들의 응원과 애교로 읽어 주시기 바란다.

민들레 예찬

지난 주 국제회의에 참석하기 위하여 인도네시아 발리에 갔다. 회의가 끝나고 마지막 날 시내에 있는 한국음식점에 갈 기회가 있었다. 주인인 한국분이 반갑게 맞아 주어 잠시 이야기도 나누었다. 세계적인 관광지라지만 요즘은 동티모르 사태 등으로 관광객이 많이 줄었다고 한다. 그러면서 그와 이런 저런 이야기를 나누게 됐다.

그는 식당을 시작한 지 1년밖에 안되었고 1년 전까지만 해도 서울에서 20여 년 동안 여행사를 운영했다. 처음에는 직원으로 출발해서 나중에는 사장으로 여행사를 운영해오면서 저축도 5억 정도 할 정도로 승승장구했지만 IMF한파가 몰아닥치면서 그동안 투자한 재산을 몽땅 날리고 실의의 나날을 보내게 됐다. 그러다가 전에 와 보았던 이곳으로 와서 호구지책으로 식당을 시작하게 되었고 얼마 전 가족들이 모두 합류하여 어느 정도 안정을 찾았지만 지금도 한국 쪽은 쳐다보기도 싫다고 한다. 그의 이야기를 들으면서 마음이 참 아팠다. 오죽하면 그럴까. 이역만리지만 여기서 성공하기를 바란다는 말을 뒤로 하고 돌아왔다.

식당에서 돌아오면서 1997년부터 몰아닥친 IMF위기가 개개인에게 큰 시련을 가져왔지만 우리나라에는 어쩌면 전화위복의 전기가 되지 않았나 하는 생각이 들었다. 그동안 고도성장의 신화 속에서 누적되어온 우리 기업과 금융기관의 방만한 경영구조를 바로 하는 계기이면서 동시에 우리나라의 진정한 세계화가 이루어지는 계기가 되지 않았나 하는 생각이다.

우리나라 밖으로 나가보면 우리나라가 얼마나 좁은 땅에서 많은 사람들이 부대끼며 사는지 실감하게 된다. 하루를 달려도 사람 하나 보기 힘든 미국의 서부나 캐나다, 오스트레일리아는 고사하고 인구밀도가 높은 유럽에 가 보아도 우리나라처럼 북적거리지 않는다. 우리는 좁은 땅에서 한정된 땅을 놓고 서로 다투느라 정신이 없다. 먹을 떡Pie은 한정되어 있는데 먹을 사람은 많다 보니 초등학교 때부터 우리는 매사에 경쟁을 하며 사는 데 익숙해 있다. 그런데도 우리나라 사람들은 옛날부터 밖으로 나가는 데 소극적이었다. 우리 민족이 일찍이 해외로 눈을 돌렸다면 지금쯤 우리나라가 하나쯤 더 있지 말란 법도 없었다. 우리 주위만을 돌아보아도 일본사람들은 하와이와 캘리포니아에 진출하였고 중국인들은 동남아를 비롯해서 세계 곳곳에 없는 곳이 없어 지금은 대중화경제권이 형성되고 있다.

우리나라의 이민이 본격화된 것은 1960년대 초 브라질과 아르헨티나로의 농업이민이 그 효시라고 할 수 있겠다. 물론 그보다 먼저 구한말 하와이에 사탕수수 인부로 가기도 했고 일제강점기 때 만주로, 연해주로 많은 유랑이동이 있었다. 그들이 지금은 중국 동북삼성과 멀리는 중앙아시아까지 우리 민족의 삶을 넓히는 계기가 되었지만 이는 엄격히 자발적 이민이라고 보기는 어렵다. 아르헨티나와 브라질로 간 이민가구들은 대부분 대도시로 또 미국으로 빠져나가 본래의 농업이민으로서는 실패하였지만 어디에서 살던 이민 1세대가 된 것은 사실이다. 그 뒤에 미국으로의 연고이민, 취업이민 그리고 불법이민이 꾸준히 늘었고 한편으로는 월남전과 중동건설붐을 타고 진출하였던 기술자와 기능공들이 귀국보다 호주, 동남아 등에 정착하게 되면서 이민가구가 늘었다. 현재 한국인의 이민을 환영하는 나라는 호주, 뉴질랜드, 캐나다 등이 있다. 정확한 통계는 모르지만 현재 미국에 약 백만, 중국·중앙아시아에 백만 그리고 그 외의 나라에 약 백만 명의 교포까지 약 삼백만의 교포가 해외에 살고 있다.

우리의 국적을 버리고 외국의 영주권이나 국적을 취득하는 정식 이민만으로 우리 국민의 해외 진출을 좁게 볼 필요는 없다. 널리 해외에 거주하며 사는 모든 사람을 포함하여 보아야 한다. 오늘날과 같은 세계적 단일경제Global Market에서 이미 형식상의 국적요건은 큰 의미가 없다. 국적이 한국이더라도 해외에서 살면서 비즈니스를 하고 있다면 경제적으로는 이민자와 동일하다. 따라서 위에 말한 이민자 수에 더하여 현재 외국에 나가 일하고 있는 건설근로자, 해외무역지사원, 현지법인 임직원 등도 마찬가지이다. 이민 간 교포가 되었든 현지상사가 되었든 현지법인이 되었든 대체로 한국인이 하는 사업은 우리나라에서 부품을 수입하거나 우리나라에 수출하는 등 한국과 관련을 맺고 이루어지고 있다. 따라서 직접간접으로 우리 경제에 이바지하고 있는 것이다.

60년대나 70년대 초만 하더라도 서로 해외에 나가려고 했다. 오늘날 우리 국력의 원천인 수출도 그때 자리잡을 수 있었다. 하지만 80년대 이후 이민은 물론이고 공무원이나 상사원들이 해외주재를 서로 기피하는 경향이 생겨났다. 해외에 나가는 사람은 국내에서 잘 안 풀리는 사람이나 가는 것으로 인식하는 경향이 생겼다.

해외에 스카우트돼서 가는 사람들도 있지만 이민을 가는 사람들은 대체로 국내에서 제대로 된 경쟁의 기회를 얻지 못해 새로운 기회를 얻고자 하는 사람들이다. 우리나라에서 잘 살기 위해서는 지연이든 학연이든 줄이 닿아야 하는데 이런 줄이 없는 사람은 경쟁에서 살아남기가 어렵다. 이러한 불공정경쟁과 과당경쟁에 지치고 견딜 수 없는 사람들도 이민을 결심한다.

공무원과 상사원들이 해외근무를 기피하는 이유를 들어보면 이해가 간다. 첫째로 해외근무를 하다 보면 승진과 보직에서 불리하고 둘째로 자녀들 교육문제가 걸리고 셋째로 재테크를 할 수 없다고 한다.

공무원 사회나 상사에서 한번 해외로 나가면 위성이 되기 십상이다. 본부 자리는 한정되어 한번 나가면 본부에 돌아오지 못하고 자

첫 위성처럼 떠돌다 요즘 같은 구조조정 때 옷을 벗는 일순위가 된다. 우리 경제가 성숙되면서 조직도 60년대, 70년대의 고속성장기의 조직에서 80년대, 90년대의 안정기로 전환되는 데 따른 불가피한 조정과정의 측면이 있지만 이 과정에서 인사권자의 눈에서 멀어진 해외근무자들이 손해를 보는 것이다. 조직이 커질수록 관료화가 불가피하고 관료화조직에서 결정권자에서 멀어질수록 승진과 보직에서 불리해지는 것이다.

폐쇄적이고 획일적인 우리나라의 교육제도 또한 우리의 세계화를 가로막는 제일 큰 걸림돌이다. 초등학교 심지어는 유치원 때부터 과외공부에 매달리게 하는 우리의 교육제도는 세계에서 유례가 없는 해괴한 제도로써 그 폐해는 말할 수 없을 만큼 많지만 그중의 하나가 우리나라 사람들을 밖으로 못 나가게 하는 것이다. 초등학교에서부터 고등학교를 마칠 때까지 획일적인 시험과 그 시험을 위한 과외로 영일이 없는 우리 교육제도에서는 일단 그 제도에서 빠져 공백이 생기면 다시 그 제도 속으로 돌아가지 못한다. 우리나라 사람만큼 자녀교육에 열정적인 사람이 없는데 누가 하나밖에 없는 자녀의 교육을 희생하면서 밖에 나가겠는가. 다행히 해외교포 자녀와 3년 이상 해외거주 학생에 대하여 특례입학을 허용하는 제도가 있어 다소 완화되었지만 지금도 제도의 운영이 너무 획일적이어(예컨대 3년 미만 학생의 경우에는 아무 혜택이 없음) 문제가 많다.

재테크 또한 해외진출의 걸림돌이다. 밖에 나가 열심히 일하고 받은 외화를 저축해서 왔는데도 막상 들어오면 국내에 있는 사람들은 재테크로 더 부자가 되어 느끼는 상대적 상실감 또한 그동안 해외를 기피하게 하는 요인이 되었다. 문제는 그동안 우리 사회에 팽배하였던 부동산 투기붐에 그 원인이 있고 이 문제는 IMF 이후 많이 달라졌지만 앞으로 이러한 부동산 투기붐이 다시 불지 않는다는 보장이 없다. 기실 따지고 보면 부동산 투기붐이라는 것도 결국은 좁은 땅덩어리에 너무 많은 사람이 살다 보니 서로 경쟁적으로 그 값을 올리게 되고 이는 상대적으로 가격을 결정하는 힘을 가진 권력자와 돈 많은 사람들에게 유리한 제도라는 점에서 우리 사회에 다시 돌아올 가능성이 매우 크다.

민들레는 보잘 것 없는 풀이고 꽃도 눈에 잘 띄지 않지만 홀씨들이 바람을 타고 온 세상에 날아가 뿌리를 내려 다음 봄에는 온 산천을 민들레꽃으로 뒤덮는다. 우리 한민족도 민들레처럼 온 세계 방방곡곡에 퍼져 살면 좋겠다.

몽고 기행

몽고를 가게 되었다. 6월 15일 북경에 도착하여 1박 후 다음날 아침 몽고대사관에서 1시간 30분 동안 기다려 미화 30불의 비자 수수료를 내고 오후 1시 30분에 몽고항공Mongolian Intenational Air Transport을 탔다. 북경을 출발하자 곧 만리장성이 있는 산맥을 넘고 말로만 듣던 고비사막도 횡단했다. 끝없는 고비사막의 황토빛과 선명했던 구름의 그림자가 아직도 생생하게 기억이 난다.

몽고는 면적이 약 1,5000,000km²로 우리나라 남북한 합친 것의 7배쯤 되는데 대체로 남쪽이 고비사막, 서쪽은 알타이 산맥의 산악과 호수, 북쪽은 시베리아에 연하는 초원구릉지대로 나눌 수 있고 인구는 약 2,300,000명밖에 되지 않아 세계에서 인구밀도가 가장 낮은 나라 중의 하나라고 하겠다.

끝없는 황사의 평원에 조금씩 구릉이 나타나면서 골짜기로 보이는 부분에 보일 듯 말 듯 연푸른 색깔이 나타나기 시작하고 조금 더

가니 이윽고 소나무의 침엽수림도 보이기 시작하더니 비행기가 몽고수도 울란바토르에 착륙한다. 북경으로부터 3시간여, 무공해 초원 한가운데 있는 한가로운 공항에 내렸다. 눈부신 오후의 햇살과 상쾌한 기온이 잊고 있었던 한국의 늦가을을 연상케 했다. 야트막한 구릉 사이 조그만 강을 끼고 자리 잡은 수도 울란바토르는 인구가 50만이라고 하나 아담하고 깨끗한 소도시 같았다. 우리나라 수원 정도 될 것 같다.

몽고의 계절은 10월부터 5월까지의 긴 겨울과 6월부터 9월까지의 여름으로 대별되는데 겨울에는 영하 30도나 내려가는 추위와 바람으로 인해 그런지 사람들 얼굴이 붉게 그을렸고 피부가 대체로 거칠었다. 겨울이 끝나고 마침내 따뜻한 햇살과 함께 온 산천에 푸른 새싹과 온갖 꽃들이 만발하는 봄이 오면 7월 초에는 전 국민이 참여하는 3일 동안의 나단Nadaan 축제가 열린다. 첫째 날, 둘째 날은 곳곳에서 모여 씨름과 활쏘기를 겨루고 셋째 날은 말달리기 시합을 한다. 달리는 거리는 30km인데 기수는 6세부터 12세까지의 어린이어야 하며 최종 전국시합에서 이긴 1등부터 5등까지의 말과 기수는 그해의 월계기수로 축하받는다.

마침 내가 간 때가 축제를 즐기기 가장 좋은 때였다.(몽고가 지구의 북쪽에 위치해 해가 저녁 10시가 넘어야 진다) 일을 마치고 시간이 나는 대로 걸어서 교외를 나가면 어디고 툭 터진 들판이다. 걷다 보니 말똥들 사이로 우리나라에서와 똑같은 쑥과 참쑥도 보였다. 나중에 대사관저에 저녁 초대를 받아 그 이야기를 했다가 대사 사모님께서 만들어 두었던 쑥떡을 맛보는 영광을 누리기도 했다. 대사관은 김교식 대사와 네 분 정도가 근무하고 있는데 대사관 경내 대사관저에 잇달아 한 울타리 안에 4층짜리 아파트에 같이 살고 있어 직원들의 고충이 적이 있을 법 했다. 몽고 사람들은 한국을 '소롱고스'라고 부른다는데 그 뜻은 '아름다운 아침의 나라'라고 한다.

울란바토르에는 현재 약 50명 정도의 교민이 있는데 대부분은 몽고의 문화와 언어를 공부하러 온 학생과 그 가족이고 한두 분의 사업가도 있다고 한다. 학생 중에는 선교의 목적으로 온 목사 전도사도 몇 분 계신다고 하며 매주 일요일에는 구 소련문화원 강당을 빌려 예배를 보고 있다고 하니 금석지감을 느낀다.

매일 업무 차 정부기관 사람들과 일하다가 주말에 주위를 둘러볼 수 있었다.(몽고어와 러시아어를 모르면 일하기가 쉽지 않다. 영어를 할 줄 아는 사람이 드물어 애를 먹었다. 모든 간판들도 알아볼 수 없어 한동안 어디가 어딘지 감을 잡기가 어려웠다) 몽고에서 맞이한 첫 번째 일요일에 차를 타고 60여 km 떨어진 곳에 나갔다. 여기저기 나지막이 서 있는 산들 사이로 여유 있게 초원이 펼쳐져 있고 그 초원 위에 간간이 몽고 파오천막(현지어로 ger 또는 yurt라고 한다)이 있고 그 주위로 양 떼와 말들이 한가로이 풀을 뜯고 있는 풍경이 스위스의 전원 풍경에 못지않을 만큼 아름다웠다. 몽고 사람들은 양고기를 주식으로 하는데 땅에서 자라는 채소는 소나 양이 먹는 것이어서 사람이 먹는 것은 품위가 떨어지는 것으로 생각한다고 한다. 그래서 그런지 관공서 건물이나 호텔이나 가는 곳마다 양고기 냄새가 배어 있는데 그래도 밖에만 나오면

맑은 대자연의 바람이 곧 씻어준다. 대자연은 크고 한이 없는데 사는 사람의 생활은 그리 어려움이 많은지 모르겠다.

1921년, 소련에 이어 두 번째로 일찍이 사회주의 국가를 건설한 몽고는 그동안 중·소의 세력 균형 속에서 소련의 관대한 원조 덕분에 그런대로 어렵지 않는 경제를 유지해 왔다. 하지만 1987년부터 몰아닥친 소련의 붕괴와 함께 그 원조가 끊어지고 석유 등 주요 원자재를 경화를 주고 사게 되면서 모든 생필품과 물자가 부족해지고 발전소 등의 산업도 중단 위험에 처하게 되었다. 소련을 대신한 여러 나라의 지원(한국도 5대 지원국가의 하나다)과 혁명적인 국영기업불하와 시장경제정책으로 최대의 위기는 모면하였다고는 하지만 아직도 어려움은 계속되고 있다.

몽고의 주요자원은 구리, 우라늄 그리고 세계최고 양털(캐시미어), 양가죽 등이다. 이외에도 정밀탐사가 되면 고비사막에서 석유도 나올 수도 있다. 이렇게 자원은 풍부하지만 내륙국가에다가 교통, 통신 등 사회간접 자본시설이 부족하여 효과적인 개발을 위해 인접한 중국·소련과의 협력연계가 불가피한 실정이다.

몽고 사람들은 대체로 우리나라 시골 사람들을 연상시킬 정도인데 친절하지만 자존심도 매우 센 사람들이라는 인상을 받았다. 길고 혹독한 추위 속에서 여기저기 떨어져 사는 몽고인들은 찾아오는 손님을 극진하게 대접하고 또 손님은 손님대로 주인이 권하는 음식을 거절하지 않고 받는 예절을 지키고 산다. 아라비아에서도 그렇다지만 이러한 관습은 유목민들의 공통적인 관습인지도 모르겠다. 나도 덕분에 저녁 초대를 받으면서 칭기즈칸 보드카를 많이 마셔야 했다.

2주일 동안의 출장을 마치고 돌아오는 비행기를 탔다. 아름답고 광활한 초원과 배웅하러 나온 몽고 관리들이 손을 흔들어주는 모습에 나도 모르게 울컥해졌다. 안녕! 칭기즈 칸의 후예들이여! 먼 조상의 사촌들이여!

(1993. 7. 18.)

반 잔의 추억

오늘은 참 좋은 날입니다. 유달리 길고 무더웠던 여름을 뒤로하고 오늘 이 싱그러운 가을의 문턱에서 우리는 지금 새로운 한 가정의 탄생을 축하하고자 이 자리에 모였습니다.

우리는 모두 한 가정의 품속에서 태어나서 자라고 그리고 한 가정의 품속에서 생을 마칩니다. 가족 간에 우리는 서로 아낌없이 주고 가족을 위해서는 먼 이국까지 가서 고생도 마다않고 때로는 자기의 생명까지도 기쁘게 내줍니다. 아마 우리에게 이런 가족이 없었다면 이 세상은 이미 오래전에 끝나지 않았을까 생각됩니다.

성장하여 부모를 떠나 새로운 가정을 이루고 자녀를 낳아 다시 부모가 되는 것은 진정 자연의 섭리이자 우리 인간의 자기완성입니다. 그런 귀한 가정을 지금 여기 서 있는 ---군과 ---양이 이루고자 합니다.

신랑 ---군은 ---님의 3남 중 장남이고 신부 ---양은 ---님의 1남 1녀 중 장녀입니다. 두 사람이 이렇게 나란히 서 있는 모습을 보시고 있는 양가의 부모님 누구보다도 오늘 기쁘시리라고 생각됩니다. 이 결혼이 조금 늦어진 것은 ---군이 여기 서 있는 ---양을 찾아내는 데 조금 시간이 걸렸기 때문입니다. 자기의 천생연분, 영어로 The Other Half는 조금은 숨겨져 있기도 하지요.

두 사람은 방금 서로 서약한 것처럼 서로 아끼고 사랑하면 됩니다.

부부가 한 가족으로 살아가는 것은 시냇물이 줄기를 이루어 강으로 흘러가는 것과 같습니다. 강물은 높은 산 속에서 소리 없이 시작하여 개울을 이루고 시내를 이루고 마침내 강이 되어 때로는 속삭이며 때로는 세차게, 바위가 막으면 돌아서 가고 길이 끊기면 폭포가 되어 항시 쉬지 않고 흐릅니다. 이야기가 있는 강물, 막힘없이 흐르는 강물, 나무도 풀도 물고기도 좋은 친구가 되는 강물, 신랑과 신부는 지금부터 한 줄기 여유로운 강물 같은 가정을 이루어 갈 것입니다.

연애할 때는 눈빛만으로 다 통합니다. 그러나 앞으로는 항시 대화하십시오. 말하지 않아도 상대방이 이해하겠지 하다 보면 서로 이해가 안 될 때가 생기고 그러면 오해가 자리잡습니다. 왜 그럴까요. 연애가 소꿉장난이라면 결혼생활은 현실입니다. 24시간 같이 사는데 서로 맞추어 나가야 할 것이 한두 가지입니까. 그런데 자라온 환경이 다르다 보니 서로 달리 생각하는 것이 당연하지요.

대화를 긍정적으로 하십시오. 긍정적인 말은 상대방에게 뿐만 아니라 자기 자신에게도 두뇌의 학습효과를 통해서 말대로 이루어지도록 한다고 합니다. 말이 씨가 된다고 하지 않습니까. 여기 반 잔의 물을 놓고 "아직도 반 잔밖에 안 되는구나."라고 할 것이 아니라 "벌써 반 잔이나 채워졌구나."라고 말하면 머지않아 한 잔 가득이 채워질 것입니다. 그러면 그때 반 잔 때의 모자람이 즐거운 추억이 될 것입니다.

우리의 비극은 거울이 생기면서부터라고 한 문인이 있습니다. '왜 나는 남보다 잘생기지 못했나.', '왜 우리는 옆집보다 부자가 아닌가.', '왜 별 볼일 없는 친구는 이사가 되는데 나는 아직 과장인가.' 이렇게 비교하다 보면 한이 없지요. 화나지요. 에라 모르겠다 자포자기할 수도 있지요. 비교하지 않으면 우리 모두 다 부자이고 잘났고 넘치는 복을 받았습니다.

대화의 마무리는 항시 "내가 틀릴지도 몰라요."라고 하십시오. 자기 말이 맞다는 확신만큼 위험한 것은 없습니다. 똑똑하고 잘나가는 사람일수록 이런 경우가 많습니다. 우리는 항시 틀릴 수 있고 또 여건이 변하면 맞던 것도 맞지 않게 됩니다. 내가 틀릴지도 모른다는 것은 상대방에게 자기 마음을 여는 것입니다. 한걸음 물러나는 여유를 갖는 것이기도 하구요.

주례사는 짧을수록 좋다고 저의 집사람이 당부해서 간단히 몇 마디만 더하겠습니다.

280

고은 시인의 시 구절에 이런 말이 있습니다 "내려갈 때 보았네. 올라갈 때 보지 못한 그 꽃." 저의 집 거실에 걸려 있는 시화이기도 합니다. 우리 주위에는 우리가 보지 못한, 아니 보고도 그냥 지나쳐버리는 아름다운 것들, 경이로운 것들, 감동스러운 크고 작은 것들이 많습니다. 어린아이의 눈으로 보면 하찮은 풀꽃도 장미보다 더 아름답습니다. 자연만 그렇습니까. 당신의 배우자 눈길 속에, 한마디 말 속에, 수수한 모습 속에, 어제는 보지 못한 그 '꽃'이 숨겨져 있습니다. 그런 눈과 마음을 가지고 두 사람이 일생 동안 살아가기를 기대합니다. 매일 매일이 새로운 발견이고 한해, 한해가 새로운 경험이 될 것입니다.

두 사람이 같이 일하다 보면 출산과 육아가 큰 문제입니다. 제 친구 딸도 의사로 두 아이를 기르는데 얼마나 고생을 하는지 보기가 안타깝습니다. 우리나라가 세계에서 가장 낮은 출산율을 기록하고 있어 국가적으로 큰 걱정입니다. 직장을 가지고 아이를 낳아 기른다는 것이 정말 어려운 일입니다. 하루빨리 사내 보육시설 등 제도를 정비하여야 하겠습니다만 그렇다고 두 사람이 출산을 늦춘다면 안될 일입니다. 그리고 자녀는 많으면 많을수록 좋고 최소한 둘은 되어야 합니다. 제 아이들은 제가 왜 영화 〈Sound of Music〉을 좋아하는지 잘 알고 있습니다.

저는 결혼을 철모를 때 해서 머지않아 39주년이 됩니다. 딸, 아들 하나씩입니다. 셋째가 생겼었는데 그때 저희 사정이 좋지 않아 못 가진 것이 지금도 무척 아쉽습니다. 다행히 딸, 아들 모두 결혼하여 손주가 넷인데 한 놈, 한 놈 볼 때마다 새로운 세계를 발견하는 것 같아 얼마나 신기한지 모릅니다.

지금부터 30여 년 후 오늘 여기 서 있는 ---군이 어느 후배의 결혼식에 주례를 서면서 어떤 말을 해줄지 기다려집니다.

두 사람 다시 한 번 축하하고 참석해주신 하객과 가족 여러분께 감사드립니다.

(2012. 9. 15.)

교문포럼

교문포럼

"책을 통하여 세상을 본다"

지난 월요일 KBS 밤 11:30 방영된 〈책 읽는 밤〉을 우연히 보면서 하게 된 생각입니다. 노벨 경제학상 수상자인 아마티아 센의 『정체성과 폭력』을 놓고 KBS 아나운서의 사회로 5명의 패널과 방청객들이 대화를 주고받았습니다. 진행이 엉성했고 패널도 따로 놀아 실망스러웠지만 잘하면 좋은 프로그램이 될 수도 있었겠다는 아쉬움이 남았습니다.

작금의 우리 현실을 보면 정보는 홍수처럼 넘치고 시회적 쟁점과 이슈들이 쏟아져 나오는데 반하여 지식인들과 지도층은 진보, 보수 편 가르기와 정략적·전략적 사고에 매몰되어 진정한 지성의 대화나 토론이 어려운 상황입니다. 당장 세종시 문제 같은 현안 문제를 다루는 것은 가능하지 않겠지만 한발 물러서 화제가 될 만한 '책'을 주제로 오늘날의 문제에 대하여 진지한 대화가 이뤄져 이것이 관심 있는 국민들에게 전달될 수 있다면 참 좋겠다고 생각합니다.

교보문고는 단순한 서점, 책방이라기보다 대부분의 지성인과 학생들이 자주 찾는 지성의 광장으로 자리매김하고 있습니다. 교보문고가 그때그때의 화제가 될 만한 책을 놓고 지성인간에 활발히 토론하는 '장'을 연다면 어떨까요.

다음과 같이 구상해 볼 수 있겠지요.

명칭: <u>교문포럼</u> "책을 통하여 세상을 본다."
* 더 좋은 명칭을 찾아보기로 하지요.

시기: 매월 첫째 주 금요일이나 토요일

장소: 세종문화회관에 적당한 공간이 있으면 좋겠지요. 아니면 다른 문화 공간
* 매번 원하는 대학을 찾아가는 방법도 생각해 볼 수 있음

진행: 사회는 인문과 자연과학 분야별 원로 한두 분을 위촉하여 사회

패널: 주제에 관련된 학자나 전문가 3명 + 독자 대표 2인(대학생/대학원생. 주부, 직장인 등)
* 국내서적의 경우 저자를 초청

방청: 자유방청 (KBS 프로를 보니 책 읽는 북 클럽들도 있다고 하므로 적극적

참여 독려)

비즈니스적 입장에서 어떤 수입·지출 결과를 가져올지는 아직
예측하기 어렵지만 독서문화의 확대와 관심제고에 도움이 되고 교
보문고가 지성의 장으로 자리매김에 기여할 것입니다.

장기적으로 KBS 프로그램과 제휴나 공조를 하여 토론의 실황이
방영되면 가장 좋겠지만 서두르기보다 내용이 알차게 운영된다면
방영기회를 갖는 것은 어렵지 않다고 생각됩니다.

(2010. 1. 15.)

세상 참 많이 변했다

세상이 참 많이 변했다. 대한생명이 나를 깜짝 놀라게 했다. 계약자가 청구하지도 않은 보험급여를 보험회사가 스스로 찾아서 지급해주다니!

10월 6일부터 1주일 동안 예기치 않은 사고로 서울대 병원에 입원하게 되었다. 일주일 후에 퇴원했더니 병원비가 상당했다. 학교에 나가 일주일 못 나온 사정을 말하는데 담당직원이 혹시 보험이나 연금에 든 것 없느냐고 물었다. 문득 십여 년 전에 가입한 대한생명 교직원단체연금보험이 생각났다. 병원 입원비를 보조해준다고 들었던 것 같았다. 그래서 오래 묵은 보험서류를 찾아보니 3일 이상 입원을 하면 초과일당 2만 원의 입원비를 주고 한 달 분 보험료를 면제해준다는 것이었다. 다 합쳐보니 20여만 원 정도 될 것 같았다. 생각보다 얼마 안 되어 때려치울까 하다가 기왕 시작한 일이니 전화나 한번 해보자고 생각하고 10월 15일에 대한생명 콜센터로 접수를 했다. 만약 접수 수속이 복잡하다면 그냥 잊어버릴 심산이었다.

콜센터에 접속하는데 오래 기다리지 않았다. 상담원이 지점에 연락해서 접수하도록 하겠다고 해서 끊었다. 바로 다음날 전화를 받았다. 경인고객플라자의 김달례 상담원이라며 나를 방문하여 신청을 받겠단다. 내심 깜짝 놀랐다. 신속하기도 하고 또 직접 와서 접수를 해주겠다니 얼마나 편한가. 당장 그날 오후에 내 연구실에 와서 신청서를 작성하고 필요한 증빙서류를 가져갔다. 그런데 바로 다음날 아침 김달례 상담원으로부터 전화가 왔다. 내 신청서를 접수하는 과정에서 한미숙이라는 사원이 서류를 검토한 결과 내가 1,000만 원의 기업복지라이프플랜급여와 500만 원의 교직원단체복지보험급여에 해당되는 것으로 판명되었다며 보험금 추가 지급 신청에 필요하니 입원기간 행한 검사결과지 1매만 서울대 병원에서 발부받아 달라고 했다. 마침 10월 24일 서울대병원 외래진료 예약이 되어 있어 검사결과지를 발부받을 수 있었고 24일 오후 곧바로 김달례 상담원이 내 연구실에 와서 서류를 가져갔다. 그 다음날 25일에 대한생명 본사에서 신청접수가 완료됐다는 연락을 받았다. 그 다음날 26일 목요일 김달례 상담원이 다시 전화로 내 구좌에 15,280,000원이 이미 입금되었다고 알려주었다. 그러니까 접수한지 2일 만에 보험금이 나온 것이다. 한편 고마우면서 또 한편 어안이 벙벙했다.

예전에 보험은 주위 사람들의 강권을 피할 수 없을 때 할 수 없이 드는 것이 대부분이고 보험급여는 보험들 때 번지르르한 설명과 달리 쥐꼬리만 하다는 것이 우리의 상식이었다. 사실 내가 교직원 단체보험에 들은 것도 제자가 찾아와 권유하는 바람에 자의반타의반 들은 것이었다. 들기는 했지만 보험급여라고 해야 얼마 되겠느냐 하고 한수 접어둔 심정이었다.

　대한생명이 이런 나의 선입견을 확 바꾸어버렸다. 서비스가 이처럼 달라질 수도 있구나! 학생들에게도 좋은 사례가 될 것 같아 수업 시간에 이야기해주어야겠다. 서비스 만점 김달례 상담원과 서류를 고객의 입장에서 꼼꼼히 검토해준 한미숙 사원에게 다시 한 번 감사하고 우리나라는 물론 세계에서 가장 으뜸가는 대한생명이 될 것을 기대해 마지않는다.

(2007. 10. 29.)

조약돌

나는 송창식의 노래와 가수 박상규의 〈조약돌〉이라는 노래를 즐겨 부른다. 언제부터인지 나는 여기저기 여행을 갔다 올 때면 거기서 조약돌 하나씩 주어 주머니에 넣어 오곤 하였다. 그래서 지금 집에는 100여 개의 조약돌이 모아져 있다. 10년 동안 아시아개발은행에 근무할 때 아시아 여러 나라에 출장을 자주 갔었는데 그때마다 하나씩 주워오고 서울에 살면서도 여행을 가면 나도 모르게 조약돌이 눈에 들어온다. 가장 최근에는 우즈베키스탄의 침간산에 갔는데 거기서도 눈 녹은 계곡물 속에서 하나 주워왔다.

언제부터였을까. 아마 시작은 20대 후반 전북 내장산에 갔던 때였던 것 같다. 우연히 꽤 큰 돌을 하나 얻게 되었다. 크기가 사람 머리 두 배쯤 될까 꼭 거북이 같기도 하고 어쩌면 두꺼비 같기도 한 돌거북이었다. 그 이후 미국에서 살 때도 필리핀에서 살 때도 지금도 우리 집 거실의 한쪽을 지키고 있다. 친구하라고 작은 새끼 돌거북이도 몇 개 모았고 그때부터 조약돌도 모으기 시작한 것 같다.

나는 원래 나무나 돌에 대한 향수를 가지고 있었던 것도 같다. 미국 요세미테 공원에 갔을 때는 고목 화병이 눈에 띄어 샀고 우리 집 거실에는 지금도 필리핀에서 구한 나무뿌리로 된 응접세트가 있다. 그리고 보니 남태평양에서 산 나무배 조각도 거실 한쪽에 있다. 나무 조각을 보면 어린 시절의 뒷산이 생각나고 조약돌은 시냇가에서 놀던 어린 시절을 생각나게 해서인 것 같다.

나중에 전원주택의 꿈이 실현되면 거실 한쪽에 조약돌 정원을 만들고 싶다. 시원한 개울가 하얀 모래를 깔고 그 가운데 돌거북이 그리고 생김새도, 색깔도, 고향도 다 다른 이들 조약돌들이 여기저기 제자리를 차지한 그런 한가한 정원 말이다. 흔히들 일본식 정원이라고 하는 것 같다. 요즘 일본이 하는 것 다 맘에 안 들지만 오늘 바깥에 눈부시게 피어 있는 벚꽃과 정원은 맘에 든다.

어느 돌이 언제 어디서 주운 건지 이제는 기억이 없다. 돌에 조그맣게 써놓으면 좋지 않을까 하는 생각도 들었지만 굳이 그럴 필요가 있는가. 어차피 관심 없는 사람에게는 그저 돌덩이일 것이고 내게는 언제나 살아 있는 추억이고 친구이다.

그리고 보니 내가 모아온 조약돌은 또 있는 것 같다. 지금까지 40여 년 동안 일하며 살며 모아진 내 삶의 조약돌도 있지 않는가.

(2014. 4. 1.)

별장의 꿈

누가 말했다던가. "세컨드와 별장은 모든 남자들의 꿈이다. 그런데 갖는 그 순간 골칫덩어리가 된다." 나도 남자인지라 세컨드까지는 몰라도 별장이나 전원주택은 오랜 꿈이었다. 말처럼 쉽지 않아 엄두를 못 내던 중에 친구 몇이 같이해 보자는 데 귀가 솔깃해지는 것은 당연했다. 원래는 한 지역에 같이 짓자는 것이었는데 말처럼 쉽지 않아 우선 주택 하나를 전세로 얻어 회원제로 연습하자는 것으로 낙착하였다.

자기가 소유하는 세컨드나 별장은 일단 갖게 되면 좋으나 싫으나 어떻게든 건사해 나가야 한다. 버려두면 더 골치가 아프게 되니까! 그런데 여럿이 함께 갖는 별장은 그냥 잊어버려도 된다는 것이 문제였다. 막상 하고 보니 그렇게 자주 가게 되지 않는 것이 사실이고 자발적 관심은 물론 책임감이 없어도 되니 의무적 관심도 거의 없는 자신을 발견하게 되었다.

왜 그럴까. 집안에 노인이 계서서 맘 놓고 돌아다닐 심적 여유도 없었고 서쪽에 살다 보니 양평까지 슬쩍 가기에는 시간이 걸리는 등 이유야 많다. 보다 근본적 원인은 혼자서 아니면 부부만 그곳에 가서 그냥 지내자니 심심하고 상추 심고 배추 심고 잔디 깎고 진짜 일하자니 엄두가 안 나고 다른 사람과 같이 가자니 서로 맞추기 어렵고 그래서 안 되는 것 같다. 그러다 보니 자주 안 가고 한번 가도 손님 같고 그러다 보면 열심히 봉사하는 다른 친구들에게 미안하고. 이것도 하나의 공동체인데 밖으로만 도니 자격지심만 쌓인다.

그래서 내린 결론은 아예 일을 저질러서 세컨드를 만들고 별장을 지어 의무의 멍에를 지든지 아니면 감당할 자신도 없는 꿈은 일찌감치 접든지 하는 것이 신상에 좋겠다는 것이다.

그래서 헤쳐모여 한다면 나도 돌아오지 않는 무리에 끼어야 될 것 같다. 그런데 문제는 남는 친구들에 대한 의리랄까 미안함은 어떻게 하나. 그래도 다시 생각해보니 역시 나처럼 입으로만 참여하는 얼치기는 이참에 빠지는 것이 남는 사람에게도 새로운 출발을 가능하게 해주는 것이 아닐까.

추장과 가을 담쟁이

내 별명은 원래 추장이다. 고등학교 영어선생님이 붙여준 별명이다. 고등학교 다닐 때 사진을 보면 영락없는 아프리카 촌놈이다. 얼굴은 말할 것 없고 피부 전체가 까맣고 기골은 제법 장대한 편인데 머리는 짧게 깎고 다녔다. 이런 친구가 서울의 명문학교인 경기고등학교에 난데없이 혼자 나타났으니 눈에 띄었을 법하다.

그래서 친구들은 나를 추장이라고 불렀다. 나도 이 별명이 싫지 않다. 지금은 얼굴색도 많이 하얘지고 체구도 상대적으로 아담해졌지만 추장이라고 친구들이 불러주면 멀리 아프리카에 두고 온 고향이 생각나는 것 같다. 한번 지어진 별명은 계속 따라다닌다. 고등학교에서 같이 대학에 온 친구들이 나를 그렇게 부르니 대학친구들도 나를 추장이라고 부른다.

1994년에 귀국하여 양천구 목동아파트에 21년째 살고 있다. 목동아파트에 산 지 얼마 되지 않아 동네에서 우연히 고등학교 친구인이장복, 이우근을 만나게 되었다. 가까이 살던 다른 친구들도 합류해서 처음에는 맥주집에서 보다가 나중에는 동네 입구에 있는 '까미노'라는 피자집에서 매달 만났다. 현재 여덟 쌍의 부부가 매달 한 번씩 만나 저녁을 먹는다. 직장도, 성격도, 부부관계도 다 다르지만 즐겁게 잘 어울리고 있다. 시베리아 횡단철도를 타고 바이칼 호수에도 갔고 체코, 헝가리, 오스트리아, 폴란드 등 동구 여행도 했고 최근에는 우즈베키스탄을 다녀왔다. 요즘은 까미노 모임이 친구들 간에 잘 알려져 부러움과 선망의 대상이 될 정도이다. 지금은 현역들이 반 정도 돼 일정잡기가 쉽지 않지만 조만간에 다 자유인이 되면 더 재미있는 모임이 될 것이다.

60을 훌쩍 넘은 노인들이 아직도 서로 "ㅇㅇ야!" 하고 부르는 것이 남 듣기에는 좋은 것 같지 않았다. 그래서 서로 이름 대신 별명을 하나씩 만들어 부르기로 제안했다. 그래서 다들 하나씩 신고했는데 나는 당연히 추장이고 이중易中, 외목外木, 하정夏亭, 설국雪菊, 우보牛步, 만보慢步, 대통大統으로 자천타천 정해졌다.

까미노 모임의 숨은 실력자 이중이 연락도 하고 분위기도 잡고 하는데 어느 날 내게 문자하면서 나를 '가을 담쟁이'라고 불렀다. 어디서 나온 거냐고 하니까 다들 별명이 한자인데 나도 한자로 해서 秋墻으로 하고 그것을 다시 풀면 '가을 담쟁이'가 된단다. 엄격히 말하면 '가을 담장' 정도가 되지만 '가을 담쟁이'라고 하면 더 부르기 좋다고. 듣고 보니 그럴 듯하다. 또 내가 담쟁이를 은근히 좋아하는 것을 그 친구는 어떻게 알았는지 신기하다.

담쟁이는 모습도, 자태도 별 볼 일 없어 눈에 잘 띄지도 않는다. 그저 다른 나무나 풀들 사이에 소리 없이 숨어 있다가 깊은 가을날, 다른 수목들이 낙엽지어 다 떨어졌을 때쯤 그제야 담쟁이는 단풍으로 옷을 갈아입고 사람들에게 미소를 짓는다. 늦가을 올림픽도로 반포에서 잠원동을 거쳐 경부고속도로 서초동을 달려 보라. 빨강, 노랑, 주황, 벽돌색, 형형색색으로 양 옆 담장 가득한 담쟁이의 반가운 인사를 받을 것이다.

(2014. 3. 20.)

사막에서 한 생각

2014년 2월 26일 정오에 여러분은 어디서 무슨 일을 하고 있었습니까?

그날 저는 아라비아 사막 위를 비행기 타고 가면서 사막을 내려다보던 중에 문득 오늘 여러분을 만나게 될 생각을 하게 되었습니다. 무슨 말을 해주면 좋을까 하고.[1]

인생은 여행과 같다고 이야기합니다. 저도 여행을 꽤 많이 한 편입니다. 금년에만도 사우디아라비아에 다녀오고 우즈베키스탄도 다녀오고 국내에서는 신안군 중도에도 다녀왔습니다. 중도에 가보니 해변가 백사장을 끼고 해송 숲이 십 리는 족히 될 것 같았는데 해변을 따라 숲 속으로 산책로가 나 있었습니다. 산책길 중간쯤에 누가 미국시인 로버트 프로스트의 시 〈가보지 않은 길〉을 영어와 한글로 새겨 놓았습니다.

---

1 이 글은 취업을 준비하는 대학졸업예정자들을 위해 마련된 인재육성아카데미에 초청받아 2014. 6. 13에 한 특강이다.

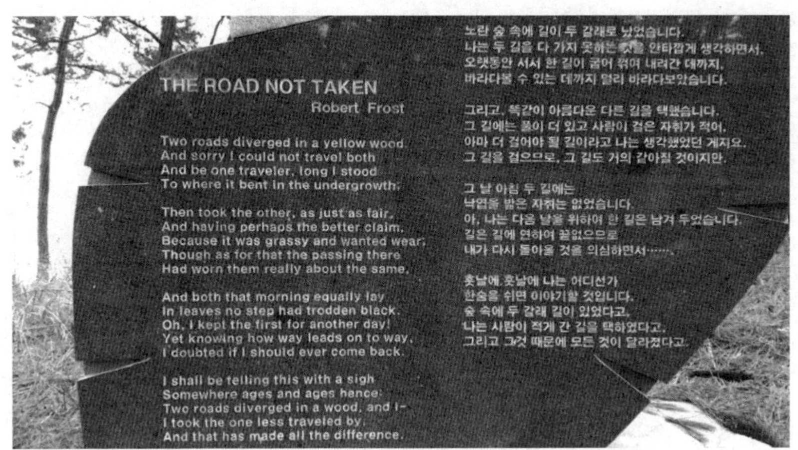

저도 무척 좋아하는 시입니다.

가지 않은 길 – 피천득 옮김

노란 숲 속에 길이 두 갈래로 났었습니다.

나는 두 길을 다 가지 못하는 것을 안타깝게 생각하면서

오랫동안 서서 한 길이 굽어 꺾여 내려간 데까지

바라다볼 수 있는 데까지 멀리 바라다보았습니다.

그리고 똑같이 아름다운 다른 길을 택했습니다.

그 길에는 풀이 더 있고 사람이 걸은 자취가 적어

아마 더 걸어야 될 길이라고 나는 생각했었던 게지요.

그 길을 걸으므로, 그 길도 거의 같아질 것이지만.

그 날 아침 두 길에는

낙엽을 밟은 자취는 없었습니다.
아, 나는 다음 날을 위하여 한 길은 남겨 두었습니다.
길은 길에 연하여 끝없으므로
내가 다시 돌아올 것을 의심하면서…….

훗날에 훗날에 나는 어디선가
한숨을 쉬면서 이야기할 것입니다.
숲 속에 두 갈래 길이 있었다고,
나는 사람이 적게 간 길을 택하였다고,
그리고 그것 때문에 모든 것이 달라졌다고.

이 시인은 우리가 살아가면서 하게 되는 선택의 문제에 착안한 것입니다. 그렇습니다. 여행길에 오르면 크고 작은 많은 선택과 결정을 해야 합니다. 어느 길로 갈지, 무엇을 보아야 할지, 어디서 잘지, 무엇을 먹어야 할지를 다 선택해야 합니다. 여러분이 앞으로 살아갈 인생에서도 마찬가지입니다. 일단 최선의 선택을 해야겠지요. 그런데 프로스트는 우리가 어떤 선택을 해도 돌아보면 아쉬움이 남는다고 합니다. 그래도 선택은 해야겠지요.

우리는 어떻게 선택해야 잘하는 것일까요.

우선 선택하기 전에 어느 길이 좋을지 잘 살펴보아야 할 겁니다. 성급하게 결정하는 것도 문제입니다만 그렇다고 너무 고민하다 결정을 제때 못하는 것은 더 큰 문제입니다. 우리가 살고 있는 21세기는 변화의 속도가 엄청납니다. 10년 사이에 과거 100년의 변화보다 더 큰 변화가 일어나고 있지 않습니까. 이런 변화의 시대에 제때 선택을 못하면 우리는 역으로 선택을 강요당합니다. 변화에 대응하는 유연성과 개방성Open Mind이 필요합니다.

짐이 많으면 속도도 떨어지고 선택의 폭이 좁아집니다. 칭기즈칸이 어떻게 중국, 중앙아시아, 터키를 거쳐 유럽까지 정복할 수 있었는지 아십니까. 기동력이 그 비밀이었답니다. 많은 군대가 장기간 이동하려면 엄청난 수송과 병참이 뒤따라야 하는데 몽고군은 쉬지 않고 달리는 몽고말을 타고 이동하다가 지친 말은 잡아먹기도 하고 병력과 자원을 최대한 현지에서 조달해서 적군보다 월등한 기동력을 무기로 승승장구하였다 합니다. 우리도 짐을 내려놓아야 결정을 쉽게 할 수 있습니다. 선택을 할 때 너무 이것저것 다 생각하지 말고 핵심적인 것만 놓고 결정하는 것이지요. 나는 무엇을 원하는가, 그리고 나는 무엇을 잘하는가. 이 두 가지면 됩니다.

우리는 살아가면서 원하는 것들이 참 많습니다. 돈도 많았으면 좋겠고 정말 자기가 좋아하는 사람과 연애도 찐하게 하고 결혼도 잘해 멋있는 가정을 꾸리고 국가와 사회에 기여도 하고 주위 사람들로부터 인정도 받고 싶고 이렇게 원하는 것들이 많습니다. 이 중에서 우선순위를 분명히 해야 결정하기 쉽습니다.

아무리 하고 싶어도 안 되는 것도 많습니다. 우리가 살고 있는 오늘은 무한경쟁사회입니다. 경쟁은 국내에서만 일어나는 것이 아니고 전 세계적으로 일어나고 있습니다. 중국의 전자상거래업체 알리바바를 보면 깜짝 놀랍니다. 생긴 지 불과 10여 년 만에 월스트리트에 상장을 하고 세계에서 가장 큰 회사가 됐다고 합니다. 알리바바 창업자 마윈은 그냥 좋은 회사 취직하는 길을 버리고 창업을 결정했습니다. 그가 성공한 데는 많은 요인들이 합쳐졌겠지만 분명한 것은 그가 전자상거래라는 인터넷에 달인이 아니었다면 불가능했을 것이라는 것입니다. 여러분은 무엇을 잘합니까?

시장이 글로벌해졌다는 것은 아무리 조그만 분야에서라도 여러분이 남들보다 잘할 수 있는 것이 있다면 거기에 대한 수요는 충분하다는 것입니다. 문제는 여러분 각자가 다른 사람과 비교했을 때 확실히 잘할 수 있는 것이 무엇이냐는 것입니다. 이것은 이것저것 스펙을 쌓는 것과는 같지 않습니다. 남이 가지지 않는 여러분만의 그 무엇이 필요합니다.

어떤 분야에서든 남들보다 잘하는 것이 말처럼 쉽지 않습니다. 그렇다고 불가능한 것도 아닙니다. 우선 자기가 무엇을 좋아하는지를 아는 것에서부터 출발해야 합니다. 같은 노력을 해도 자기가 좋아하는 일을 하면 힘들지 않습니다. 이 세상에 직업은 수십만 가지입니다. 꼭 남들이 가는 길, 좋다는 직업, 선망의 대상이 되는 대기업에 가지 않아도 됩니다. 제가 아는 어떤 젊은이는 향수 감별을 하고 있고 또 한 사람은 애완견 미용을 합니다. 이 일에서도 잘만 하면 세계적인 스타가 될 수 있습니다.

자기가 좋아하는 일이라고 다 잘할 수 있게 되는 것은 아닙니다. 한 가지 어떤 일을 쉽게 하고 잘할 수 있게 만들어 주는 것은 그 일을 습관화하는 것입니다. 제가 소싯적에 『홍길동전』을 읽었는데 책에 보면 홍길동은 마당에 조그만 옥수수 하나를 심어놓고 매일 그 위를 뛰어 넘었습니다. 봄부터 뛰다 보니 늦가을쯤에는 키를 넘는 옥수수를 거뜬히 뛸 수 있게 되었습니다. 여기에 있는 여러분 중에 여기 앞에 나와 쉬지 않고 팔굽혀펴기 30번 할 수 있는 사람 나와서 해보십시오. 저는 매일 아침 50번씩 합니다. 어떤 일을 습관화하면 힘든 게 아니라 안하면 오히려 불편한 게 되지요. 습관화를 통해서 여러 크고 작은 일들을 우리는 남들보다 잘하게 될 수 있습니다.

다른 사람과 차별되는 자기만의 강점을 가져야 한다는 것이 중요한 것처럼 다른 사람들과 잘 어울려 사는 것도 매우 중요합니다. 우리가 살아간다는 것은 결국 다른 사람들과 관계를 맺어가는 것이기도 합니다. 사람은 혼자 사는 것이 아니니까요. 사회성이 없는 사람은 아무리 천재라도 불행하기 쉽습니다. 어떻게 하면 잘 어울려 살 수 있을까요? 긍정적 사고가 그것을 가능하게 해 줍니다. 여러분 학교에서 친구로 가까이 지내는 학우도 있고 왠지 싫어 멀리하는 학우도 있지요? 인간관계는 다 그렇습니다. 그런데 여러분 중에 자기를 나쁜 사람이라고 생각하는 사람 있으면 손들어 보세요. 종교적으로나 철학적으로 보면 인간은 다 죄인이고 미약한 존재입니다. 정도 차이는 있지만 다들 좋은 점에 못지않게 나쁘고 약한 점을 가지고 있지요. 우리가 다른 사람에게서 어떤 점을 보는 나에 따라 그 사람이 어떤 사람인지 결정됩니다. 아무리 나쁜 사람도 숨은 장점을 가지고 있습니다. 그 사람의 약점을 알되 장점을 보면 어울리지 못할 사람이 없습니다. 이런 저런 인연으로 살아가면서 많은 사람들과 관계를 맺게 되는데 어떤 사람은 널리 많은 사람들과 좋은 관계를 맺어 가는데 다른 사람은 그렇지 못합니다. 전자는 삶의 확대균형을 갖게 되고 후자는 점점 더 축소균형의 울타리에 스스로를 감금합니다. 우리가 사는 한국사회는 특히 인간관계가 많은 것을 좌우합니다.

　자기가 좋아하는 일을 열심히 하고 남들과 관계를 맺기 위해 노력하는 데도 잘 안 풀린다고요? 낙담할 것 없습니다. 조금 더 준비할 시간을 갖게 해주는 축복이라고 생각하면 됩니다. 물론 쉽지 않은 줄 압니다. 저도 그런 때가 있었습니다. 원망스럽지요. 그러나 정 안 풀리면 길가에 리어카 끌고 나가 밥벌이할 마음만 준비되어 있으면, 그리고 원래의 꿈을 포기만 하지 않는다면 어려움은 다 지나갑니다. 긍정적인 마음가짐이 무엇보다도 중요합니다.

언덕을 넘어 시냇가로

세상을 산다는 것은 긴 여행을 떠나는 것과 같다고 누가 이야기했던 것이 생각난다. 어느 길로 갈지, 무엇을 할지, 무엇을 먹을지 여행은 크고 작은 선택과 결정의 연속이기도 하다. 나도 자라서 학교를 다니고 결혼을 하고 직장을 다니며 일을 해온 지금까지 많은 선택과 결정을 하며 여기까지 왔다. 사람들은 살아가면서 보통 한 개 내지 두 개의 직업을 갖게 된다. 그런데 나는 돌아보니 처음 공무원으로 시작해서 회사로 옮기고, 국제기구에서 근무하다가 교수가 되는 변화와 선택의 연속이었다. 그러면서도 대부분의 여정을 가벼운 마음으로 즐겁게 했다고 생각되니 다행한 일이다.

나는 1948년 9월 21일(음력) 전라남도 영광군 묘량면 삼효리 효동 마을에서 태어났다. 그런데 나의 유년 시절 첫 기억은 영광이 아니라 충청남도 공주군 계룡면 계룡리에서 시작된다. 당시 6·25사변 때 우리 가족은 그곳으로 이사를 했다. 조그만 오두막집에서 보낸 어려운 시절이었다. 하지만 나에게는 즐거운 추억이 많다. 마당의

뽕나무에서 오디를 따먹다가 얼굴에 비비기도 하고 냇물에 가서 물장구 치고 고기도 잡고…. 아버지는 전쟁초기 행방불명(나중에 사망이 확인되었다고 함)되시는 바람에 나에겐 기억이 없다. 나는 할아버지, 할머니, 어머니 그리고 4살 위의 누나와 살았다.

생년월일이 한 살 늦게 되어 한 해 더디게 계룡국민학교에 입학해서 1년 동안 다녔다. 그리고 원래 고향인 영광으로 이사했다. 옛집은 불타버려 마을에서 조금 떨어져 저수지를 내다보는 외딴집에서 살았다. 학령에 맞추기 위해 2학년은 건너뛰고 묘량서국민학교에 3학년으로 전학해서 4년 후 졸업했다. 학교도 전쟁 중에 불타버려 임시교실에서 수업하고 오후에는 산에 가서 학교 화단에 심을 나무를 캐오기도 한 기억이 있다. 내 학년이 30명 정도 되었다. 주로 나보다 2살쯤 많은 학우들이었다. 그래도 공부는 조금 잘해서 반장을 했는데 방과 후면 선생님들 배구 심판도 봐주고 여름에 담임선생님 샤워하시게 교실로 물도 떠다 드리고 6학년 때는 4Km 떨어진 군소재지에 가서 모의시험 용지를 받아다가 학우들에게 시험을 보이고 채점했다. 내 답과 부반장 답이 같으면 그것을 정답으로 했다. 지금 생각하면 호랑이 담배 먹던 시절처럼 아련한 이야기이다.

6학년 때 누군가 광주에 소재한 조선대학교 부속중학교에서 3년 장학생을 뽑는다며 한번 응시해 보라고 했던 것 같다. 그래서 광주 가는 동네 분을 따라 쌀 한 말을 지고 가서, 자취하고 있는 고향 선배들의 자취방에서 한 달 동안 기숙하며 시험을 보았는데 합격하였다.

중학교 3년간의 추억은 많이 남아 있지 않다. 아는 분의 집에서 하숙을 하며 재미있게 다녔었다는 어렴풋한 기억만 남아 있다. 공부도 열심히 했던 것 같다. 학교가 무등산 밑에 있어 무등산을 오르기도 하고 하숙집 선배들 따라 영화관에 몰래 가기도 하고. 나이가 나이인지라 가끔 향수Homesick에 걸리기도 해 한 달에 한 번쯤 2시간 버스 타고 1시간 걸어 집에 갔던 기억이 있다. 한번은 버스가 고장 나서 한밤중에 내려 생판 모르는 집에 사정을 해서 하룻밤을 자고 일요일 아침에 갔던 적도 있다.

광주일고나 광주고로 진학할 예정이었는데 우연히 서울에서 다니러 오신 외삼촌이 서울에 있는 경기고나 서울고를 한번 응시해보면 어떻겠느냐고 하셨다. 그래서 난생 처음 기차를 타고 상경하여 외숙 집에 머물면서 입학시험을 준비했다. 시험 며칠 남겨두고 서류 접수를 하는데 서류 간에 생년월일이 안 맞아 부랴부랴 야간열차를 타고 광주에 내려가 서류를 다시 떼어오느라고 식겁했던 기억도 난다. 다행이 합격해서 촌놈의 경기고등학교 시절이 시작되었다.

단신으로 서울에 오니 낯설고 친구도 없고 조금 막막했다. 1학년 3반이었는데 교실에서 바로 내 앞에 앉은 학생에게 친구 좀 하자고 했다. 그 친구가 바로 서울대 화학과 교수를 한 서정헌인데 둘이서 우이동 산에도 가고 제기동 그의 집에도 갔던 기억이 있다. 한동안은 잘사는 동급생의 집에서 기숙하기도 하다가 3학년 때 삼청동의 하숙집으로 옮겼는데 그때 같은 방을 쓰게 된 사람이 훗날 율산의 신선호 씨이다. 당시 한일회담 반대 데모에 고등학교도 참가했는데 그런 와중에 내가 선언문을 읽었던 것 같다. 당시 학생회장이 여름방학에 익사하여 후임을 대의원회에서 뽑는데 내가 졸지에 선출되어 깜짝 놀랐다. 원래는 공대 건축학과로 진학할 생각이었는데 적록색맹은 안 된다고 해서 문과로 정하고 경제과를 생각했는데 당시 친구 정우성의 부친이시고 먼 친척도 되는 서울 상대 정병휴 교수께서 내 이야기를 듣더니 법대를 추천해서 법대로 정했다. 아버지가 안 계시고 할아버지는 연로하시다 보니 나의 진로문제든 생활문제든 내가 혼자 결정하는 편이었다.

대학생활은 바쁘게 지냈다. 도서관에서 공부도 하고 그러다가 데모도 하고 여학생들과 미팅도 하고. 대학에 들어오면서 어머니가 시골집을 정리하고 올라오셔서 미아리에 조금만 집을 마련해 살았다. 도서관에서 공부를 하는 한편 농촌법학회에 가입하여 농촌봉사도 하고 여러 고등학교에서 한 명씩 모은 석두회라는 클럽활동도 하고 학생운동에도 참여하면서 바쁘게 지냈다. 법대생의 정코스는 원래 사법시험을 보는 것이다. 나도 그러려니 했는데 조금 공부하다 보니 법이 그리 재미가 없었다. 그래서 행정부에 가서 경제개발에 참여하는 것이 더 재미있고 보람 있겠다는 생각이 들어 행정고시로 바꾸어 준비했다. 4학년 1학기에 합격했다. 그래서 여름방학에는 평소 존경하던 임원택 교수님의 저서를 발간하는 데 원고정리를 도와드리기도 했다.

졸업하기 전 4학년 2학기 때 발령이 났다. 1년 정도 경제기획원에 근무하다가 AID Program으로 미국에 1년 동안 연수를 가게 되었다.

Washington DC에서 컴퓨터프로그래밍을 공부하고 마지막 2개월은 Harvard Summer School에서 경제학을 들었다. 귀국하여 경제기획국에서 3차 경제개발 5개년 계획에 참여하여 밤늦게까지 일했다.

1973년 가을, 집사람과 결혼을 했다. 나에게 추장이라는 별명을 지어준 고등학교 영어선생님이 집사람의 외삼촌뻘 되는데 어느 날 집으로 초대하더니 집사람을 소개해 주었다. 아버지도 안 계시고 할아버지도 연로하셔서 일찍 결혼하기로 해 집사람이 대학을 졸업한 그해 가을에 결혼을 했다.

3차 경제개발계획을 담당하는 경제기획국 종합기획과에서 열심히 일하던 어느 날 총무과장이 좀 보자고 해서 갔더니 보건사회부로 전보되었다는 발령장을 보여 주는 게 아닌가. 이야기인즉 당시 경제부처 간에 수준의 차이가 너무 커 평준화하는 차원에서 부처당 중견 사무관 2인을 본인도 모르게 받는 부처에서 찍으면 발령이 나는 인사교류계획이 대통령의 재가를 얻어 시행되었다고 했다. 청천벽력과 같은 느낌이었다. 한참 밤낮없이 일하고 있는데 나도 모르게 내 운명이 남에 의해 결정된다니! 보건사회부에 가보니 당시 고재필 장관께서 "내가 자네를 찍었네. 어떤 일이든 하고 싶은 부서를 말하면 그리로 발령을 내 주겠네."라고 하셨다. 내가 시큰둥했더니 당시 새로 도입되는 국민연금과 의료보험을 담당하는 연금기획과에 발령이 났다. 얼마 안 있다가 Colombo Plan의 지원으로 사회보장 선진국인 영국에 6개월 연수를 갈 기회가 생겼다. 그래서 Oxford University에서 6개월 동안 공부했다. 돌아와 국민연금과 의료보험

업무를 하다가 연금기획과장으로 승진하여 국민연금과 의료보험제
도 수립과 도입의 실무책임을 맡았다.

약관 27세에 서기관으로 승진도 되고 새로운 영역인 보험제도 도
입의 중책을 맡았지만 어쩐지 보건사회부에는 정이 들지 않았다. 그
래서 경제기획원으로 다시 돌아가려고 했는데 이제는 승진이 되어
버려 나보다 선배들도 사무관으로 있는 경제기획원에는 군번이 안
맞아 돌아갈 길이 없다고 했다. 그럴 즈음 하숙방 동기였던 신선호
씨가 율산에 와서 같이 일을 하자는 제의를 했다. 고민 끝에 결국 그
제안을 받아들이기로 마음을 정했다. 그런데 당시 신현확 장관이 사
표를 안 받아 주시면서 나를 야단치셨다. 할 수 없이 신 장관을 잘
아시는 장인께 부탁을 해서 겨우 사표가 수리되었다.

당시 율산은 혜성처럼 나타나 오일머니가 넘치는 중동에서 건설
과 무역 해운으로 성공신화를 시작하는 중이었다. 나는 기획본부장
으로 기획과 총괄조정을 담당하였다. 그야말로 밤낮없이 일했다.
그런데 2년이 못 되어 문제가 생기기 시작했다. 너무 과속하다 보니
자금문제도 발생하고 또 하룻강아지가 범 무서워하지 않는다고 현
대 등 큰 회사들과 경쟁하다 보니 질시도 받았던 것 같다. 그러다가
율산 사태가 발생했고 나는 신선호 회장과 함께 서대문 형무소에 구
금되었다. 혹독한 심문을 받았다. 결국 외환관리법 위반으로 기소
되었다. 당시 외환관리법은 해외출장자들이 돌아오면 쓰고 남은 여
비를 은행에 반납하도록 되어 있었다. 그런데 총무과에서 보관하고
있던 여비 반납분을 내가 출장승인하면서 일 잘하는 출장자들에게

금일봉으로 주라고 한 것이 외환관리법에 위반된다는 것이었다.

서대문 형무소 독방에서 면회도 금지된 채 보낸 6개월은 정말 힘들었다. 정신적인 트라우마는 말할 것도 없고 집을 팔아 변호사 비용을 대고 생활비를 쓰다 보니 빈털터리가 되었다. 석방되고 난 후 2년 동안 실의의 나날을 보냈다. 새로 시작은 해야 되겠는데 공무원을 다시 할 수도 없고 다른 회사에 가기도 그렇고 애매했다. 심기일전이 필요했다. 그래서 공부를 하기로 했다. 그런데 공부를 할 돈이 없었다. 그래서 미국 대학들에 지원하면서 장학금을 요청했다. 펜실바니아의 와튼스쿨에서 입학허가가 왔는데 학비면제뿐이었다. 미시간법대에서 생활비도 보조해준다고 해서 집사람과 애들 둘을 데리고 미시간으로 갔다. 통상법의 대가인 존 잭슨 교수 밑에서 통상법을 전공하게 되었다. 2년 과정을 마치고 논문을 쓸 때쯤에는 워싱턴 DC의 변호사 사무실에서 일을 할 수 있었다.

3년 만에 학위는 끝나 가는데 앞으로 무엇을 할까 고민했다. 곧 한국으로 들어가기에는 이른 것 같았다. 미국의 큰 변호사 사무실 Law Firm 100군데쯤 지원서를 보냈다. 당시는 다 타이프로 할 때라 밤늦게까지 집사람이 타이프를 쳤다. 마침 DC에 있는 세계은행에서 일하는 친지가 있어 세계은행도 알아보았다. 면접도 하고 다 좋다는데 내가 일할 법무실에 자리가 나지 않아 2년만 기다려 달라고 했다. 그런데 내게 2년은 너무 긴 시간이었다. 그래서 세계은행과 비슷한 아시아개발은행도 있다는 생각이 들어 무조건 편지를 보냈다. 미국인 법무실장 앞으로 보냈는데 후임 법무실장인 정천표 박사라는 분으로부터 답장을 받고 깜짝 놀랐다. 조만간에 DC에 출장을 오는데 만나보고 싶다는 내용이었다. 얼마 후 연락을 받고 호텔 커피숍에서 만났다. "안녕하세요."라고 인사를 하자마자 영어로 말하자고 해서 2시간 동안 영어로 인터뷰를 했다. 그렇게 해서 필리핀 마닐라에 소재한 아시아개발은행 법무실에서 국제변호사로 일하기 시작했다. 돌이켜보면 정천표 박사님은 내게 길을 열어주신 은인이시다.

마닐라에서 처음으로 안정된 삶을 갖게 되었다. 필리핀은 불안하다고 걱정하는 사람도 있었지만 나는 별로 걱정 없이 일 잘하고 잘 살았다. 아시아개발은행은 국제기구라서 수십 개 회원국민들로 구성된 다국적 조직이다. 그래도 3년을 열심히 일하니까 사람들에게 인정도 받게 되면서 그 다음부터는 아무 어려움이 없었다. 급여도 국내기준으로 하면 꽤 되어 저축도 할 수 있었고 집도 보조를 조금 받아 넓은 단독주택에 살았다. 사는 동안 혁명이 나서 마르코스가 쫓겨나고 홍수가 나고 지진이 나고 화산도 터졌지만 별로 걱정되지 않았다. 10년 근무하는 동안 해외출장도 많아 파키스탄에서 남태평양까지 안 가본 데가 없다. 일만 열심히 하면 60세까지 정년이 보장됐고 노후연금보장도 잘되어 있어 아무 걱정이 없었다.

그런데 시간이 갈수록 마음속에 뭔가 아쉬움이 커지기 시작했다. 아시아개발은행의 일도 못사는 나라를 도와주는 보람 있는 일이긴 하지만 내가 이렇게 여기서 살다가 끝나는 것이 내가 성장하면서 꿈꿨던 나의 인생인가 하는 회의감이 들었다. 늘 마음속 한구석에는 나라와 사회를 위해 뭔가를 해야 한다는 마음이 있었던 것 같다. 귀국하겠다는 생각을 아내에게 했더니 집사람은 결사반대했다. 겨우 안정을 갖고 살 만하니 또 바람이 들었다는 것이다. 설득하는 데 시간이 걸렸지만 마침내 아내는 동의를 해주었다. 귀국하는 것은 결정되었는데 무엇을 해야 할지 쉽지 않았다. 정부도 그렇고 회사도 그렇고 그래서 무계급사회인 학교 쪽으로 알아보았다. 마침 인하대학교에 자리가 생겨 1994년 2월 귀국했고 가족은 둘째인 아들을 미국 다트머스대학으로 보내고 9월에 합류했다. 6개월 동안 나는 학교 옆 여관에 기거하면서 학교에 나갔다.

이렇게 나의 뒤늦은 교수 생활이 시작되었고 정년을 앞둔 지금까지 21년이나 하고 있다. 강의와 연구가 언제나 즐거웠던 것은 아니지만 다른 조직사회보다 신경 쓸 일이 적고 여름 겨울로 방학도 있고 하여 재미있게 보냈다. 3년여 학교 영자신문 Inha Times의 지도교수를 하면서[2] 학생기자들을 따라 지리산 등반도 하고 동강에서 래프팅도 하는 등 여기저기 여행한 즐거운 추억이 있다.

그동안 학교 말고도 심심찮게 바깥에서 일하는 기회도 있었다. 전공과 관련된 무역위원회 위원과 위원장으로 일했고 규제개혁위원으로 규제개혁에 참여도 했고 2005년부터 2년여를 생각지도 않게

---

2 내가 무역위원장을 맡은 기간 동안 학교에서 인하타임스 주간 발령을 냈다. 무역위원회 위원장은 우리나라 정부 직제에서 희귀하게 기관장이면서 비상임이다. 그래서 업무량이 꽤 되는데 비상임이기 때문에 학교를 휴직할 수도 없고 그래서 당시 홍승용 총장의 아이디어가 나를 인하타임스 주간으로 발령하는 것이었다. 인하타임스 주간은 학내 보직으로 책임 강의시간이 9시간에서 4시간으로 줄어들어 내게 강의 부담을 덜어주었다.

청와대 대통령 경제보좌관으로 일했다. 민간부문에서도 은행이나 증권회사 사외이사로 일했다.

돌이켜보면 이렇다 하게 내놓을 것은 없지만 다양한 기회가 있었고 바쁘게 지내 온 것 같다. 특히 대통령 경제보좌관으로 일한 2년은 몸이 나빠질 정도로 일도 많이 하고 당시에는 말 많던 참여정부의 부동산정책으로 칭찬보다 비난도 많이 받았지만 개인적으로는 소중한 경험이었다. 무엇보다도 처음 뜻을 두었던 공직에 잠시나마 다시 돌아왔고 율산사태로 인한 명예를 어느 정도 회복했다는 생각도 들었다. 바쁜 중에도 청와대브리핑이란 소통의 장이 열리고 거기 글을 올리다 보니 이 책에 나오는 글들도 생겨났다.

이제 남은 과제는 정년 후 무엇을 하느냐이다. 더 이상 돈 버는 일은 접을 생각이다. 그러나 앞으로도 30년이라는데 뭔가 하기는 해야겠다는 것이 우리 세대의 공통된 생각일 것이다. 하고 싶은 '버킷리스트'가 없는 것은 아니지만 정답은 아직 못 정했다.

버킷리스트

친구들의 대부분이 이미 은퇴를 했거나 은퇴 직전에 있다. 요즘 만나면 앞으로 무엇을 하며 살아야 하나 얘기들을 한다. 호구지책을 해결하지 못한 사람은 어떻게든 돈 버는 것이 우선일 수밖에 없고 돈 걱정 없는 사람은 여행 등 노는 일에 관심을 갖는다. 그러나 노는 것도 하루 이틀이지 뭔가 계속적으로 하는 일을 찾아야 한다.

한참 전에 본 영화 〈Bucket List〉는 내가 좋아하는 모건 프리만과 잭 니콜슨이 죽기 전에 해야 할 또는 하고 싶은 리스트를 만들어 실행하는 이야기다. 영화를 보고 나도 내 나름대로 버킷리스트를 만들어야 하겠다고 생각했는데 쉽지가 않다. 그동안 생각했던 몇 가지가 있다.

나는 몽고를 사랑한다. 울란바토르 비행장에 내리면 한눈에 들어오는 끝없는 푸른 초원부터 내 마음을 사로잡는다. 고비사막에서 쏟아져 내리는 별을 보며 천막에서 잠을 잔 적도 있다. 내가 그렇게 하고 싶던 말 타기도 어렵지 않게 할 수 있다. 무엇보다도 몽고 사람들은 우리의 먼 시골 친척처럼 느껴진다. 몽고는 면적은 우리나라의 네 배 정도 되지만 인구는 3백만 명 정도에 불과하다. 구리를 비롯한 자원도 풍부하다. 그런데 내륙 국가이고 기후도 안 좋아서인지 어렵게 산다. 오랫동안 중국에 눌려 지내야 했고 20세기 들어와서는 소련연방에 들어가 사회주의체제를 했지만 별로 나아지지 않았다. 몽고는 우리나라와 보완적이다. 우리는 땅은 작은데 인구는 많고 몽고는 땅은 넓은데 인구가 적다. 형제국가로 같이 가면 서로 좋을 것 같다. 그래서 은퇴하면 몽고에 가서 살면서 두 나라 간의 민간 가교가 되면 좋겠다는 생각을 했다.[3]

화요일 저녁 7시 30분에 KBS에서 〈러브 인 아시아〉라는 프로그램을 한다. 우리나라에 시집 온 외국인 신부를 중심으로 소위 다문화가정의 여러 모습을 보여주고 친정국가를 방문하여 재회하는 모습도 보여준다. 언론보도에 의하면 우리나라 신생아의 10% 정도가 다문화가정에서 나오고 농촌에서는 결혼의 3분의 1이 다문화결혼이라고 한다. 이런 다문화가정은 이미 우리 사회의 중요한 일부가 되었고 이들이 얼마나 잘 사느냐, 거기서 자란 아이들이 얼마나 잘 자라느냐는 우리의 미래를 결정하는 중요한 요인이다. 나는 필리핀에 있다 와서인지도 모르지만 다문화가정에 관심이 가고 어떻게든

---

3 에피소드 하나. 국민의 정부 시절 강봉균 선배가 경제수석을 할 때였다. 한번 찾아가 나를 몽고대사로 보내달라고 했다. 그러면 현직에서 할 수 있는 일 다 하고 대사 끝나면 아예 거기에 정착하여 민간외교를 하겠다는 생각을 말했다. 자기 분야가 아니라 자신 없다고 하더니 결국 성사가 안되었다.

내가 도움을 줄 수 있는 일이 없나 생각하고는 한다. 내가 우려했던 것보다는 잘돼가고 있는 듯하여 안심이 된다. 여성가족부에서도 일을 많이 하는 것 같고 각 지방자치단체에서도 다문화센터나 다문화교실들을 만들어 지원을 하고 있다고 한다. 그래서 내가 도울 일이 남아있는지는 좀 더 찾아보아야 할 것 같다.

　'아름다운 가게'가 있다. 입던 옷이나 생활용품, 책 등을 기부받아 필요로 하는 사람들에게 싸게 파는 비영리 매장이다. 참 좋은 일이다. 미국에서는 이사 갈 때 'Garage Sale'을 해 동네 사람들이 필요한 물건들을 팔기도 하고 사기도 한다. 나도 그랬다. '아름다운 가게'의 모델은 미국의 'Goodwill Store'가 될 것이다.[4] 나도 시애틀에 있을 때 시간 나면 가서 보기도 하고 사기도 했다. 요즘 자원낭비와 지구오염이 문제인데 쓰던 옷이나 생활용품들을 버릴 것이 아니라 필요한 다른 사람들이 다시 쓸 수 있다면 일석이조 아닌가. 내가 즐겨 입는 옷에도 미국 Goodwill Store나 우리 집 가까이에 있는 '아름다운 가게'에서 산 것이 있다. 때때로 나나 집사람은 옷들을 정리하다 안 입는 것들은 '아름다운 가게'에 보내기도 한다. '아름다운 가게'가 조금 더 활발하게 운영되기 위해서는 취급품이나 운영방식에서 개선할 점도 있는 것 같다.[5]

　오래전부터 나는 우리나라에서도 미국 Garage Sale을 확대한 일

---

4 현재의 아름다운 가게의 운영은 전적으로 자원봉사자에 의존하여 물건 값도 높아야 5천 원 정도이다. 그런데 미국 굿윌스토어는 값이 그렇게 떨이수준이 아니고 싸기는 하지만 값에 차이가 있다.

5 취급품은 현재는 주로 옷이고 아이들 장난감, 동화책 등인데 좀 더 확대하여 간단한 가구나 가전제품, 핸드폰 등 넓힐 수 있겠고 운영방식도 현재처럼 전적으로 자원봉사자에만 의존하지 말고 급여직도 늘려 전문성을 높여가는 것도 생각해 볼 수 있겠다.

일장터나 Goodwill Store를 해보면 좋겠다는 생각을 해왔다. 일일장터의 경우, 예컨대 한강 고수부지나 교외의 넓은 터에 주말장을 개설하여 누구나 아직 쓸 만하지만 안 쓰는 물건들을 가지고 와서 팔게 한다. 사는 사람들도 주말에 소풍하는 기분으로 가족나들이 나와 둘러보며 원하는 물건들을 산다. 얼마나 좋은가. 그런데 이런 장터를 위해서는 교통접근성이 좋아야 하고 주차장도 넓어야 한다. 그래서 지자체의 협조와 참여가 필요하다.

정년을 하면 이런 일일장터나 Goodwill Store 같은 것을 한번 해보면 좋겠다는 생각을 갖고 있었다. 그런데 어느 날 보니 박원순 씨가 '아름다운 가게'로 먼저 실행에 옮겼다는 것을 알았다. 돈 벌자고 하는 일도 아닌데 경쟁적으로 하는 것도 그렇고 해서 망설여진다. 정년하면 시간을 내 좀 더 알아볼 생각이다.

한국과 한국 사람이 살 길은 세계 방방곡곡에 민들레처럼 날아가 여기저기 뿌리내리고 사는 것이라고 나는 믿는다. 현재도 브라질에서 아프리카까지 한국 사람이 없는 곳이 없어 다행이다. 하지만 지금보다 훨씬 더 많아야 한다. 그러나 그것이 어디 말처럼 쉬운가. 엄청난 도전과 시련을 감내해야 한다. 그래도 이제는 세계 곳곳에 뿌리를 내린 선구자들이 있으니 처음보다는 한결 나아졌다. '한상네트워크'라고 들어 본 것 같기도 하다. 재외 한인들 간 서로 소통하고 정보도 교환하는 네트워크가 잘 운영되면 서로 힘이 되고 의지가 될 것이다.

요즘 100세 시대라고 하는데 대부분이 60도 되기 전에 은퇴한다. 아직 일할 수 있는 '젊은 노인'들이 백수로 등 떠밀려 버리는 것은 사회적으로 낭비이고 개인적으로도 답답한 일이다. 이런 사람들을 그들의 경륜을 필요로 하는 해외로 보내 일하게 할 수 있다면 일석삼조가 아닐 수 없다. 쉬운 일은 아니나 한번 해봄 직하다.

아직 확실히 정하지 못했다. 정년 후 할 일은 정년 전에 정해야지 정년 후에 하려면 너무 늦다는 말도 집사람으로부터 들었다. 그렇지만 정해지지 않으니 어떻게 하나. 일단 자유인이 되는 내년에 위에 적은 몇 가지 길을 좀 더 구체적으로 알아보고 결정할 생각이다.

친구의 정년퇴임을 축하하며

먼저 모교 이화여자대학교에서 연구원으로 정년까지 일을 하고 퇴임을 하는 친구에게 진심으로 축하의 말을 전하고 싶습니다.[6]

얼마 전 축사를 부탁하는 친구의 전화를 받았습니다. 전화를 끊고 머리에 떠오르는 것은 '훌륭한 친구를 두니 스트레스 받을 일이 생기는구나.' 하는 생각이었습니다. 그러나 이런 스트레스는 모두에게 기쁨이 될 수 있겠다는 생각을 하면서 잠시 시계를 뒤로 돌려 우리가 처음 만났을 때부터의 시간을 죽 펼쳐보았습니다.

우리가 만난 지 어느 덧 40년이 조금 넘었습니다.
함께 꿈을 키워가던 대학시절, 결혼 그리고 직장.
짧지 않은 시간.

---

6 이 글은 집사람이 대학 친구가 이화대학교 모교에서 일하다가 퇴직하는 기념식에서 해준 축사이다.

서로 어우러져 모든 과정을 함께하면서 특별히 잊지 못할 몇몇 장면들이 떠오릅니다.

설렘과 기대를 가지고 함께 모인 대학 1학년, 시험 공부하러 모였다가 공부는 뒤로하고 시험 끝난 뒤에 떠날 여행계획 세우느라 골몰하며 시간을 보내곤 했던, 어찌 보면 철없고 어찌 보면 풋풋했던 모습들.

대학졸업 후, 친구의 늦어진 결혼으로 근심하시던 친구의 어머니가 이웃집 아기 돌떡을 받으신 후 한숨을 지으시며, 넋두리 보따리를 한없이 풀어놓으시더라고 말하면서 어머니에게 미안해하던 친구의 흔들리던 눈빛.

결혼한 후, 더욱 바빠진 일상 속에 박사 과정을 준비하느라 몸과 마음이 심히 피곤해있었지만 그래도 학교와 집이 멀어 오고가는 버스 안에서 잠을 잘 수 있어 좋다고 말하며 웃음 짓던 긍정적인 얼굴.

가정생활, 직장생활의 어찌 보면 다람쥐 쳇바퀴 도는 것과 같은 생활이라고 담담하게 말하면서도, 이른 아침 출근하여 이대 교정 안의 나무와 새와 하늘을 바라보고 감사기도로써 하루를 시작한다는 메일을 보내주어 우리의 생각과 생활까지도 풍요롭게 해주었던 친구의 신앙심.

이제는 아들, 딸들도 자기 앞가림을 할 수 있을 만큼 다 성장했고 그래서 조금은 여유로움을 즐길 수도 있는 주말 오후, 용왕산 정자에서 서로 만나 각자 싸가지고 온 떡과 커피를 마시며 수다를 떨면서 함께 바라보았던 한강의 모습들.

어느 것 하나, 소중하지 않은 것이 없는 친구의, 우리들의, 귀하고 귀한 시간의 조각들이라고 생각합니다.

그러나 이 시간이 있기까지 어찌 기쁘고 즐겁기만 했겠습니까?

가정생활, 직장생활을 함께하며 넘고 넘어야 할 산이 얼마나 많았겠습니까?

그러나 언제나 주어진 환경에서 최선을 다하며 긍정적으로 묵묵히 성실히 살아가는 친구의 모습을 바라보면 생각나는 시가 있었습니다.
시인 '김일로' 님의 〈꽃씨 하나〉입니다.

제목: 꽃씨 하나

꽃씨 하나
얻으려고 일 년
그
꽃
보려고

다시 일 년.

이렇게 산과 강이 4번이나 변한다는 이 긴 세월 동안, 모든 것을 조용히 조화롭게 이루어 마무리할 수 있었던 것은 친구의 한없는 인내의 힘이라고 생각하며 친구에게 경의를 표합니다.

이제 친구 인생의 새로운 장을 펼치려 하는 이 시간.

보다 더 높이, 보다 더 멀리,
꿈을 펼쳐나갈 친구를 기대하며
다시 한 번 축하드립니다.

그리고 "사람이 마음으로 자기의 길을 계획할지라도 그의 걸음을 인도하시는 이는 여호와시니라."라는 성경말씀을 분명히 믿기에 하나님의 은혜가 친구 위에 그리고 친구 가정 위에 항상 함께하시길 기도합니다.

감사합니다.

꿈 이야기[7]

꿈 이야기

꿈 이야기 ①

저녁에 현관 불을 끄려고 스위치를 내리자마자 집 울타리와 대문의 등이 환하게 켜지고 집 주위의 잔디밭 물 호스에서 물이 분수처럼 솟아오르고 세상이 대낮같이 밝아졌다. 경비아저씨가 달려와 무슨 일인가 묻기에 나는 현관스위치를 내린 것밖에 없다고 말하며 고개를 왼쪽으로 돌렸는데 이게 무슨 일인가. 울타리 넘어 용왕산[8]만한 산에 그 산 크기 사분의 일 정도를 차지하는 하얀 백호가 앉아있다. 내가 놀라서 경비에게 저 호랑이가 보이냐고 물으며 다시 얼굴을 왼쪽으로 돌리자 산에 있던 그 호랑이가 내 왼쪽 뺨에 맞닿을 정도로 가까이 다가와 있지 않는가! 파란 눈에 새하얀 털, 몸통에는 은빛이 반짝이는 주황색 줄무늬를 갖고 있었다. 산에 있던 그 호랑이가 세 마리가 되어 나를 휩싸듯이 왔다 갔다 하였다.

---

7 집사람이 쓴 것이다. 꿈 이야기를 하기에 적어 보라고 했다.

8 목동 우리 동네 뒷산이다.

꿈 이야기 ②

　북악산을 바라보며 광화문을 향하여 차를 타고 가고 있었다. 갑자기 주위의 건물과 옆에 지나가던 차들이 모두 없어지고 세종대왕상도 보이지 않은 채 바로 그 자리에 청청한 소나무 한 그루가 마치 하늘과 맞닿은 듯이 높이 서 있고 그 앞에 커다란 시베리아 호랑이 한 마리가 심각한 표정으로 왔다 갔다 하고 있다. 그리고 그 호랑이 양 옆에는 각각 다른 세 마리의 호랑이들이 줄을 지어 마치 앞에 있는 호랑이를 경호, 엄호하듯이 왔다 갔다 하고 있다. 조금 뒤에 하늘과 땅과 온 세상이 하나가 된 듯 하늘과 땅과 세상의 경계가 없어지고 시베리아의 하얀 눈이 펑펑 쏟아지며 온 세상을 하얗게 덮고 있다.

　청와대는 안 보이는데 청와대 뒷산에 어깨높이의 돌로 만든 산성이 있고 성문이 있는데 그 산성문 밖에서 관리인 같이 보이는 남자가 호랑이 새끼를 찾아들고 두 마리째 안쪽으로 옮겨놓는 것을 보고 무서워서 산성 문을 닫았다. 그런데 문 안쪽에도 호랑이들이 있어 무서워서 움직이지 못하고 문기둥 같은 데 기대어 꼼짝도 못하고 있는데 어느새 호랑이 새끼 한 마리가 내 등 뒤 어깨에 붙어있는 것 같았지만 무서워 꼼짝하지 않고 있었다. 관리인이 옆에서 나를 보더니 "다 뜯어 먹었네." 하였다. 내 생각에 내 점퍼에 붙어있는 후드를 다 뜯어먹었나 보구나 하는데 꿈을 깼다.

(2011. 2. 20.)

꿈나무로부터 온 편지

1.

저기 끝까지 가면 하늘을 만질 수 있겠다. 저 구름을 먹으면 나도
날 수 있겠다.

2012. 07 경포대에서

2.

민수야 언니는 심심해 빨리 도라왔으면 좋께었어 사랑해
장희수 언니 올림

그리고 엄마 나 숙째 만이 했어 사 ㄹ 해
숙   째
빨리 와줘서 고마워.

2013. 12. 3 마닐라 집

3.

매리크리스. 크리스마스는 애수님에 생일이에요. 섬물도 바다요.
크리스마스는 질거운 날이에요. 산타하라버지는 만난적이없어요.
무슨 선물 받을지 궁금해요.
재미이는 선물이 나오면 가슴이 콩닥콩닥. 내 집에 크리스마 나무
도있어요. 애수님 생일인대
외 우리가 서물를 밧지요? 애수님 생일인대? 한국애는 겨울일걸요.
매리크리스마스.

장희수:올림

2013. 12. 25

4.

안녕하세요 희수예요. 공기놀이 사주셔서 고맙습니다.
어졌개 공기 놀이를 너무 많이 놀아아요. 그리고 피아노 밑으로
굴러 들어갔어요. 근대 너무 걱정할 피료 없어요. 외냐하면 민수
가 나한태 효자손을 주고 뺄수 있다고 말했어요.

2014. 1. 03

5.

할머니 생일을 축하합니다. 어젓개 토요일이 내 생일이였어요.
할머니 생일에 선물을 줄거예요. 옆페지에 선물이 있어요. 빼서
쓰는 물건이니까 어서 쓰세요. 생일축하합니다 !!!

장희수 올림. 할머니 한태

2014. 02. 06

6.

안녕하세요. 전에는 카드 하고 연필를 줘스니까, 이제는 내가 그

린 사진을 보냈어요. 질문이 있어요! 아직도 겨울 이나요? 지금 저녁 이나요? 매뻔 자야지 한국에 가나요?장희수 올림 8-6= 6-3=
10-2= 14-6=
.이야기. 에날에 코가 찌그러진 할아버지와 입이 째진 할머니가 살았어요.둘은 결혼 했대요. 두 사람은 시장에 가서 한가지을 샀어요. 할아버지는 초를 녹여서 코 모양을 만들어서 코에 붙인대요,하머니는 입을 풀로 붙여대요. 겨울이었습니다 화롯불을 켜습니다.그랫더니 할아버지 코가 녹아 떨어졌어요. 할머니가 크개 웃어 입이 다시 째졌습니다 끝. 사랑해요.

2014. 2. 26

손주가 넷이다. 딸 다운이가 딸 둘이고 아들 한백이 딸과 아들. 맨 위가 외손녀인 희수이다. 올해 7살이다. 필리핀 마닐라에서 태어났고 그곳에서 살고 있다. 외국에서 자녀를 기르다보면 우리말 익히는 것이 큰일이다. 부모들이 한글학교에 보내고 집에서 과외도 하고 하지만 쉽지 않다.

어느 집에서든 첫 손주는 할어버지 할머니의 사랑을 선점한다. 우리의 경우도 마찬가지이다. 겁이 좀 많은 것 같아 없애주려고 동네 어린이 놀이터에 데리고 나가 같이 미끄럼틀 타느라고 허리 아파 혼난 기억이 새롭다. 그런데 이 아이가 키도 무럭무럭 자라고 생각하는 것도 무럭무럭 우리를 깜짝깜짝 놀라게 한다.

희수가 다섯 살 때 경포대를 데리고 간 적이 있다. 할머니와 같이 백사장에 앉아 있던 아이가 혼자서 갑자기 중얼거린 말이 위에 있는 첫 번째 줄이다.

두 번째 글은 편지가 아니라 엄마와 밖에 나간 동생 민수를 기다리며 현관문에 붙여 놓은 카드이다. 동생에게 쓰면서 "언니 올림"라고 한 것이 히트다. 마지막 줄 "빨리 와 주어 고마워"는 나중에 쓴 것 같다.

네 아이들이 각각 생긴 모습도 성격도 다 다른 것이 신기하다. 어떤 재능을 각자 타고 났는지 아직은 잘 모르겠지만 한 명 한 명이 내게는 기쁨이고 꿈이다.

Thinking Out Of The Box

Inha Times

여기에 실은 영문 에세이들은 내가 인하대학교 영자 월간잡지인 Inha Times의 주간으로 있으면서 매달 동 잡지에 실은 Editorial들이다. 총 30여 편 되는데 그중에서 몇 개만 뽑아 여기에 싣는다.

지면의 제한도 있고 영어로 쓰는 어려움도 없지 않았지만 학내외 현안에 대하여 진솔하게 학생들에게 이야기해주고 싶었다.

당시 얼마나 많은 학생들이 읽었는지 알 수 없고 이렇게 출간해도 누가 읽어 주겠나 하는 걱정도 있지만 그렇다고 버리기에는 아까운 글들이다. 내 나름대로는 학생들이 관심을 가질 문제에 대하여 생각하는 계기를 만들어 주고 또 한편 영어의 고유한 맛과 멋도 느끼게 쓰려고 노력했던 기억이 있다.

인하타임스 주간을 하면서 방학 때면 학생기자들과 영월 동강에서 래프팅도 하고 지리산 등반도 하는 등 많은 즐거운 추억도 있다.

An Ode to Spring

Yes, spring has come. We are back to the campus. And you, freshmen, we wish to extend you our hearty welcome!

True, the long winter of IMF crisis is not yet over: Bankruptcies and lay-offs are still haunting and unemployment rate has still to find its peak. Never mind, haven't we been through the economic deprivation of the 50's and the political darkness of the 80's? We not only survived but prospered, did we not? Hard and tough, yes, but we will withstand it and overcome it again.

Today lay your worries down there and join us celebrating this gorgeous spring day the good nature has granted us. Look around! All over the campus, the greens are sprouting from deep under the soil and trees are busy putting out their prettiest leaves and flowers!

Go out into the countryside, hike up a gentle hill, and lie down and listen to the whispers of the tiny little sprouts of the grass. Say hello to sky larks, if you will, and open your arms to embrace the spring breeze. After all, the Lord granted us four seasons. and a spring is not a real spring if not preceded by a long cold winter. This spring deserves to be celebrated.

That's right! summer is for work and study and we are happy for it. This spring is, however, for us to restore our communications with our environs which we have long forgotten.

Blessed are those who keep contact with the Mother Nature!

Ppali- Ppali Syndrome

Guess what is the first Korean word foreigners learn these days. With millions of Koreans touring overseas every year and spending billions of dollars, it is only natural foreigners learn Korean to cater to their money.

Koreans beat Japanese long ago and are milling around everywhere, in group tours, in rucksacks and in adventures. Why not? Are they not deserving? After all, they deserve a break after 20 years of hard work and this country is simply too crowded with few places to go, not to mention the skyrocketed prices! They so go out in droves.

What word does foreigners learn first from Koreans? "Ppali-Ppali"! In restaurants and in shops and in hotels, Koreans keep demanding "hurry hurry". They so learn that Koreans are always in a hurry, even in their leisure, and they are damn right: We are indeed always in a hurry.

You go out to streets in Myungdong and you will see it. You go into a restaurant and you will see it. Yes, Ppali-Ppali is part of our culture.

The trouble is that we hurry not only in restaurants and on streets. Little harm there indeed, except possibly for maldigestion. It may even vindicate that we are after all so diligent and hard working. But do we not remember the Sungsookyo collapse which made headlines worldwide and made Korea famous overnight. Why are there so many high schoolers who commit suicide for reasons of their own.

Indeed, it rarely pays off in our society not to hurry. When you see something, you better hurry to grab it or it would be gone. Government policies change overnight and nobody bothers to look back on the past. When things are done not on principles, you better be the first in queue. You think while you run! Forget about the quality of your work which nobody will remember long after all!

One little problem though. Foreigners who are not accustomed to Ppali-Ppali do care for quality and they do remember. In this era of a global market in which we live these days, they do know that we are people of Ppali-Ppali and that Ppali-Ppali often comes at the expense of quality. Korean means Ppali-Ppali and Japanese means quality. Little wonder then our exports are sacking these days.

Falling in Line

Knesset, the parliament of Israel, is said to have a unique house rule: a unanimous resolution is not valid; a resolution must have at least one dissenting member to make it a valid resolution. What a strange rule is it to make a unanimous vote invalid while allowing a 51-49 vote to carry? The rule flies in the face of our common sense and clearly goes against established norms of social science. A unanimous approval of an action should be interpreted that such an action is desired by all members of that entity while a 51-49 vote would mean that merely a half of the members are for it. what is wrong with accepting an unanimous vote? If all the members are for an action, would it not be better than when a mere majority are for it?

A unanimous vote has just one danger. It short-circuits debate. Without dissenter, there is no debate. It may be that such a unanimous vote resulted only after a long debate, persuasion and compromise. Not

336

likely in the real world. More likely to come with horse-trading, pork-barreling or outright coercion. People are deprived of the benefits of a real debate.

Why do we insist on a debate? Because the whole ideal of democracy and representative government becomes meaningless without such a debate. We elect our representatives and entrust them with making decisions on our life. They are obliged to make such decisions not on their personal interests or horse-trading but based on public interests. The best safeguard for such decisions is the process of a lively debate and an informed decision thereafter. From a philosophical perspective, one may argue that in the normal world of human beings, there is nothing absolutely pure without any vice nor anything absolutely bad without any saving grace. Things possess both sides, positive and negative.

What about our system? Yes, our national assembly members are elected to deliberate and debate on bills. How much real debate is there in our parliament? What they do most of the time is simply to vote along the party lines. They make speeches and raise questions to the executive branch but most are one-sided charades and the latter seems keener to cover up than to truly debate their policies. In fact, it is an open secret that political parties on both sides are themselves far from debating. By and large, their policies are set at the whims of their bosses and all other members are expected to blindly fall in line.

This lack of debate, or more accurately shunning of debate, is a phenomenon not only with our political parties but is pervasive throughout our society. Our education is not on debating but on falling in line and conforming to the center. Many of us still remember the warning "you must be a communist saying so much." Thirty good years of our military culture may be to blame as well. It may be also due to our unfortunate state of a divided country. It seems that McCarthyism found a new life on this side of the ocean. One may further trace our monolithic debate-barren culture to our long history of dynastic rule. Then kings were above the law and could condemn lives of any subjects at his will. That seems not to be mere history. Many of us still dare not antagonize the government. It has power, if not legal authority, to condemn our lives and property. So we have learned to fall in line and detest anybody who deviates from the main line.

We have developed a mental block against dissenting from others and have long forgotten bearing with others who do not agree with us. A dissent is taken for a personal attack. A fertile ground for a conformist society with a strong bias against debate.

A green is greener looked against a black or a yellow. It is about time for us and our society to move from a black and white world to a multi-color one.

Informed Judgement

Life is after all making a series of decisions, whether they be big or small, public or personal, or positive or negative. Some people make big decisions and some other people make only small personal ones. Adolf Hitler decided to build the Third Reich through unifying the whole of Europe and he brought forth the second World War and the deaths of millions of innocent people. A bucolic creature in the woods, on the other hand, need not make any decisions other than on what to grow or what to eat.

When everybody makes a decision, it is only natural for him or her to try to make it correctly, i.e. a right decision rather than a wrong one. Experience tells us, however, that there are more wrong decisions than right ones. Why? Decisions are based on things and matters to come in the future and do we know for sure what will happen to us one hour from now? we make decisions without fully knowing all the relevant information.

Any decision has its consequences and costs. Some are innocuous enough that we do not have to care about them much. Some others, whether public like Hitler's or personal ones like whom to marry, have, however, serious consequences not only on the decision-maker himself but on other people as well.

How can we make our decision correctly and avoid making foolish ones? There are three essential elements: value judgments or a guiding principle, peace of mind and availability and understanding of relevant information. The first provides the framework for making decisions without which all decisions would be blind. Religions, ethics, philosophy and the social culture one belongs to are the providers. Without peace of mind, decisions tend to be either hasty ones or angry ones. Circumstances may sometimes make you hurry or get furious but it is a sure call for failure the moment you let your emotions carry you. Lastly you do not make yourself a "big man" by putting decisions before the facts. Consider all the facts and relevant information before making decisions.

On campus, at home and around the nation, we find that all of these three elements are mostly in short supply. There is so much talk, newspapers, and slogans, but very few guiding principles or substance.

Heated arguments but little debate. You remember the recent Hanbo hearings. So much sweet talk without opening oneself. At one time not long ago, it was our motto to "think while running". Well, you may think while running but never make your decisions while running. Men and women of principle and peace, they are what our society badly needs now and what we should try to be.

Dutch Treat

A soft-hearted Korean would be hard-put to become rich. Any money in his pocket will not stay long with him or her. Why? Because he or she will most likely be the hapless person who will be constantly picking up the bills for meals and drinks for his or her friends and colleagues. We, Koreans, possess a strong herd impulse: We hate being left alone and like to get together whether for work or for leisure; we are a group-oriented people and do things together. Yes, being together means a lot of fun and gives you a sense of security.

Nothing is, however, free in this capitalistic world we live in and meals and drinks have to be paid for. A group of five or six persons will easily cost quite a sum. Now, somebody has to pay for it and who will he or she be? Most likely the softest-hearted of them.

Blessed are persons with kind hearts and easy tongues! The moment you propose to your friends or colleagues to go out for lunch, you end up paying for the whole. Not only that. Our long-established tradition of entertaining guests means that you will have to see that all your guests are satiated. Simply because you were the first to speak out and for no other reason, you are the payor and entertainer.

Well, what's wrong with it? After all, it has been part of our good culture; after all you will be reciprocated next time around; and in the long run everybody takes turn. So it may be. Equally true is, however, the fact that this tradition of treating tends to cause overconsumption. Thanks to our long-cherished sense of "chemyun", we go out of our way in treating our guests, ordering more dishes than needed. You are to pretend that the cost is the last thing you care, even though you are indeed very much concerned. The custom does not go well with the budgeting of your money either. How can it be when you spend the whole money in one go and then have to depend on others for reciprocation. No budget no control. Inviting requires the not-always-easy-decision whom to invite and whom not. A wrong decision will mean that you spend your good money to earn enemies than friends.

In other cultures, it is well established that everybody orders what he wants and pays for his own. If you volunteer to pay for all, they would frown upon it and might even suspect you got hold of some black money!

Treating others is not a bad thing. It certainly made much sense in old days when we were poor and little to feed on. The time has, however, changed and everybody affords to pay for himself. Worse, overuse of it hinders rather than facilitate human relations.

Time has come to discard the outdated custom of treating. Let's now go Dutch way!

Modern Day Cinderella

A girl with brown hair, green eyes, steep nose, fair skin, ear rings, dark red lips, full-blown breasts, a projecting navel, skinny body, skin-tight skirt and loose-hung blouse, is approaching you, slowly with vague smiles and a disarming wink. Yes, of course, you would be a damned nut if not mesmerised and instantly seduced. No problem, you go out to the Apkujongdong, the modern day mecca of the youth and you will find plenty of them. Every girl(and woman as well) seems so keen to become one of them. All our fashion industry goes crazy to woo and win them beating each other to make it bolder, flashier, and sexier, and telling " You are the Cinderella"! Yes, the modern day Cinderella does not wear a long dress and a pretty hat but goes belly-button with dark red make-ups!

Like the king in the Aesop fables who went naked in broad daylight, so many of our girls seem to be so eager to become a modern day

Cinderella. They dye their hair red, brown and blonde. Why not green-colored lenzes? Raise their noses and breasts one-inch higher. Powder their faces one-inch thick and color their lips blue, red and pitch black! Go on diet and make sure to take every exercise to make you slimmer and slimmer. Why only girls, boys and men of nowadays seem equally keen to become an Elvis Presley. They wear rings and necklaces, jelly up their hair and go goose-legging. An era of self-delusion!

Not so much from a jingoistic point but why are our contemporary culture and fashion so much one-sided copying western pop culture or more accurately the cheap side of it? No doubt the mass media has much to answer. They seem to compete each other to cater to the fantasy of the youth by showing so many cheap Hollywood things and making so many blind copycats. On a deeper note, however, it may have more to do with our recent demographic pattern. One child or at most two are the norm these days, thanks in part to the government policy, and to the feminism as well. these youths grow up like a prince or princess in their family without need to brindling their desires and fantasies. Meaningful opportunity in their growing to imbibe virtues and attitudes is lost thanks to the crazy examination system. Or maybe more to do with us, adults as well? what are the visions we are laying out on them and what are the social and individual virtues and mores we are guiding them to?

Youth and beauty are not something hideable. They shine of themselves. Do not cover them up with so much make-ups and artificialities!

Thinking Out of the Box

Thinking Out of the Box

If you go to the United States, one of the most sought-after characteristics in prospective employees these days is their ability to think 'out of the box'. This means that companies look for employees that are creative and unafraid of going against accepted convention in their way of tackling a problem. They must be able to break through the mental 'box' or boundaries that tradition, habit, and upbringing have constructed in their heads - hence the phrase. But why is this so important? The answer is simple, it is because of the change we live in. Companies are no longer content to sit back and wait for change - they want to be the instigators and be at the forefront of that change. The same is true with nations, and how well a nation prompts change, as opposed to being chased by it, will dictate the future of that nation.

Many people wonder why the United States is the leading superpower in the world today and I'm sure historians could come up with dozens of reasons in great detail but in my mind the most important reason is their penchant for innovation. Looking into the archives of their patent office, the number of ideas submitted over the past century is absolutely astounding. Of course, the majority of these 'inventions ' were un-workable and may seem rather silly today but from these 'foolish' ideas came the light bulb, the automobile, the airplane and the computer. It's plain to see that these inventions have brought about tremendous change to the world as we know it, with the United States at the forefront of those changes. But why are most of these ideas coming from the United States then? Coincidence? I think not. I believe it has to do with the way that children are educated and the type of culture within which they are brought up.

The Korean educational system and Korean culture in general places great importance on uniformity. While this isn't entirely bad, it should not be to the extent that it limits a student's creativity. For instance, let us suppose that a class of students are having discussion on the meaning of a certain poem. When asking for their interpretations, a Korean teacher would probably be looking for some certain answers and if the student fail to give one of them, the teacher would tell the student that they are wrong and move on the next student. In contrast, teachers in the United States rarely ever tell a student that his or her interpretation is wrong as long as the student can come up with a valid argument. In fact, my son's English teacher once forbade his students to come up with any interpretations similar to those found in the textbook. Although this resulted in some rather outlandish answers, most teachers will allow that amount of latitude when it comes to encouraging students' creativity. Scolding students for not sticking to the 'textbook' answers stems a child's imagination at an age when they should be nurturing it.

Human beings are inquisitive by nature. At an early age, children are constantly asking the magic question, 'why?' but many times they will hear answers like, 'because that's how it's done here, always has been that way, and always will be.' Or maybe something like, 'this is the way to do it. The best way and the only way.' If we are so shackled by tradition and the 'old fashioned'way, how can we expect to keep up with the rest of the world as they innovate, change and progress? People should always ask themselves, 'Why is it? and why should I do it?'. This is the type of attitude that breeds innovation and change. Admittedly change is difficult, especially for the older generations, and the 'old' way may seem safer. But the safe way is not necessarily the best way, and nothing is worse than obsoletion.

행복한 삶을 위해 우리가 해야 할 일들

가계부채, 여전히 어려운 경제 상황, 끊이지 않는 계층 간의 갈등 등 많은 국민들이 "삶이 버겁다."라며 한숨짓는 요즘입니다. 국민 모두가 더불어 행복한 삶을 영위하기 위해 필요한 것은 과연 무엇일까요.

권선복
도서출판 행복에너지 대표
대통령직속 지역발전위원회
문화복지 전문위원

청와대 경제보좌관을 역임하시고 인하대학교에서 후학을 양성하고 계신 '정문수 교수님'의 책 『언덕을 넘으며 시대를 생각한다』 출간을 준비하며 저는 답을 찾았습니다. 쉼 없이 달려온 우리 사회에 대한 성찰을 바탕으로 '앞으로 우리 모두가 행복하기 위해 꼭 필요한 것'이라는 비전을 담았기 때문입니다.

정년퇴임을 앞두시고 바쁘신 중에도 국민들을 위한 희망의 메시지를 책에 담기 위해 애써주신 교수님께 감사드리오며, 이 책을 통해 시름이 잠긴 많은 국민들의 삶에 행복한 긍정에너지가 팡팡팡 샘솟으시길 기원드립니다.

검사의 락

곽규택 지음 | 304쪽 | 값 15,000원

책 『검사의 락』은 15년의 검사 생활을 마치며 제2의 인생을 준비하는 곽규택 변호사의 '검사들의 삶, 검찰청 이야기'다. 대중에게 선보이기 위해 검사로서의 지난날을 솔직하고 담백한 필치로 정리해 오롯이 담아내고 있다. BBK 김경준 송환 작전부터 검찰총장 혼외자 의혹 사건까지 대한민국을 떠들썩하게 한 사건들의 뒷이야기를 솔직한 화법으로 풀어내고 있다.

긍정의 힘

김영철 외 35인 공저 | 416쪽 | 값 17,000원

이 책은 성공을 거머쥐기 위해 반드시 갖춰야 할 자세 '긍정'의 힘이 얼마나 위력적인지를 다양한 목소리를 통해 들려준다. 자기 자신에 대한 굳건한 믿음, 아무리 힘겨워도 웃을 수 있는 밝은 마음이야말로 이 험난한 세상을 이겨나가게 하는 가장 큰 무기다. 긍정 선생이 전하는 도전, 성공, 웃음, 행복, 희망의 이야기를 만나보자.

음악을 건네다

최철규 지음 / 320쪽 / 15,000원

책 『음악을 건네다』는 20여 년간의 음악 방송인 경력을 십분 발휘하여, 고르고 고른 58곡의 노래에 이야기를 덧입혀 담아낸 음악에세이집이다. 비틀즈, 밥 딜런, 아델 등 시대를 대표하는 팝 스타는 물론 정태춘, 여행스케치, 김광진과 같은 국내 거장들의 노래 가사를 하나씩 소개하면서 그와 걸맞은 이야기를 정감 어린 톤으로 풀어낸다.

꿈의 크기만큼 자란다

조영탁 지음 | 280쪽 | 값 15,000원

'꿈'이라는 목표가 있기에 삶은 가치가 있고 사람은 미래를 향해 전진한다. 가장 중요한 점은 꿈의 크기에 한계를 두지 않았을 때 사람은 성장한다는 사실이다. 지금보다 더 '큰 사람'이 되고 싶다면, 성공을 위한 비전을 정확히 내다보고 싶다면 『꿈의 크기만큼 자란다』와 그 첫발을 시작해 보자.